高等职业教育汽车类新形态一体化教材

汽车发动机维修

黄朝慧 主编

徐淑亮 唐鹏 贺大松 副主编

清华大学出版社

北京

内 容 简 介

本书主要内容包括认识发动机的结构及工作原理、诊断和排除曲柄连杆机构故障、诊断和排除发动机配气机构故障、诊断和排除冷却系统故障、诊断和排除润滑系统故障、诊断和排除供给系统故障以及实施发动机拆卸、清洗、总装、检验及故障诊断程序等。为便于读者学习,书中搭配了相应的学习任务和微课视频。

本书可作为高职高专院校、中等职业学校、技工学校的教材,也可作为企业培训教材,还可供广大汽车专业的从业人员和汽车爱好者参考使用。

图书在版编目(CIP)数据

汽车发动机维修/黄朝慧主编. —北京:清华大学出版社,2021.2(2023.9重印)
高等职业教育汽车类新形态一体化教材
ISBN 978-7-302-54346-6

Ⅰ. ①汽… Ⅱ. ①黄… Ⅲ. ①汽车—发动机—车辆修理 Ⅳ. ①U472.43

中国版本图书馆 CIP 数据核字(2019)第 263233 号

责任编辑:刘翰鹏
封面设计:常雪影
责任校对:李 梅
责任印制:丛怀宇

出版发行:清华大学出版社
  网 址:http://www.tup.com.cn,http://www.wqbook.com
  地 址:北京清华大学学研大厦 A 座   邮 编:100084
  社 总 机:010-83470000   邮 购:010-62786544
  投稿与读者服务:010-62776969,c-service@tup.tsinghua.edu.cn
  质量反馈:010-62772015,zhiliang@tup.tsinghua.edu.cn
  课件下载:http://www.tup.com.cn,010-83470410
印 装 者:北京鑫海金澳胶印有限公司
经 销:全国新华书店
开 本:185mm×260mm 印 张:18.75   字 数:432 千字
版 次:2021 年 2 月第 1 版   印 次:2023 年 9 月第 2 次印刷
定 价:54.00 元

产品编号:082284-01

前言

　　党的二十大提出，"构建优质高效的服务业新体系，推动现代服务业同先进制造业、现代农业深度融合"。作为国民经济支柱产业之一，我国汽车产业规模不断扩大，正向着汽车强国不断迈进。其中，汽车维修服务是与我国先进的汽车制造业相对应的现代服务业的一部分，融合发展具有天然优势。提高汽车维修服务水平，可以更好地维护消费者合法权益，推动汽车后市场高质量发展。

　　本书是基于我国大力发展职业教育，以国家示范性高等职业院校建设、加快高等职业教育改革与发展为背景，通过课程体系与教学内容改革，根据汽车维修行业高素质技能型人才培养的需要而编写的系列教材之一。

　　本书借鉴了国际职业教育的先进理念，突出"做中学、学中做"的原则，把行业能力标准作为专业课程教学目标和鉴定标准，按照能力标准组织教学内容，着重介绍了汽车发动机的基本结构、维修程序和故障诊断程序。本书针对学生的学习特征设计教学活动，将教学活动与模拟或真实的工作场所相融合，将动态的教学鉴定与教学评估相结合，使学生可以在"动中学、学中练、练中用"，满足学习者的学习需求。

1. 本书内容介绍

　　全书共分 7 个单元，具体内容详列如下。

　　单元 1 简单介绍汽车发动机的功用、类型、组成、型号、基本术语以及工作原理等内容。

　　单元 2 详细介绍汽车发动机曲柄连杆机构的功用、组成、工作原理、零部件拆装检测方法，故障原因、诊断及排除方法等内容。

　　单元 3 详细介绍汽车发动机配气机构的功用、组成、工作原理、零部件拆装检测方法，故障原因、诊断及排除方法等内容。

　　单元 4 详细介绍汽车发动机冷却系统的功用、组成、工作原理、零部件拆装检测方法，故障原因、诊断及排除方法等内容。

　　单元 5 详细介绍汽车发动机润滑系统的功用、组成、工作原理、零部件拆装检测方法，故障原因、诊断及排除方法等内容。

　　单元 6 详细介绍汽油发动机和柴油发动机供给系统的功用、组成、工作原理、零部件拆装检测方法等内容。

　　单元 7 详细介绍汽车发动机拆卸和装配注意事项、原则、步骤以及发动机常见故障的原因、诊断及排除方法等内容。

2. 本书主要特色

　　本书系统地介绍了汽车发动机的基本结构、维修程序和故障诊断程序。书中提供了大量较为翔实的图片,学生可以直观地通过原理图、实物图较快地掌握汽车发动机的相关知识,为今后从事汽车维修相关工作打下基础。本书主要特色介绍如下。

- 知识的全面性

在制订本书的知识框架时,就已将写作的重心放在体现内容的全面性和实用性上。因此,从提纲的制订到内容的编写力求将发动机专业知识全面囊括。

- 知识的实用性

本书为校企联合编写,因此具有很强的实用性。每个单元均根据知识点安排若干个客户委托,让学生从现实中出发,通过运用书中的知识解决现实中的问题。

- 知识的灵活性

书中以问题引导的方式为每一个知识点搭配了相应的学习任务,方便教师线上、线下教学,可作为翻转课堂时学生的课前预习材料使用,也可作为课后习题使用。学生可以通过不同类型的学习任务学习并掌握书中的知识。

- 知识的直观性

书中为每一类知识均准备了各种形式的微课,学生可以通过扫二维码观看生动的视频来学习知识。同时,本书在中国大学 MOOC 配套有在线课程(课程名称:汽车发动机维修,课程编号:0818CQIPC010),在线学习资源有微课、动画、PPT、教学设计、作业、测验、考试等,学生可上网进行同步学习。老师可以使用在线课程进行线上线下混合互动及翻转课堂教学。

3. 本书如何"课程思政"与"1+X"证书对接

本书"课程思政"建议

本书以培养社会主义新时代有担当的公民、社会主义事业的接班人为思政建设方向,围绕坚定学生理想信念,以爱党、爱国、爱社会主义、爱人民、爱集体为主线,结合汽车制造与试验技术岗位群相关岗位的共性职业素养要求,从"爱国情怀、民族自信、法制意识、工业文化、职业素养、工匠精神"等维度着眼,精心设计了"课程思政"元素。在书中通过"一个举例(案例)、一项任务、一段话、一个实验、一段视频、一段历史、一个标准、一个操作细节(实训)"的"八个一"方式展开。教师和学生均可依据左侧二维码链接的"本书'课程思政'建议"文档学习。

课程内容和 1+X 证书对接

同时,书中的知识点和技能点紧扣职业资格证书中级、"1+X"《汽车运用与维修 1+X 证书制度-职业技能等级标准》中的"汽车动力与驱动系统综合分析技术(初、中、高级)职业能力模块,为便于对照学习,可参照左侧二维码链接的"课程内容和 1+X 证书对接"文档学习。

4. 本书的编写团队和适用对象

本书由重庆工业职业技术学院黄朝慧任主编,由重庆工业职业技术学院徐淑亮和唐鹏任副主编,重庆工业职业技术学院的贺大松、张科以及企业的李林、黄建川等参加编写。单元 1 由张科编写,单元 2 由贺大松和黄朝慧编写,单元 3 由唐鹏和黄朝慧编写,单元 4 由黄朝慧编写,单元 5 由徐淑亮编写,单元 6 由黄朝慧和徐淑亮编写,单元 7 由黄朝慧编写。客户委托部分由长安汽车有限公司的李林和长安福特汽车销售有限公司的黄建川等参与编写,最后由黄朝慧负责统稿。

本书可作为高职高专院校、中等职业学校、技工学校的教材,也可作为企业培训教材,还可供广大汽车专业的从业人员和汽车爱好者参考使用。

由于编者的水平有限,在编写过程中难免有疏漏、不妥之处,欢迎各位专家读者斧正。

编　者

2022 年 12 月

目 录

单元 3 诊断和排除发动机配气机构故障   <<<102

单元 4 诊断和排除冷却系统故障   <<<150

单元7　发动机拆卸、清洗、总装、检验　　<<<267
##　　　　及故障诊断程序

单元 1

认识发动机的总体构造及工作原理

◎ 客户委托

李先生的一辆大众轿车，行驶里程将近10万公里，某天发现发动机存在怠速运转时正常、急加速时发动机抖动的现象，去4S店检查。维修技师连接故障诊断仪，检查发现发动机控制单元中有故障码，发动机的相关数据流显示一缸、三缸缺火。对换一缸、二缸、三缸、四缸点火模块（图1-1）后，再次读取，缺火变为二缸、四缸。由此说明，一缸、三缸独立点火模块有故障，更换一缸、三缸独立点火模块，故障排除。

图 1-1　发动机点火模块

◎ 学习目标

（1）能正确识别发动机的作用、类型和组成；

（2）能正确识别发动机的型号，尤其是国产自主品牌的发动机，厚植爱国主义情怀；

（3）能正确识别发动机的基本术语；

（4）能正确识别发动机的工作原理；

（5）通过了解发动机的性能指标，培养节约意识、环保理念、社会责任意识、法制观念。

2

◎ 知识点与技能点清单

序号	学习目标	知 识 点	技 能 点
1	能够正确识别发动机的功用、类型和组成	(1) 发动机的功用; (2) 汽车发动机常见的分类方法及类型; (3) 汽车发动机的组成	(1) 识别不同类型的汽车发动机; (2) 正确识别发动机的两大结构和五大系统
2	正确识别发动机的型号	发动机的命名规则	如何根据发动机型号来判断发动机的相关基本参数
3	能够正确识别发动机的基本术语	(1) 上止点; (2) 下止点; (3) 活塞行程 S; (4) 曲柄半径 R; (5) 燃烧室容积 V_c; (6) 气缸工作容积 V_h; (7) 气缸总容积 V_a; (8) 发动机排量 V_L; (9) 压缩比 ε	能够正确计算发动机的排量
4	能够正确识别发动机的工作原理	(1) 四冲程汽油发动机的工作过程; (2) 四冲程柴油发动机的工作过程	能够正确描述出四冲程汽油发动机和柴油发动机的相同点和不同点
5	了解发动机的性能指标	(1) 发动机常用的动力性指标; (2) 发动机经济型指标的评定依据; (3) 发动机的环境指标	

◎ 学习指南

(1) 明确学习目标及知识点与技能点清单。

(2) 按照学习任务列表完成每一项任务,任务知识部分需在课前提前完成。在完成知识部分任务时,你可以参考本单元提供的学习信息,利用网络、厂家提供的维修手册、各类教学资源库等学习资源,也可以在课前或上课时向任课教师寻求帮助。任课教师会在正式上课时展示或共享大家对于知识部分任务的完成情况,实现学习者之间相互交流。

(3) 在任务列表中,涉及实操部分,可以在正式上课前自行完成,也可以由任课教师在课堂上安排完成。

(4) 完成任务列表后,自行根据本单元鉴定清单进行检查,并根据不足进行知识与技能的补充学习。

(5) 接受任课教师按照鉴定清单进行知识与技能的鉴定。请注意,鉴定可能是过程鉴定与终结性鉴定,学习者平时对学习任务的学习过程也将作为鉴定的依据,例如学习态度、学习过程中的技能展示、职场安全意识等。

1.1 学习任务

1. 小王刚刚进入一家大型汽车维修厂,看到这么多台车,尤其是结构复杂的发动机,真是一头雾水,由于汽车专业知识薄弱,只能从学徒开始做起,师傅为了检查他的基本功,便问了以下问题,你可以回答出来吗?

(1) 发动机的功用是什么?

(2) 常见的汽油发动机和柴油发动机有什么区别?

(3) 发动机有哪些分类方法?又分别可以分为哪些类型?

2. 查阅相关资料,确定左侧汽车的发动机类型。

3. 识别图 1-2 所示发动机的类型并在相应的方框内打√。

(a) □汽油发动机 □柴油发动机   (b) □汽油发动机 □柴油发动机

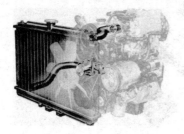

(c) □风冷 □水冷   (d) □风冷 □水冷

图 1-2 识别发动机的类型

4

(e)□单缸发动机　□多缸发动机　　　　　(f)□单缸发动机　□多缸发动机

(g)□四冲程发动机　□二冲程发动机　　　　(h)□四冲程发动机　□二冲程发动机

图　1-2（续）

4. 在表 1-1 中写出图 1-3 所示部件的名称及功用。

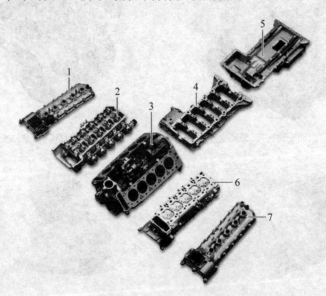

图 1-3　识别部件 1

表 1-1　图 1-3 所示部件的名称及功用

序号	名称	功　用
1		
2		
3		
4		
5		
6		
7		

5. 在表 1-2 中写出图 1-4 所示部件的名称及功用。

表 1-2　图 1-4 所示部件的名称及功用

序号	名称	功　用
1		
2		

6. 在表 1-3 中写出图 1-5 所示部件的名称及功用。

表 1-3　图 1-5 所示部件的名称及功用

序号	名称	功　用
1		
2		

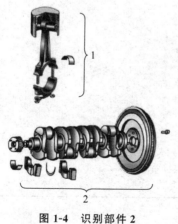

图 1-4　识别部件 2

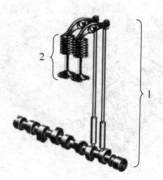

图 1-5　识别部件 3

7. 识别图 1-6 所示发动机的五大系统并简述每个系统的功用。

8. 查阅相关资料，完成表 1-4 的填写。

6

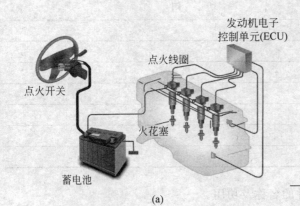

点火开关

点火线圈

发动机电子
控制单元(ECU)

火花塞

蓄电池

(a)

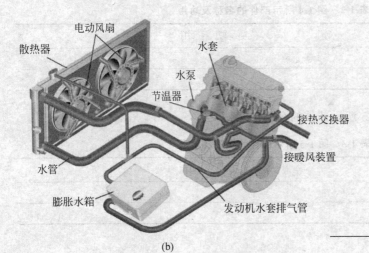

电动风扇

散热器

水套

水泵

节温器

接热交换器

接暖风装置

水管

膨胀水箱

发动机水套排气管

(b)

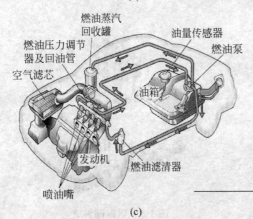

燃油蒸汽
回收罐

油量传感器

燃油压力调节
器及回油管

燃油泵

空气滤芯

油箱

发动机

燃油滤清器

喷油嘴

(c)

图 1-6　发动机的五大系统

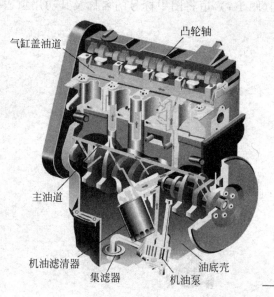

气缸盖油道

凸轮轴

主油道

机油滤清器

集滤器

机油泵

油底壳

(d)

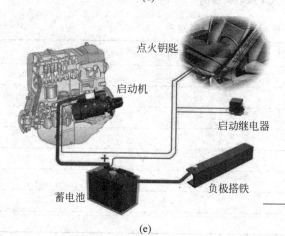

点火钥匙

启动机

启动继电器

蓄电池

负极搭铁

(e)

图　1-6（续）

表 1-4　发动机 VQ25DE 信息

发动机型号	VQ25DE
进气形式	
气缸排列形式	
气缸个数	
每缸气门数	
燃料形式	
冷却方式	

9. 小李在汽车杂志上看到这样一幅图(图1-7),请将图中标号的名称及其功用填入表1-5。

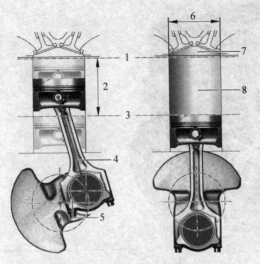

图1-7 汽车杂志某幅图

表1-5 图1-7中标号的名称及其功用

序号	名称	功　　用
1		
2		
3		
4		
5		
6		
7		
8		

10. 我们经常在汽车杂志或者网上查看汽车配置参数会有压缩比一栏,什么是压缩比? 对于一个六缸发动机,排量$3000cm^3$,单缸燃烧室容积$50cm^3$,压缩比是多少?

11. 小王有一台东风汽车,看了说明书知道他的汽车发动机型号为EQ6100,发动机为六缸,缸径为100mm,活塞行程是115mm,那么这些条件可以计算发动机排量吗? 如果可以,那么这辆车的发动机排量是多少?

12. 查阅四冲程汽油发动机的相关资料,观看图1-8,完成表1-6。

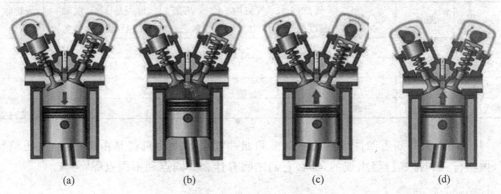

(a)　　　　　　(b)　　　　　　(c)　　　　　　(d)

图1-8　四冲程汽油发动机

表1-6　图1-8信息

行　程	图号	气门状态	气缸内温度变化	气缸内压力变化	火花塞状态	是否有效行程	曲轴转角	凸轮轴转角
进气冲程								
压缩冲程								
做功冲程								
排气冲程								

13. 查阅四冲程柴油发动机的相关资料,观看图1-9,完成表1-7。

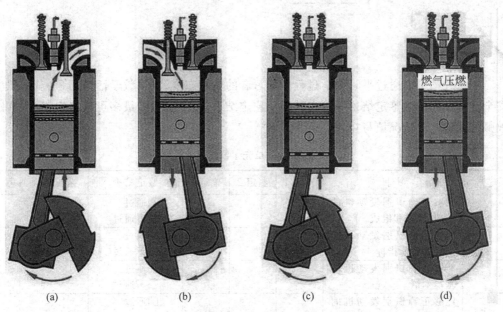

燃气压燃

(a)　　　　　　(b)　　　　　　(c)　　　　　　(d)

图1-9　四冲程柴油发动机

表 1-7　图 1-9 信息

行　　程	图号	气门状态	气缸内温度变化	气缸内压力变化	火花塞状态	是否是有效行程	曲轴转角	凸轮轴转角
进气冲程								
压缩冲程								
做功冲程								
排气冲程								

14. 同学们都知道四冲程汽油发动机和四冲程柴油发动机都是由进气行程、压缩行程、做功行程和排气行程组成的,那么它们之间有什么共同点和不同点呢?

_____

_____

15. 查阅相关资料,对发动机性能指标进行连线。

有效转矩　　　　　　　　环境指标

有效功率

排气品质　　　　　　　　经济型指标

转速

噪声　　　　　　　　　　动力性指标

✏ 鉴定

任课教师可以通过平时教学过程中学习者的学习态度、参与教学活动的积极性、职场安全意识及终结性鉴定结果等确定其最后鉴定结果,每个学习者最多可以鉴定三次,鉴定教师可以把鉴定情况填写在表 1-8 中。

表 1-8　单元 1 鉴定表

序号	学习目标	鉴定 1	鉴定 2	鉴定 3	鉴定结论	鉴定教师签字
1	能够正确识别发动机的功用、类型和组成				□通过 □不通过	
2	能够正确识别发动机的型号和性能指标				□通过 □不通过	
3	能够正确识别发动机的基本术语				□通过 □不通过	
4	能够正确识别发动机的工作原理				□通过 □不通过	
5	了解发动机的性能指标				□通过 □不通过	

1.2　认识发动机的功用、类型和组成

现代汽车技术发展迅猛,汽车已成为现代人必备的交通工具。但无论汽车发展如何,汽车发动机的机械部分会随着使用时间的增加,因自然磨损而逐渐出现故障,因而必须对发动机实施定期与不定期的维护与修理。汽车发动机是一个由许多复杂系统构成的复合体,要保持其良好的性能,就要了解发动机每个系统及这些系统间的相互关系。

1.2.1　发动机的功用

发动机是将某一种形式的能量转化为机械能的机器,现代汽车发动机主要采用的是内燃机,它是将燃料在气缸(有的资料也将其写成"汽缸")内部燃烧产生的热能直接转化成机械能的动力机械。图 1-10 所示为单缸四冲程汽油发动机的简单结构示意图,图 1-11 所示为单缸四冲程柴油发动机的简单结构示意图。

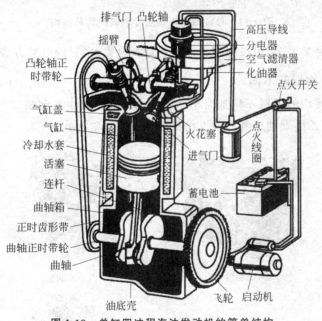

图 1-10　单缸四冲程汽油发动机的简单结构

1.2.2　发动机的类型

发动机经历了蒸汽机、外燃机和内燃机三个历史发展阶段。发动机可分为外燃机和内燃机。燃料燃烧的气体将所含的热能通过其他介质转变为机械能的机器称为外燃机,如蒸汽机。燃料燃烧的气体直接将所含的热能转变为机械能的机器称为内燃机,如汽油发动机和柴油发动机,由于外燃机热效率低、结构笨重、维修不便,在现代汽车上没有采用,而内燃机热效率高、结构紧凑、维修方便,故在汽车领域中占有统治地位。

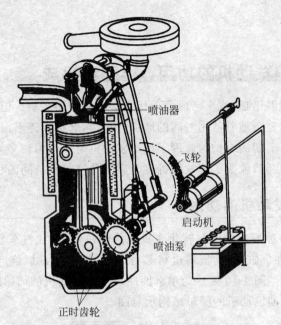

喷油器

飞轮

启动机

喷油泵

正时齿轮

图 1-11　单缸四冲程柴油发动机的简单结构

汽车内燃机种类繁多,可以根据不同特征进行分类,常见的分类方法介绍如下。

1. 按照使用的燃料不同

发动机按照使用的燃料不同通常分为汽油发动机、柴油发动机、CNG、LPG、双燃料发动机,此外还有乙醇发动机和乙醚发动机等,如图 1-12 所示。

(a) 柴油发动机　　　　　　　(b) 汽油发动机

(c) CNG发动机　　　　　　　(d) LPG发动机

图 1-12　不同燃料的发动机

2. 按照活塞运动方式不同

汽车内燃机按照活塞运动方式可分为往复活塞式发动机和旋转活塞式发动机。现代汽车发动机多采用往复活塞式发动机；旋转活塞式发动机又叫转子发动机。例如，马自达的 RX-7 型跑车搭载的就是转子发动机。效果如图 1-13 所示。

3. 按照冷却方式不同

发动机按照冷却方式一般可以分为水冷发动机和风冷发动机，如图 1-14 所示。水冷发动机是利用在气缸体和气缸盖冷却水套中进行循环的冷却液作为冷却介质进行冷却，如图 1-14(a)所示；而风冷发动机是利用流动于气缸体与气缸盖外表面散热片之间的空气作为冷却介质进行冷却，如图 1-14(b)所示。水冷发动机冷却均匀，工作可靠，冷却效果好，广泛应用于现代汽车用发动机。

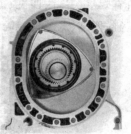

图 1-13 转子发动机

(a) 水冷发动机

(b) 风冷发动机

图 1-14 水冷发动机和风冷发动机

4. 按照进气方式不同

发动机按照进气方式不同，可分为非增压式发动机和增压式发动机。非增压发动机又叫自然吸气式发动机。空气靠活塞的自然抽吸作用进入气缸内，如图 1-15 所示。增压式发动机为增大功率，在发动机上装有增压器，使进入气缸的气体预先经过压气机压缩后再进入气缸。使进气终了发动机的压力明显高于非增压发动机，动力大大增大，经济性明显提高，实物如图 1-16 所示。

图 1-15 马自达自然吸气式发动机

图 1-16 AMG 涡轮增压式发动机

5. 按照气缸数不同

发动机按照气缸数量可以分为单缸发动机及多缸发动机，如图 1-17 所示。多缸发动机有双缸、三缸、四缸、五缸、六缸、八缸、十缸、十二缸等。现代汽车用发动机常见的为三缸、四缸、六缸、八缸。

(a) 单缸发动机　　　　　　　　　　　　(b) 多缸发动机

图 1-17　单缸发动机和多缸发动机

6. 按照气缸排列方式不同

发动机按照气缸的排列方式一般可以分为直列发动机(L形)、V形发动机、水平对置(H形)等。

(1) 直列发动机。在直列发动机中气缸直列布置。活塞位于曲轴中心线正上方。曲柄半径 r 的两倍相当于活塞的行程 h。上止点和下止点之间为 $180°$，如图 1-18 所示。

(2) V形发动机。气缸排成两列，左右两列气缸中心线的夹角 $\gamma < 180°$，称为 V 形发动机，如图 1-19 所示，V 形发动机与直列发动机相比，缩短了机体长度和高度，增加了气缸体的刚度，减轻了发动机的重量，但加大了发动机的宽度，且形状较复杂，加工困难，一般用于八缸以上的发动机，六缸发动机也有采用这种形式的气缸体。

图 1-18　直列发动机　　　　　　　　图 1-19　V 形发动机

(3) 水平对置式发动机。气缸排成两列，左右两列气缸在同一水平面上，即左右两列气缸中心线的夹角 $\gamma = 180°$，呈对置式。除上述气缸布置形式外，还有斯巴鲁的水平对置式发动机，如图 1-20 所示。

图 1-20　水平对置式发动机

7. 按一个工作循环活塞的行程不同

　　发动机按照工作循环可以分为二冲程发动机和四冲程发动机。曲轴转两圈(720°)，活塞在气缸内上下往复运动四个行程，完成一个工作循环的发动机称为四冲程发动机，如图 1-21(a)所示；曲轴转一圈(360°)，活塞在气缸内上下往复运动两个行程，完成一个工作循环的发动机称为二冲程发动机，如图 1-21(b)所示。

(a) 四冲程发动机　　　　　(b) 二冲程发动机

图 1-21　四冲程发动机和二冲程发动机

 ### 1.2.3　发动机的组成

微课——汽油发动机总体构造

　　现代汽车发动机是一部由许多机构和系统组成的复杂机器，其结构形式多种多样，例如，现今最广泛使用的采用汽油和柴油作为燃料的往复活塞式发动机，其具体构造也千差万别，但是由于基本工作原理相同，所以其基本结构也就大同小异。汽油发动机一般由曲柄连杆、配气两大机构和燃料供给、冷却、润滑、点火、启动五大系统组成。柴油发动机通常由两大机构和四大系统组成(没有点火系统)。

1. 曲柄连杆机构

　　曲柄连杆机构的功用是将燃料燃烧时产生的热能转变为活塞往复运动的机械能，再通过连杆将活塞的往复运动变为曲轴的旋转运动,对外输出动力。曲柄连杆机构由机体组、活塞连杆组和曲轴飞轮组组成。

(1)机体组由气缸盖罩、气缸盖、气缸垫、气缸体和油底壳等组成,如图1-22所示。

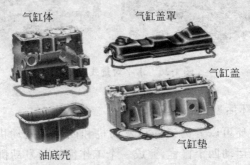

气缸体　气缸盖罩

气缸盖

气缸垫

油底壳

图1-22　机体组

(2)活塞连杆组由活塞、活塞环、活塞销和连杆组(包括连杆、连杆盖、连杆轴瓦、连杆螺栓)等组成,如图1-23所示。

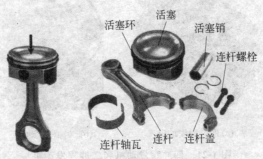

活塞环　活塞　活塞销

连杆螺栓

连杆轴瓦　连杆　连杆盖

图1-23　活塞连杆组

(3)曲轴飞轮组由曲轴、飞轮、正时齿轮(或链轮、齿形皮带轮)、皮带轮和曲轴主轴瓦等组成,如图1-24所示。

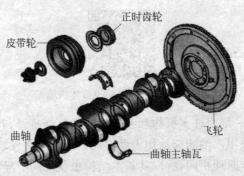

正时齿轮

皮带轮

飞轮

曲轴

曲轴主轴瓦

图1-24　曲轴飞轮组

2. 配气机构

配气机构的功用是按照发动机各缸的做功顺序和每一缸工作循环的要求,适时地将各缸进气门与排气门打开或关闭,以保证新鲜可燃混合气(汽油发动机)或空气(柴油发动机)及时进入气缸,并把燃烧后的废气排出气缸。

配气机构由气门组和气门传动组组成。

(1) 气门组由进(排)气门、进(排)气门座、气门导管、气门油封、气门弹簧、气门弹簧座和气门锁片等组成,如图 1-25 所示。

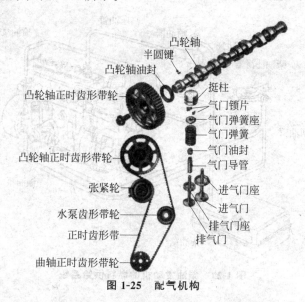

图 1-25　配气机构

(2) 气门传动组由曲轴正时齿形带轮(或正时链轮、正时齿轮)、凸轮轴正时齿形带轮(或正时链轮、正时齿轮)、正时齿形带(或链)、凸轮轴、挺柱等组成。

3. 燃料供给系统

目前车上常用燃油有汽油和柴油两种。

(1) 汽油发动机燃料供给系统。汽油发动机燃料供给系统的功用是将空气与雾化后的汽油充分混合后,形成可燃混合气,按照发动机的工作顺序、负荷大小提供给发动机,并对可燃混合气的供给量及其浓度进行有效控制,使发动机在各种工况下都能连续、稳定地运转。汽油发动机的燃料供给系统由汽油箱、燃油泵、燃油滤清器、油管、燃油压力调节器、喷油嘴等组成,如图 1-26 所示。

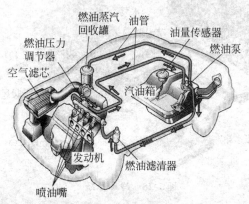

图 1-26　汽油发动机的燃料供给系统

（2）柴油发动机机燃料供给系统。柴油发动机燃料供给系统的功用是按照发动机的工作顺序、负荷大小，定时、定量、定压地将燃油输送至喷油器，使发动机在各种工况下都能连续、稳定地运转。柴油发动机的燃料供给系统由柴油箱、输油泵、低压油管、柴油滤清器、高压油管、喷油泵（也称高压油泵）、喷油器、回油管等组成，如图 1-27 所示。

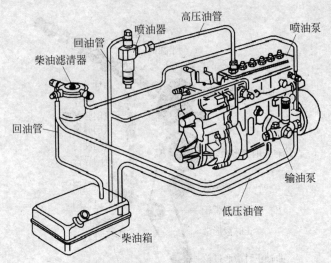

图 1-27　柴油发动机的燃料供给系统

4．冷却系统

冷却系统的功用是对高温条件下工作的部件加以适当冷却，以确保发动机正常工作。因为发动机在工作时，气缸内气体的温度高达 1800～2100℃。直接与高温气体接触的部件（如气缸、气缸盖、活塞、气门等）若不及时加以冷却，则可能因受热膨胀而破坏正常间隙，润滑油黏度也会下降，各部件的机械强度也会降低甚至损坏。

冷却系统由水泵、节温器、散热器、电动风扇、水管、水套、膨胀水箱等组成，如图 1-28 所示。

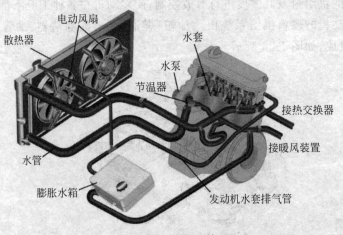

图 1-28　冷却系统

5．润滑系统

润滑系统的功用是对发动机中相对运动的零件表面进行润滑，以减少磨损。

润滑系统有集滤器、机油泵、机油滤清器、主油道、气缸盖油道等组成，如图 1-29 所示。

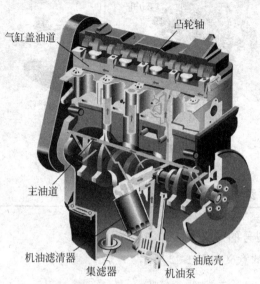

图 1-29　润滑系统

6．点火系统

点火系统（汽油发动机）的功用是按照发动机各缸的工作顺序适时点燃混合气，产生压力，推动活塞运动。

点火系统由发动机电子控制单元（ECU）、蓄电池、点火开关、点火线圈、火花塞等组成，如图 1-30 所示。

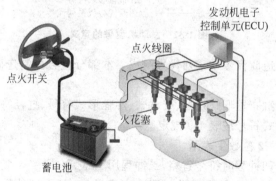

图 1-30　汽油发动机点火系统

7．启动系统

启动系统的功用是由蓄电池供电使启动机运转，从而带动曲轴运转，以启动发动机。

启动系统由启动机、蓄电池及电路控制装置等组成，如图 1-31 所示。

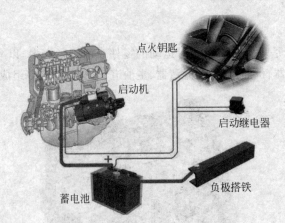

图 1-31　启动系统

1.2.4　发动机的型号

1. 国产发动机型号的意义

国产发动机型号的意义如图 1-32 所示。

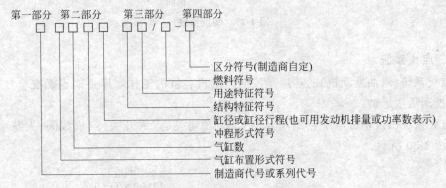

图 1-32　发动机型号的意义

第一部分：由制造商代号或系列代号组成。本部分代号由制造商根据需要选择相应 1～3 位字母表示。

第二部分：由气缸布置形式符号、气缸数、冲程形式符号、缸径符号组成。

（1）气缸布置形式符号按表 1-9 规定。

（2）气缸数用 1～2 位数字表示。

（3）冲程形式为四冲程时符号省略，二冲程用 E 表示。

（4）缸径符号一般用缸径或缸径行程数字表示，也可用发动机排量或功率数表示。其单位由制造商自定。

第三部分：由结构特征符号、用途特征符号和燃料符号组成，其符号分别按表 1-10、表 1-11 和表 1-12 规定。

第四部分：区分符号。同系列产品需要区分时，允许制造商选用适当符号表示。第三部分与第四部分可用"-"分隔。

表 1-9 气缸布置形式符号

符 号	含 义	符 号	含 义
无符号	多缸直列及单缸	H	H 形
V	V 形	X	X 形
P	卧式		

表 1-10 结构特征符号

符 号	结构特征	符 号	结构特征
无符号	冷却液冷却	Z	增压
F	风冷	ZL	增压中冷
N	凝气冷却	DZ	可倒转
S	十字头式		

表 1-11 用途特征符号

符 号	用 途
无符号	通用型及固定动力（或制造商自定）
T	拖拉机
M	摩托车
G	工程机械
Q	汽车
J	铁路机车
D	发电机组
C	船用主机、右机基本型
CZ	船用主机、左机基本型
Y	农用三轮车（或其他农用车）
L	林业机械

表 1-12 燃料符号

符 号	燃料名称
无符号	柴油
P	汽油
T	天然气
CNG	压缩天然气
LNG	液化天然气
LPG	液化石油气
Z	沼气
W	煤矿瓦斯
S	柴油/天然气双燃料
SCZ	柴油/沼气双燃料
M	甲醇
E	乙醇
DME	二甲醇
FME	生物柴油

2. 型号示例

（1）柴油发动机型号。

① G12V190ZLD——十二缸、四冲程、缸径190mm、冷却液冷却、增压中冷、发电用（G 为系列代号）。

② YZ6102Q——六缸直列、二冲程、缸径102mm、冷却液冷却、汽车用（YZ 为扬州柴油发动机厂代号）。

（2）汽油发动机型号。

① 1E65F/P——单缸、二冲程、缸径65mm、风冷、通用型。

② 492Q/P-A——四缸、直列、四冲程、缸径92mm、冷却液冷却、汽车用（A 为区分符号）。

（3）燃气发动机型号。

12V190ZL/T——十二缸、V 形、四冲程、缸径190mm、冷却液冷却、增压中冷、燃气为天然气。

（4）双燃料发动机。

G12V190ZLS——十二缸、V 形、缸径190mm、冷却液冷却、增压中冷、燃料为柴油/天然气双燃料（G 为系列代号）。

合资品牌及进口车辆的发动机型号详见车辆使用说明书或维修手册。

1.3 认识发动机的基本术语及工作原理

汽车发动机在使用过程中会因自然磨损而逐渐出现故障，因而必须对发动机实施定期与不定期的维护与修理。汽车发动机是一个由许多复杂系统构成的复合体，要保持其良好的性能，必须了解发动机的基本术语和工作原理。

1.3.1 发动机的基本术语

微课——认识汽车发动机的基本术语

汽车发动机是一台结构复杂的能量转换机器，为了便于研究其工作过程、性能，通常把其主要的运动关系、性能通过一些基本术语加以描述。

1. 上止点

活塞顶距离曲轴旋转中心最远的位置称为上止点，如图1-33(a)所示。

2. 下止点

活塞顶距离曲轴旋转中心最近的位置称为下止点,如图 1-33(b)所示。

3. 活塞行程

上、下止点间的距离称为活塞行程,如图 1-34 所示。活塞行程用 S 表示,单位为 mm。

$$S = 2r$$

式中,r 为曲柄半径。

曲轴每转一圈,活塞完成两个行程。

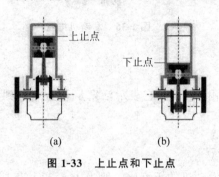

图 1-33　上止点和下止点

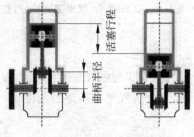

图 1-34　活塞行程

4. 工作容积

活塞从一个止点移到另一个止点所扫过的容积称为工作容积,如图 1-35 所示。工作容积用 V_h 表示,单位为升(L)。

$$V_h = \pi \left(\frac{D}{2}\right)^2 S \times 10^{-6}$$

式中,D 为气缸直径(mm);S 为活塞行程(mm)。

5. 燃烧室容积

活塞在气缸内做往复直线运动,当活塞位于上止点时,活塞顶上部的容积称为燃烧室容积,如图 1-35 所示,用 V_c 表示,单位为升(L)。

6. 气缸总容积

活塞位于下止点时,活塞顶上部的全部容积称为气缸总容积,如图 1-35 所示,用 V_a 表示。即

$$V_a = V_c + V_h$$

7. 发动机排量

多缸发动机所有气缸工作容积的总和称为发动机排量,如图 1-36 所示。发动机排量用 V_L 表示,单位为升(L)。

$$V_L = V_h \times i$$

式中,i 为发动机的气缸数。

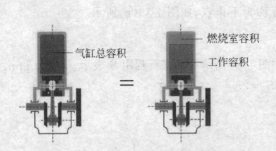

图 1-35 工作容积、燃烧室容积、气缸总容积

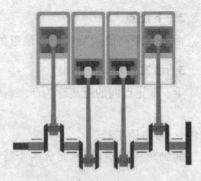

图 1-36 发动机排量

8. 压缩比

气缸总容积与燃烧室容积之比称为压缩比,用 ε 表示。它表示活塞从下止点移到上止点时,气缸内气体被压缩的程度。

$$\varepsilon = \frac{V_a}{V_c} = 1 + \frac{V_h}{V_c}$$

现代汽车发动机的压缩比一般为 7～13,柴油发动机的压缩比一般为 16～22。表 1-13 列出了几款轿车汽油发动机的压缩比。

表 1-13 轿车汽油发动机的压缩比 ε

发动机型号	压缩比 ε	发动机型号	压缩比 ε
别克凯越 1.5L-L2B	11	奥迪 A31.4L TFSI	10.5
帕萨特 1.8T-BGC	9.3	宝马 730i3.0L-N52B30	10.7
POLO 1.4L-CDD	10.5	奇瑞瑞虎 1.6L	11

 1.3.2 发动机的工作原理

微课——四冲程汽油发动机的工作原理　　微课——四冲程柴油发动机的工作原理

四冲程发动机是指曲轴转两圈(720°),活塞在气缸内往复四个行程完成一个工作循环的发动机。四冲程发动机每个工作循环中的四个活塞行程分别为进气冲程、压缩冲程、做功冲程和排气冲程。

由于汽油发动机和柴油发动机在使用燃料等方面有所不同,工作过程存在差异,下面分别介绍两种发动机的工作过程。

1. 四冲程汽油发动机工作原理

1）进气冲程

进气冲程时，活塞从上止点向下止点运动，此时进气门开启，排气门关闭，活塞上方的气缸容积增大，从而气缸内压力降到大气压以下，即在气缸内形成真空吸力，如图 1-37(a)所示。经滤清的空气与喷射出的汽油形成的可燃混合气经进气管道和进气门被吸入气缸，在这个过程中，曲轴转过了 180°，活塞从上止点到达下止点。由于进气系统有阻力，进气终了时气缸内气体压力为 0.075MPa～0.09MPa。

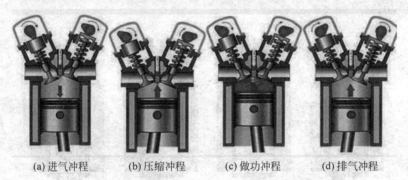

(a) 进气冲程　　(b) 压缩冲程　　(c) 做功冲程　　(d) 排气冲程

图 1-37　四冲程汽油发动机工作循环示意图

进入气缸内的可燃混合气因为与气缸壁、活塞顶部等高温部件表面接触，并与前一循环留下的高温残余废气混合，所以温度可升高到 90～170℃。

2）压缩冲程

压缩冲程时，活塞从下止点向上止点运动，进、排气门关闭，气缸内容积逐渐减小，可燃混合气被压缩，直到活塞到达上止点时结束，如图 1-37(b)所示。压缩终了时，混合气压力高达 0.6MPa～1.2MPa，温度可达 320～580℃。

压缩比对发动机的影响：在发动机技术状况良好的情况下，发动机的压缩比越大，则混合气燃烧越迅速，同样排量的发动机发出的功率越大，经济性就越好。但由于受汽油抗爆性等因素的影响，压缩比过高会导致混合气在缸内爆燃和表面点火等不正常燃烧现象出现，从而造成发动机过热、功率下降、油耗增加等一系列不良后果。因此，在提高汽油发动机压缩比时，必须防止爆燃和表面点火现象的发生。

3）做功冲程

在压缩冲程接近终了时，火花塞产生电火花点燃混合气，此时进、排气门仍关闭，如图 1-37(c)所示。由于混合气迅速燃烧，使缸内气体的温度和压力迅速升高，最高压力可达 5MPa，最高温度可达 1930～2530℃。在高温高压气体的作用力推动下，活塞从上止点向下止点运动，活塞的下移通过连杆使曲轴旋转运动，产生转矩而做功。输出的机械能除了用于维持发动机本身继续运转外，都用于对外做功。此时曲轴又转过 180°曲轴转角。做功终了时，缸内压力为 0.3MPa～0.5MPa，温度为 1330～2030℃。

4）排气冲程

在做功冲程终了时，排气门打开，进气门仍关闭，因废气压力高于大气压而自动排出。此外，当活塞越过下止点上移时，还靠活塞的推挤作用强制排气，活塞到上止点时，排气冲程结束,如图 1-37(d)所示。排气终了时,缸内压力为 0.105MPa～0.115MPa,温度为 620～930℃。

2. 四冲程柴油发动机工作原理

四冲程柴油发动机和四冲程汽油发动机的工作原理相似,每个工作循环也经历进气冲程、压缩冲程、做功冲程、排气冲程 4 个行程,如图 1-38 所示。但气缸在进气冲程中吸入的是纯空气,在压缩冲程接近终了时高压柴油成雾状喷入气缸,细小的油雾与空气中的氧接触,经过一个复杂的物理化学过程自行着火燃烧,气缸内压力和温度急剧升高,推动活塞下行做功。

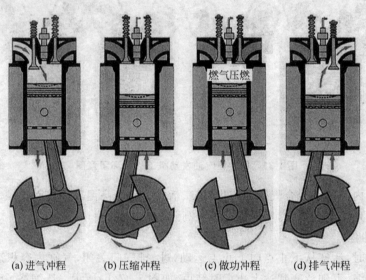

   (a)进气冲程   (b)压缩冲程   (c)做功冲程   (d)排气冲程

图 1-38　四冲程柴油发动机工作循环示意图

1) 进气冲程

进气冲程时,柴油发动机不同于汽油发动机,进入气缸的不是可燃混合气,而是纯空气,如图 1-38(a)所示。

2) 压缩冲程

压缩冲程时,柴油发动机不同于汽油发动机,其压缩的是纯空气,且由于柴油发动机压缩比高,压缩终了时的温度和压力都比汽油发动机高,压力可达 3MPa～5MPa,温度可达 520～730℃,如图 1-38(b)所示。

3) 做功冲程

做功冲程时,柴油发动机与汽油发动机有很大不同,在柴油发动机压缩冲程末,高压柴油经喷油器呈雾状直接或间接喷入气缸内的高温空气中,由于此时气缸内的温度远高于柴油的自燃温度(约 230℃),柴油便迅速自行着火燃烧,且此后一段时间内,边喷油边燃烧,气缸内压力、温度急剧升高,推动活塞下行做功,如图 1-38(c)所示。

此行程中,瞬时压力可达 5MPa～10MPa,瞬时温度可达 1500～1930℃。做功冲程终了时,压力为 0.2MPa～0.4MPa,温度为 920～1230℃。

4）排气冲程

排气冲程时，柴油发动机与汽油发动机基本相同。排气终了时，气缸内压力为0.105MPa～0.125MPa，温度为520～730℃，如图1-38(d)所示。

3. 四冲程汽油发动机和柴油发动机工作循环的共同点

（1）每一个发动机的工作循环，曲轴转两圈（720°），每一个行程中曲轴约转半圈（180°）左右。进气冲程是进气门开启，排气冲程是排气门开启，其余两个行程进、排气门均关闭。

（2）四个行程中，只有做功冲程对外做功，其余行程靠做功冲程的惯性力完成。虽然做功冲程是主要行程，但其他三个行程也必不可少，因此，进气冲程、压缩冲程和排气冲程称为"辅助行程"。

（3）在发动机运转的第一个循环时，必须有外力使曲轴旋转完成进气冲程、压缩冲程。着火后，完成做功冲程，并依靠曲轴和飞轮存储的能量自行完成以后的行程，以后的工作循环发动机无须外力就可自行完成。

4. 柴油发动机与汽油发动机的不同之处

柴油发动机与汽油发动机的不同之处见表1-14。

表 1-14　柴油发动机与汽油发动机的不同之处

柴油发动机	汽油发动机
进入气缸的是纯空气	汽油与空气缸外混合，进入气缸的是可燃混合气
高温气体加热柴油自行燃烧	电火花点燃混合气
无点火系统	有点火系统

1.3.3　发动机的性能指标

发动机的性能指标用来表征发动机的性能特点，并作为评价各类发动机性能优劣的依据。发动机的性能指标主要有动力性指标、经济性指标、环境指标、可靠性指标和耐久性指标。

1. 动力性指标

动力性指标是表征发动机做功能力大小的指标，一般用发动机的有效转矩、有效功率、发动机转速等作为评价指标。

（1）有效转矩 M_e：转矩是指发动机运转时由曲轴输出给传动系的有效旋转力矩。

（2）有效功率 P_e：有效功率是指发动机运转时由曲轴输出的功率。其值可以由发动机测功机实际测得。

M_e 和 P_e 是有效动力性指标，用来衡量发动机动力性大小。M_e 和 P_e 之间有如下关系

$$M_e = \frac{60 \times 1000 P_e}{2\pi n} = \frac{9550 P_e}{n} (\text{N} \cdot \text{m})$$

式中,n 表示发动机的转速(r/min);P_e 的单位是 kW。

(3) 转速 n:指发动机曲轴每分钟的转数,单位为 r/min。发动机产品铭牌上标明的功率及相应转速称为额定功率和额定转速。按照汽车发动机可靠性试验方法的规定,汽车发动机应能在额定工况下连续运行 300~1000h。

2. 经济性指标

发动机经济性指标一般用有效燃油消耗率 g_e 表示。发动机每输出 1kW·h 的有效功所消耗的燃油量(以 g 为单位)称为有效燃油消耗率。

$$g_e = \frac{1000G_T}{P_e}[g/(kW·h)]$$

式中,G_T 表示发动机工作每小时的耗油量(kg/h)。

3. 环境指标

环境指标主要是指发动机排气品质和噪声水平。由于它关系到人类的健康及其赖以生存的环境,因此各国政府都制定出严格的控制法规,以削减发动机排气和噪声对环境的污染。当前,排放指标和噪声水平已成为发动机的重要性能指标。

排放指标主要是指从发动机油箱、曲轴箱排出的气体和从气缸排出的废气中所含的有害排放物的含量。对汽油发动机来说主要是废气中的一氧化碳(CO)和碳氢化合物(HC)含量;对柴油发动机来说主要是废气中的氮氧化物(NO_x)和颗粒(PM)含量。

噪声是指对人的健康造成不良影响及对学习、工作和休息等正常活动发生干扰的声音。由于汽车是城市中的主要噪声源之一,而发动机又是汽车的主要噪声源,因此控制发动机的噪声就显得十分重要。如我国的噪声标准(GB/T 18697—2002)中规定,轿车的噪声不得大于 79dB(A)。

4. 可靠性指标和耐久性指标

可靠性指标是表征发动机在规定的使用条件下,在规定的时间内,持续正常工作能力的指标。可靠性有多种评价方法,如首次故障行驶里程、平均故障间隔里程等。耐久性指标是指发动机主要零件磨损到不能继续正常工作的极限时间。

大体上,在用车生活中,我们主要注意到的是发动机的其中两个指标,一个是功率,另一个是扭矩。功率的单位是千瓦或马力,扭矩的单位是牛·米(N·m)。

通俗地讲,功率反映的是车的绝对速度,或者说它可以跑多快;扭矩反映的是加速度,也就是提速性能。一般来说,功率大的发动机可以跑得很快,达到 200km/h 的速度都是可以做到的。扭矩大的发动机提速性能好,加速快,灵活。但有一个共同的特点,就是在表述这两项指标的时候,不能脱离发动机转速,性能高的发动机可以在一个相当宽泛的转速范围内保持高功率和高扭矩。比如说在 2800~5500r/min 的转速范围内,可以保持95%的功率或扭矩。在转速越低的位置出现高扭矩,说明发动机的提速性能越好。

单元 2

诊断和排除曲柄连杆机构的故障

◎ **客户委托**

　　一辆桑塔纳手动挡汽车,AJR 发动机,出厂时间为 2015 年 1 月,行驶里程有 15 万公里,该车排气管冒蓝烟,尤其是加速时有大量蓝烟冒出,并且伴随有急促而短暂的金属敲击声,客户反映动力明显不足,且机油消耗量很大,一周需要补充近 2L 的机油。遂要求检查并修复。经过检查分析,排气管冒蓝烟是由于活塞环和气缸的间隙过大,导致曲轴箱内的机油上窜到燃烧室,至于加速时急促而短暂的异响,可能是曲轴瓦或连杆轴瓦间隙过大引起的,所以本次检查工作主要针对曲柄连杆机构(图 2-1)。

图 2-1　曲柄连杆机构

◎ **学习目标**

　　(1) 能正确识别曲柄连杆机构的各零部件的构造及主要部件的装配连接关系;

　　(2) 能正确检测并维修曲柄连杆机构主要部件,通过检测气缸直径及磨损误差,培养学生精益求精的工匠精神。

　　(3) 能正确维护曲柄连杆机构。

　　(4) 能正确诊断曲柄连杆机构的相关故障。

◎ 知识点与技能点清单

序号	学习目标	知 识 点	技 能 点
1	能够正确描述曲柄连杆机构各零部件的名称、功用及装配连接关系	(1) 曲柄连杆机构的功用; (2) 曲柄连杆机构的工作条件和受力分析; (3) 曲柄连杆机构的结构组成	能够正确拆装曲柄连杆机构各零部件
2	能够正确识别曲柄连杆机构的各零部件的构造及主要部件的装配连接关系	(1) 机体组结构与功用; (2) 活塞连杆组结构与功用; (3) 曲轴飞轮组结构与功用	(1) 能够正确拆装气缸体与曲轴箱、气缸与气缸套、曲轴箱、油底壳、气缸盖、气缸垫; (2) 能够正确拆装活塞、活塞环、活塞销、连杆、连杆轴承; (3) 能够正确拆装曲轴、飞轮、扭转减振器
3	能够正确检测并维修曲柄连杆机构主要部件	(1) 气缸体与曲轴箱的常见损伤与维修; (2) 气缸与气缸套的常见损伤与维修; (3) 气缸盖、气缸垫的常见损伤与维修; (4) 活塞、活塞环、活塞销的常见损伤与维修	(1) 检修气缸体与曲轴箱; (2) 检修气缸与气缸套; (3) 检修气缸盖、气缸垫; (4) 检修活塞、活塞环、活塞销,选配活塞组; (5) 检修连杆、连杆轴承; (6) 检修曲轴、曲轴轴承
4	能够正确掌握曲柄连杆机构的维护方法和相关注意事项	(1) 积炭的清除; (2) 检验与调整曲轴轴承配合间隙; (3) 曲柄连杆机构维护注意事项	(1) 制订曲柄连杆机构维护计划; (2) 执行曲柄连杆机构的维护
5	能够正确诊断曲柄连杆机构的相关故障并能制订故障排除计划	(1) 曲柄连杆机构的常见故障有哪些? (2) 曲柄连杆机构常见故障的原因有哪些? (3) 曲柄连杆机构故障诊断的思路	(1) 制订曲柄连杆机构的故障诊断计划; (2) 执行曲柄连杆机构故障诊断

◎ 学习指南

(1) 明确学习目标及知识点与技能点清单。

(2) 按照学习任务列表完成每一项任务,任务知识部分需在课前提前完成。在完成知识部分任务时,你可以参考本单元提供的学习信息,利用网络、厂家提供的维修手册、各类教学资源库等学习资源,也可以在课前或上课时向任课教师寻求帮助。任课教师会在正式上课时展示或共享大家对于知识部分任务的完成情况,实现学习者之间相互交流。

(3) 在任务列表中,涉及实操部分,可以在正式上课前自行完成,也可以由任课教师在课堂上安排完成。

（4）完成任务列表后，自行根据本单元鉴定清单进行检查，并根据不足进行知识与技能的补充学习。

（5）接受任课教师按照鉴定清单进行知识与技能的鉴定。请注意，鉴定可能是过程鉴定与终结性鉴定，学习者平时对学习任务的学习过程也可以作为鉴定的依据，例如学习态度、学习过程中的技能展示、职场安全意识等。

2.1 学习任务

1. 小刘的汽车已经行驶了 15 万公里，最近在车辆怠速时能听到发动机里面有异响，为有节奏的嗒嗒声，于是开到 4S 店进行检修。检修师傅一听就判断是发动机曲柄连杆某个零部件损坏造成的，提出要对曲柄连杆机构进行拆卸和检测。并告诉小刘，由于曲柄连杆机构零部件的功用及其工作环境等因素，里面的某些零部件会经常损坏。那么看了上面的案例，请同学们思考下面的问题。

（1）汽车曲柄连杆机构的功用是什么？

（2）曲柄连杆机构的工作环境是怎样的呢？

（3）如图 2-2 所示，根据曲柄连杆的受力情况，简述当活塞处于做功行程和压缩行程的时候，对气缸壁造成的损伤在哪些位置？

（4）案例中提到要对曲柄连杆机构进行拆装检测，那么如何进行拆卸和装配呢？拆装的注意事项和步骤是什么？

图 2-2 活塞的做功行程和压缩行程

2. 通过连线的方式确定图 2-3 所示曲柄连杆机构零部件的对应关系，并简述每个部件的功用。

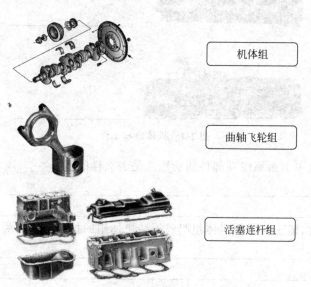

机体组

曲轴飞轮组

活塞连杆组

图 2-3 确定曲柄连杆机构零部件的对应关系

3. 在一次汽车实训中,一个小组领到了拆装机体组的任务,机体组一般由气缸盖罩、气缸盖、气缸体、曲轴箱、气缸衬垫、油底壳等机件组成。

(1) 机体组的工作条件、材料和受力情况是怎样的呢?

_____

_____

(2) 图 2-4 所示是从机体组中拆卸的一些零部件,请正确填写它们的名称。

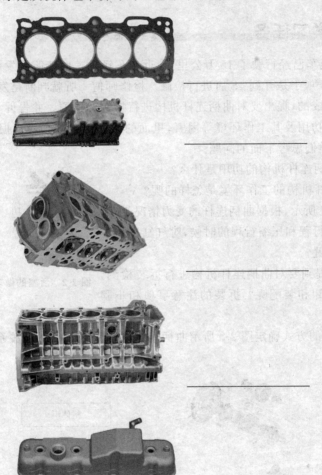

_____

_____

_____

_____

_____

图 2-4　机体组零部件

(3) 在机体组中上面那些零部件的功用又是怎么样的呢?

_____

_____

(4) 如果是你,能正确拆装机体组吗? 拆装机体组的技术要求有哪些? 步骤有哪些?

_____

_____

4．查阅气缸体形式的相关资料,连接图2–5,并说明每一种形式的优缺点◎

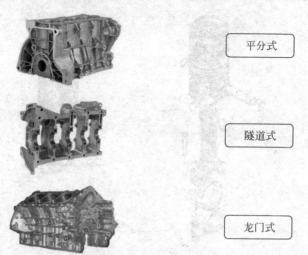

平分式

隧道式

龙门式

图2–5 气缸体形式

5．标注表2–1 中气缸套的类型和各部分名称◎回答什么是干式气缸套? 什么是湿式气缸套? 采用湿式气缸套时如何防止漏水?

表2–1 气缸套的类型和各部分名称

图　　示	标注气缸套的类型 和各部分名称	采用湿式气缸套时如何防止漏水

6. 标注图 2-6 中活塞连杆组各部分的零件名称和作用,并简述拆装活塞连杆组的步骤。

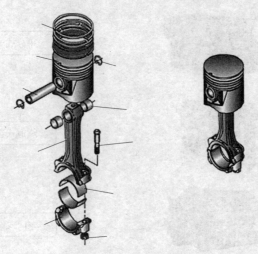

图 2-6 活塞连杆组

7. 铝制活塞有哪些结构特点?试述活塞工作时变形的原因及应对措施。

8. 简述气环的密封原理,并根据气环的断面形状在图 2-7 中进行连线,然后进行比较。

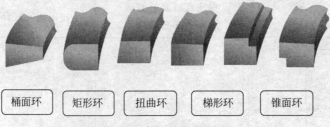

| 桶面环 | 矩形环 | 扭曲环 | 梯形环 | 锥面环 |

图 2-7 气环的断面形状

9. 查看活塞销的相关资料,完成表 2-2。

表 2-2 活塞销的连接方式

图　示	标注活塞销的连接方式和各部分名称	特　点

图　　示	标注活塞销的连接方式 和各部分名称	特　　点
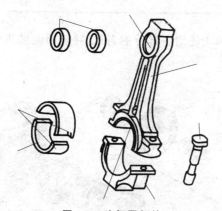		

10. 为什么有的活塞的中心不与气缸中心线相交？

_____

_____

11. 标注图 2-8 中连杆各零部件的名称，并说明连杆的功用是什么？它有几种结构形式？有何安装标记？

图 2-8　连杆零部件

12. 标注表 2-3 中斜切口连杆大头的定位方式。回答连杆大头的定位方式结构有哪几种？试比较分析。

表 2-3　斜切口连杆大头的定位方式

图　　示	定 位 方 式	比 较 分 析

图　　示	定位方式	比较分析
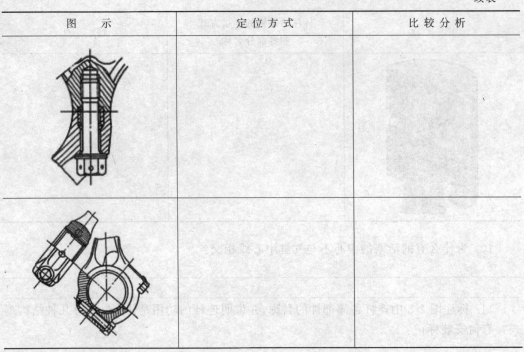		

13. 标注图 2-9 中曲轴飞轮组各部分的名称,并说明曲轴飞轮组在维修中各零部件的拆装步骤是怎样的?

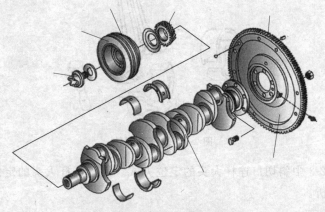

图 2-9　曲轴飞轮组零部件

14. 图 2-10 为曲轴结构图,查阅相关材料,填入相应的代号,并说明曲轴为什么要轴向定位? 怎样定位?

15. 曲轴上的平衡重有什么功用? 为什么有的曲轴上没有平衡重?

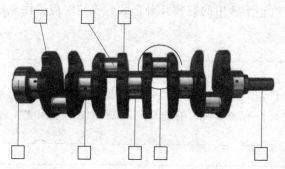

A.曲轴前端　B.曲轴后端　C.平衡重
D.润滑油孔　E.主轴颈　F.连杆轴颈
G.曲拐　　　H.曲柄

图 2-10　曲轴结构图

16. 曲轴前后端的防漏措施有哪些？

_____

_____

17. 简要叙述四缸发动机的曲拐是如何布置的，试着分析其工作循环是怎样的。

_____

_____

18. 一辆奇瑞轿车出现偶发性故障，包括充电指示灯亮、转向助力不明显、空调效果不佳。发电机、转向助力泵和空调压缩机都是通过皮带带动的，在检查皮带和皮带轮无故障后，分析故障原因为曲轴前皮带轮内扭转减振器打滑所致，在扭转减振器做标记再进行试车，停车后检查标记已经错位，证明了扭转减振器损坏。那么扭转减振器的功用是什么？

_____

_____

19. 图 2-11 是进行什么操作？一般是气缸体和气缸盖之间的什么损伤的情况下才会做该操作？一般造成这种损伤的原因是什么？

_____

_____

20. 图 2-12 是进行什么操作？一般是气缸体和气缸盖之间的什么损伤的情况下才会做该操作？一般造成这种损伤的原因是什么呢？

图 2-11　操作 1

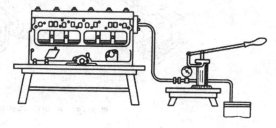

图 2-12　操作 2

21. 简述气缸盖及气缸体螺纹孔损伤的原因以及其检测维修方法。

_____

_____

22. 气缸垫的功用有哪些？目前汽车上常用的有哪几种形式？安装时应该注意些什么问题？常见的损伤有哪些？

_____

_____

23. 小刘最近发现他的车越开越抖，并有异响，到4S店维修，拆卸后发现活塞呈现如图2-13所示的情况，那么活塞常见的损伤有哪些呢？在选配时有哪些注意事项呢？

_____

_____

24. 活塞环和活塞销常见的损伤有哪些？选配时应该注意些什么问题？

_____

_____

25. 图2-14所示为连杆的哪一类损伤？产生该损伤的原因是什么？如何进行校正？

图 2-13　活塞损伤情况

图 2-14　连杆损伤情况

26. 经检验确定连杆有变形时，应记下连杆弯曲与扭曲的方向和数值，使用连杆校验仪进行校正，如图2-15所示。一般是先校正_____，后校正_____。

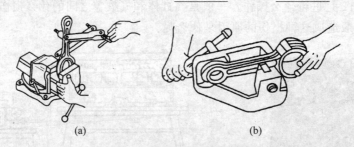

(a)　　　　　　　　　　　　(b)

图 2-15　使用连杆校验仪进行校正

27. 曲轴轴承的径向间隙和轴向间隙常用检查方法有哪些？怎样调整曲轴轴承径向间隙和轴向间隙？如何选配、修整曲轴轴承？

_____

_____

28. 怎样确定曲轴轴颈和连杆轴颈的修理尺寸？有哪些技术要求？

_____

29. 图 2-16 所示是汽修厂某发动机拆卸下来的零部件，发现积炭很严重，你知道如何清除它吗？此外，曲柄连杆机构的维护项目有哪些？

_____

图 2-16 　积炭很严重

30. 检测诊断实操工作页。

1）气缸的检测

（1）气缸体上下平面度检测（表 2-4）。

表 2-4 　气缸体上下平面度检测　　　　　　　　　单位：mm

车　型		发动机型号		量具	
技术标准	50×50	公差≤	≤600	公差≤	
横向	一—二缸之间	二—三缸之间	三—四缸之间	四—五缸之间	五—六缸之间
纵向（中间）					
对角 1					
对角 2					
结论					

处理意见：

_____

（2）气缸磨损的检测（表 2-5）。

表 2-5 　气缸磨损的检测　　　　　　　　　单位：mm

截面＼气缸	车型		发动机型号				标准缸径			
	一缸	圆度	二缸	圆度	三缸	圆度	四缸	圆度	五缸	圆度	六缸	圆度
1（上）										
2（中）										
3（下）										
圆柱度										
结论　圆度										
柱度										
磨损										

实际缸径：_____已加大_____级修理尺寸。

处理意见：_____

_____

（3）气缸盖及气缸体裂纹的检验方法：_____

（4）检查螺纹孔和水道孔，结果：_____

（5）检查气缸孔是否有垂直方向擦痕。目视检查有无垂直方向擦痕。若有较深的擦痕，则 4 个气缸应重新镗缸。

2）活塞、活塞环的检测

将活塞、活塞环的检测结果填入表 2-6 中。

表 2-6　活塞、活塞环的检测

气缸 活塞环	一缸		二缸		三缸		四缸	
	开口	侧隙	开口	侧隙	开口	侧隙	开口	侧隙
压缩环 1（上）								
压缩环 2（中）								

标准	项　目		标准	限值
	活塞环开口间隙	一环		
		二环		
		油环		
	活塞环侧隙	一环		
		二环		
结果				
测量活塞直径	标准型：			
油膜间隙	标准油膜间隙：			
结论				

3）连杆变形的检验与校正

将连杆变形的检验与校正结果填入表 2-7 中。

表 2-7　连杆变形的检验与校正　　　　　　　　单位：mm

车　型		发动机型号		量具	
技术标准	扭曲		弯曲		
	一缸连杆	二缸连杆	三缸连杆	四缸连杆	五缸连杆	六缸连杆
第一测点间隙						
第二测点间隙						
第三测点间隙						
小头端面与平板距离						
翻转 180° 与平板距离						
结论						

处理意见：

_____

_____

4）曲轴飞轮组检测

将曲轴飞轮组检测结果填入表 2-8 中。

表 2-8　曲轴飞轮组检测　　　　　　　　　　　单位：mm

主轴颈和连杆轴颈的圆柱度标准值_____，最大值_____。如果圆柱度大于最大值，更换曲轴。

截面 ＼ 轴颈	主轴颈 1	圆柱度	主轴颈 2	圆柱度	主轴颈 3	圆柱度	主轴颈 4	圆柱度	主轴颈 5	圆柱度
1（上）										
2（中）										
3（下）										
结论										

检测项目	检测结果	技　术　标　准
曲轴的径向跳动		径向跳动标准值：_____　径向跳动最大值：_____
轴向间隙		标准轴向间隙：_____　最大轴向间隙_____
连杆的轴向间隙		标准轴向间隙：_____　最大轴向间隙_____
连杆轴瓦的选择	Y＝	
主轴瓦的选择	Y＝	

处理意见：

_____

_____

_____

✎　**鉴定**

任课教师可以通过平时教学过程中学习者的学习态度、参与教学活动的积极性、职场安全意识及终结性鉴定结果等确定其最后鉴定结果，每个学习者最多可以鉴定三次，鉴定教师可以把鉴定情况填写在表 2-9 中。

表 2-9　单元 2 鉴定表

序号	学 习 目 标	鉴定 1	鉴定 2	鉴定 3	鉴定结论	鉴定教师签字
1	能够正确描述曲柄连杆机构各零部件的名称、功用及装配连接关系				□通过 □不通过	
2	能够正确识别曲柄连杆机构的各零部件的构造及主要部件的装配连接关系				□通过 □不通过	

序号	学 习 目 标	鉴定1	鉴定2	鉴定3	鉴定结论	鉴定教师签字
3	能够正确检测并维修曲柄连杆机构主要部件				□通过 □不通过	
4	能够正确掌握曲柄连杆机构的维护方法和相关注意事项				□通过 □不通过	
5	能够正确诊断曲柄连杆机构的相关故障并能制订故障排除计划				□通过 □不通过	

 ## 2.2　认识发动机曲柄连杆机构的主要部件

曲柄连杆机构是往复式发动机实现工作循环,完成能量转换的主要运动部件。在做功冲程,燃料燃烧产生热能,推动活塞向曲轴做直线运动,通过连杆、曲轴将热能转换为机械能,对外输出动力。

 ### 2.2.1　曲柄连杆机构的功用、工作条件及受力情况

曲柄连杆机构是把燃气作用在活塞顶上的力转变为曲轴的转矩,以向工作机械输出机械能。

1.　曲柄连杆机构功用

曲柄连杆机构是往复式发动机实现工作循环和能量转换的主要机构,其功用如下。

(1)承受燃料燃烧产生的气体压力转变为曲轴的转矩。

(2)将活塞的往复直线运动转变为曲轴的旋转运动。

(3)将混合气体燃烧产生的热能转换为曲轴旋转的机械能,并输出机械能。

2.　曲柄连杆机构的工作过程

在发动机的做功冲程,燃料燃烧,产生热能,以气体压力的形式直接作用在活塞顶部,推动活塞向曲轴方向做直线运动,经活塞销、连杆传给曲轴,并将活塞的直线运动转换为曲轴、飞轮的旋转运动,在排气冲程、进气冲程和压缩冲程,依靠曲轴和飞轮的转动惯性,通过连杆带动活塞做往复直线运动,为下一次做功做好准备。

3.　曲柄连杆机构的工作条件

曲柄连杆机构的工作条件十分恶劣,可概括为高温、高压、高速及化学腐蚀等几个方面。其中,气缸内混合气体燃烧最高温度可达到2500K,最高气体压力可达到5～9MPa,曲轴转速可达到4000～6000r/min,气缸、气缸盖、活塞组件等与可燃混合气、废气接触的机件受到化学腐蚀作用。

4.　曲柄连杆机构的受力情况

曲柄连杆机构在工作过程中,做变速运动,受力情况复杂。归纳起来主要有:活塞顶

部受到的气体作用力、往复运动构件受到的惯性力、旋转运动构件受到的离心力、相对运动构件接触表面受到的摩擦力以及由温差引起的热应力,如图 2-17 所示。其中,在做功冲程,活塞受向下的气体压力 P_p,它在活塞销上分解为 N_p 和 S_p,N_p 把活塞压向气缸壁,形成侧压力,S_p 传给连杆,分解出与曲柄垂直的分力 T_p,压紧主轴承和主轴颈,并产生曲轴转矩 M_p,推动曲轴旋转。在压缩冲程,活塞受向下的气体压力 P_p,阻碍活塞向上运动,它在活塞销上分解为 N_p 和 S_p,N_p 把活塞压向气缸壁,形成另一侧压力;S_p 传给连杆,分解出与曲柄垂直的分力 T_p,压紧主轴承和主轴颈,并对曲轴产生旋转阻力矩 M_p,阻止曲轴旋转。在排气冲程,曲柄、连杆轴颈、连杆大头绕曲轴轴线旋转,产生离心力 P_c、惯性力 P_j,其中离心力的垂直分力和惯性力方向一致向上,加剧了发动机的上下振动,离心力的水平分力使发动机产生水平方向振动。在进气冲程,惯性力方向向下,压紧主轴承和主轴颈,增加磨损和变形,也因惯性力增大加剧了连杆大头轴承和轴颈的磨损和变形。

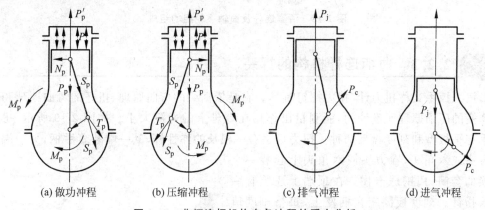

(a) 做功冲程　　(b) 压缩冲程　　(c) 排气冲程　　(d) 进气冲程

图 2-17　曲柄连杆机构在各冲程的受力分析

活塞、活塞环、气缸壁、曲轴、连杆轴承和轴颈之间都存在摩擦力,产生零件配合表面的磨损。

这些力的大小和方向不断变化,作用在曲柄连杆机构和机体的各相关零件上,使之受到拉伸、压缩、弯曲、扭转、摩擦等不同性质的变形,各种力的周期性变化导致零件磨损不均匀。为了保证各零件工作可靠,减少磨损,在结构上必须采取相应的措施。

 ## 2.2.2　曲柄连杆机构零部件的结构

微课——识别曲柄连杆机构零部件

曲柄连杆机构作为发动机实现工作循环和能量转换的主要机构主要由以下三部分组成。

(1) 机体组:主要包括气缸盖罩、气缸盖、气缸体、曲轴箱、气缸衬垫、油底壳等机件。

44

（2）活塞连杆组：主要包括活塞、活塞环、活塞销和连杆等机件。

（3）曲轴飞轮组：主要包括曲轴、飞轮、扭转减振器等机件（注：减振器也作减震器）。

曲柄连杆机构中部分主要零件如图 2-18 所示。

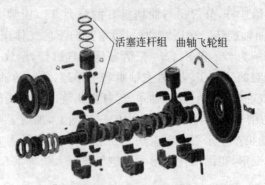

图 2-18　活塞连杆及曲轴飞轮组的组成

 2.2.3　曲柄连杆机构的拆装

扭力扳手又称扭力计、扭力螺钉旋具。它是依据梁的弯曲原理、扭杆的弯曲原理和螺旋弹簧的压缩原理而设计的，能测量出作用在螺母上的力矩大小。如图 2-19 所示，扭力扳手有平板型和刻度盘型两种。扭力扳手有一根长的弹性杆，其一端装着手柄，另一端装有方头或六角头，在方头或六角头上套装一个可换的套筒，用钢珠卡住。在顶端上还装有一个长指针。刻度板固定在柄座上，每格刻度值为 1N（或 kg/m）。使用前，先将安装在扳手上的指示器调整到所需的力矩，然后扳动扳手，当达到该预定力矩时，指示器上的指针就会向销轴一方转动，最后指针与销轴碰撞，通过声音信号或传感信号告知操作者。

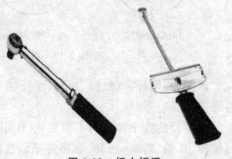

图 2-19　扭力扳手

梅花扳手的两端具有六角孔或十二角孔的工作端，如图 2-20 所示，适用于工作空间狭小，不能使用稍大扳手的场合。

开孔扳手的一端或两端制有固定尺寸的开口，如图 2-21 所示，用于拧动相关尺寸的螺母或螺栓。

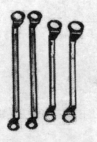

图 2-20　梅花扳手

图 2-21　开口扳手

1. 拆装注意事项

（1）预防措施：防止进入异物，如沙砾、灰尘。

（2）防止零件工作表面被擦伤，如不当敲击和放置等。

（3）注意每个零件的安装位置和方向。

（4）拆卸下来的零件要合理进行摆放。

（5）非重复使用的零件要及时更换，不能重复使用。

（6）在安装前要清洁零件。

（7）工具的使用要合理规范。

（8）注意拆装的安全和现场管理。

2. 实施环境

实施前应准备好车辆、总成、工具、量具、仪表、耗材等。

（1）典型车辆。

（2）典型发动机总成。

（3）曲柄连杆机构拆装专用工具、常用工具。

3. 拆卸计划与实施

扭力扳手可以精确控制施加在螺栓、螺母上的力。在使用时，首先根据螺栓、螺母的大小选择合适的套筒，然后按照一定的方向旋紧或旋松螺栓、螺母。使用时要注意，一手控制扭力扳手的头部，使套筒与待拧的螺栓、螺母充分接触，另一只手握住手柄处，向靠近自己身体的方向回拉扭力扳手，注意不要向外推扳手，以免力量控制不好，伤到自己。扭力扳手的使用方法如图 2-22 所示。

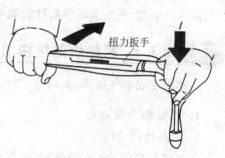

扭力扳手

图 2-22　正确使用扭力扳手

曲轴连杆机构的拆卸与装配具体步骤

 2.3　认识机体组的构造

机体组是发动机的骨架和外壳，许多零部件和辅助系统的元件都安装在机体组上。它是发动机的固定件，是发动机形状尺寸的主要决定因素。

2.3.1　机体组的工作条件、材料及常见损伤

机体组是气缸体与曲轴箱的连铸体。绝大多数水冷发动机的气缸体与曲轴箱连铸在一起,而且多缸发动机的各个气缸也合铸成一个整体。风冷发动机几乎无一例外地将气缸体与曲轴箱分别铸制。

1.　机体组的工作条件

在发动机工作时,机体承受拉、压、弯、扭等不同形式的机械负荷,同时还因为气缸壁面与高温燃气直接接触而承受很大的热负荷。因此,机体应具有足够的强度和刚度,且耐磨损和耐腐蚀,并应对气缸进行适当的冷却,以免机体损坏和变形。机体也是最重的零件,应该力求结构紧凑、质量轻,以减小整机的尺寸和质量。

2.　机体组的材料

机体一般用高强度灰铸铁或铝合金铸造。最近,轿车发动机采用铝合金机体的情况越来越普遍。

3.　机体组的常见损伤

机体组常见的损伤一般也是零部件的损伤,常见的有气缸及气缸盖体的变形、气缸盖及气缸体的裂纹、气缸盖及气缸体的螺纹孔损坏、气缸体的磨损以及气缸垫的烧穿等。

 2.3.2　机体组的结构组成

机体组主要由气缸体、曲轴箱、气缸盖、气缸垫、气缸盖罩等组成,如图 2-23 所示。

1.　气缸体与曲轴箱

1）气缸体的功用

气缸体是构成发动机的骨架,是发动机各机构、系统的安装基础,其内、外安装着发动机的所有主要零件和附件,承受各种载荷,并由它保持发动机各运动件相互之间的准确位置关系。

2）气缸体的结构

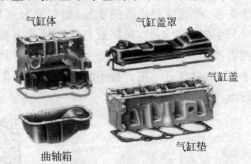

图 2-23　机体组的组成

气缸体组主要由气缸、曲轴箱、气缸盖和气缸垫等组成。气缸体上半部有若干个圆柱形空腔,用来安装气缸,为活塞在其中运动导向。下半部为上曲轴箱,其内腔为曲轴运动的空间。在上曲轴箱的下部,有主轴承座孔,安装曲轴,起支承曲轴的作用;有的发动机上曲轴箱上有凸轮轴轴承座孔。为了润滑轴承,在上曲轴箱侧壁上钻有主油道,在前后壁和中间隔板上钻有分油道,如图 2-24 所示。

气缸体的上平面安装气缸垫和气缸盖,下平面安装下曲轴箱(油底壳),是气缸修理的加工基准。

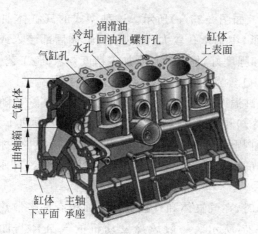

图 2-24 气缸体结构

3）气缸体的材料

发动机工作时，气缸体承受较大的机械负荷和复杂的热负荷，易变形、开裂。要求气缸体应具有足够的强度、刚度和良好的耐热性、耐腐蚀性。一般情况下，气缸体选用灰铸铁、球墨铸铁或合金铸铁制造。为了减轻重量，有的发动机选用铝合金制造。

4）气缸体的结构形式

根据气缸体与油底壳安装平面的位置不同，通常把气缸体分为平分式、龙门式和隧道式三种，如图 2-25 所示。

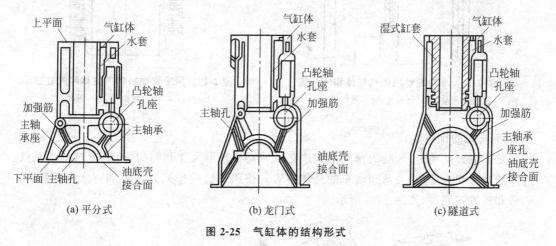

(a) 平分式　　　　　　　　(b) 龙门式　　　　　　　　(c) 隧道式

图 2-25 气缸体的结构形式

（1）平分式气缸体。如图 2-25(a)所示。发动机曲轴轴线与气缸体下平面在同一平面上。其特点是制造加工和拆装方便，缺点是刚度差，与曲轴前后端接触面的密封性差。用于中小型发动机上。如富康 ZX 轿车的 TU3-2K 等发动机气缸体采用这种形式。

（2）龙门式气缸体。如图 2-25(b)所示。发动机曲轴轴线高于气缸体下平面（油底壳安装平面）。其优点是强度和刚度都好，能承受较大的机械负荷；但其缺点是工艺性较差，结构笨重，加工较困难。用于大中型发动机。如 CA6102、EQ6100、桑塔纳、捷达、奥迪等发动机气缸体采用这种形式。

（3）隧道式气缸体。如图2-25（c）所示。这种型式的气缸体曲轴的主轴承孔为整体式，主轴承采用滚动轴承，主轴承孔较大，曲轴从气缸体后部装入或采用组合式曲轴。其优点是结构紧凑、刚度和强度好，但其缺点是加工精度要求高，工艺性较差，曲轴拆装不方便。如黄河汽车的6135Q等发动机气缸体采用这种形式。

为了使发动机能在高温下正常工作，必须对气缸体和气缸盖随时加以冷却。按冷却介质的不同，可分为水冷却和风冷却两种冷却方式。汽车发动机上采用较多的是水冷却。发动机用水冷却时，气缸周围和气缸盖中均有用以充水的空腔，称为水套，如图2-26所示。气缸体和气缸盖上的水套是相互连通的。利用水套中的冷却水流过高温零件的周围而将热量带走。

发动机用空气冷却时，在气缸体和气缸盖外表面铸有许多散热片，以增加散热面积，保证散热充分，如图2-27所示。一般风冷发动机的气缸体与曲轴箱是分开铸造的。F6L912Q型发动机属风冷柴油发动机。

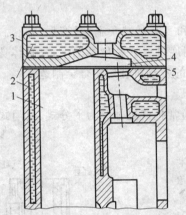

图2-26　水冷发动机的气缸体和气缸盖

1—气缸；2—水套；3—气缸盖；4—燃烧室；5—气缸垫

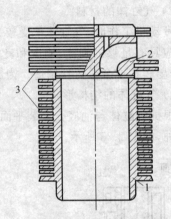

图2-27　风冷发动机的气缸体和气缸盖

1—气缸体；2—气缸盖；3—散热片

5）气缸的排列形式

对于多缸发动机，气缸的排列形式决定了发动机外形尺寸和结构特点，影响发动机气缸体的刚度和强度，并关系到汽车的总体布置。按照气缸的排列方式不同：分成直列式、V形和对置式三种，如图2-28所示。

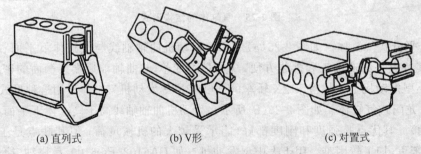

(a) 直列式　　　(b) V形　　　(c) 对置式

图2-28　多缸发动机气缸的排列形式

（1）直列式。用 L 表示，发动机的各个气缸排成一列，垂直于地面布置在缸体上。各缸共用一根曲轴和气缸盖。直列式气缸体结构简单，加工容易，但发动机长度和高度较大。一般六缸以下发动机多采用直列式。例如捷达轿车、红旗轿车、CA6102 型汽车所使用的发动机均采用这种直列式气缸体。有的汽车为了降低发动机的高度，把发动机倾斜一个角度布置，如奔驰 300SL 轿车，如图 2-28（a）所示。

（2）V 形。气缸排成两列，左右两列气缸中心线的夹角 $\gamma < 180°$，通常在 $60° \sim 90°$ 之间，称为 V 形发动机。各缸共用一根曲轴，有两个气缸盖，V 形发动机与直列发动机相比，缩短了机体长度，降低了高度，减少了风阻，抵消了部分振动，增加了气缸体的刚度，减轻了发动机的重量，但加大了发动机的宽度，且形状较复杂，加工困难，一般用于八缸以上的发动机，六缸发动机也有采用这种形式的气缸体，如奥迪 3.0L TDI 的 V6 发动机，如图 2-28（b）所示。

（3）对置式。气缸排成两列，左右两列气缸在同一水平面上，即左右两列气缸中心线的夹角 $\gamma = 180°$，称为对置式。共用一根曲轴，有两个气缸盖，曲轴每个轴颈上安装两根连杆。对置式发动机降低了重心，增加了汽车行驶稳定性，但制造工艺难度大。水平对置式发动机是斯巴鲁的核心技术，用在如斯巴鲁的 EA52、EJ207 等发动机上，如图 2-28（c）所示。

（4）VR 式。德国大众公司还开发了一种气缸夹角在 $10° \sim 15°$ 的 VR6（6 代表缸数）型气缸发动机，如图 2-29 所示。这种发动机结构紧凑，宽度接近于直列发动机，长度与直列四缸相近。且由于两列气缸相距很近，所以只需要一个气缸盖，比 V 形气缸体的发动机成本低很多。

（5）W 式。在 VR 式气缸的发动机的基础上，大众还研发出了 W12 型气缸的发动机，如图 2-30 所示。W12 型气缸就是把两台 VR6 发动机以一定的气缸夹角合在一起，制造出了一台拥有四列气缸的 W 式十二缸发动机。它充分利用了 VR 发动机的紧凑优势，使得这种十二缸的超级机器只有普通 V6 发动机的长度。

图 2-29　VR6 型气缸发动机

图 2-30　W12 型气缸发动机

6）气缸与气缸套

气缸是气缸体内引导活塞作往复运动的圆柱形空腔，是燃料燃烧实现能量转换的场所。工作时，气缸要承受高温、高压气体的作用力和热负荷，活塞在气缸内运动，润滑条件差。其制造材料要求能耐高温、耐高压、耐磨损、耐腐蚀。

（1）按气缸套与气缸体的结合方式不同，气缸可分为整体式和单铸式。

整体式气缸是在气缸体上直接镗孔，内孔表面再经特殊的热处理或激光处理而成。整体式气缸强度和刚度都好，能承受较大的载荷，这种气缸对材料要求高，成本高。因此，一般采用优质合金铸铁制造，但成本较高。

单铸式气缸是将气缸制造成单独的圆筒形零件，即气缸套，然后再装到气缸体内。现代汽车发动机采用在气缸体内镶入气缸套，形成气缸工作表面，保证与活塞的配合，提高磨损性。气缸套采用优质合金铸铁或合金钢制造，气缸体其他部分采用铸铁或铝合金制造，降低成本。气缸套可以从气缸体中取出，修理和更换，并可大大延长气缸体的使用寿命。

（2）按冷却方式来分，气缸可分为风冷式和水冷式。

风冷式时，发动机气缸将热量传给缸外散热翅片、翅片、缸体与空气接触，交换热能。行驶时，借助空气流动带走热量，实现冷却，其结构简单，成本低。水冷式气缸套是通过冷却水与气缸套进行热量交换，并通过冷却水将热量带走，实现冷却。水冷式气缸套可分为干式气缸套和湿式气缸套。

干式气缸套如图2-31(a)所示。其特点是气缸套装入气缸体安装孔内，其外壁不直接与冷却水接触，壁厚较薄，一般为1～3mm。其强度和刚度都较好，但内、外表面都需要进行精加工，加工工艺比较复杂，拆装不方便，散热效果不如湿式气缸套。湿式气缸套的特点是气缸套装入气缸体后，其外壁直接与冷却水接触，气缸套仅在上、下两端各有一圆环与气缸体接触，用于固定、安装、密封，壁厚一般为5～9mm，其上平面比气缸体上平面高0.05～0.15mm。它散热良好，冷却均匀，通常只需要精加工内表面，而与水接触的外表面不需要精加工，加工难度小，拆装方便，缺点是强度、刚度都不如干式气缸套好，而且容易产生漏水现象，常采用橡胶密封等防漏措施，如图2-31(b)、图2-31(c)所示。

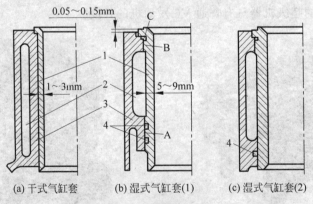

(a) 干式气缸套　　(b) 湿式气缸套(1)　　(c) 湿式气缸套(2)

图2-31　气缸套分类

1,3—气缸套；2—水套；4—橡胶密封圈

A—下支承密封带；B—上支承密封圈；C—缸套凸缘平面

2. 曲轴箱、油底壳

气缸体下部用来安装曲轴的部位称为曲轴箱。曲轴箱分上曲轴箱和下曲轴箱。上曲

轴箱与气缸体铸成一体,用来安装曲轴。下曲轴箱也称为油底壳,用来存储润滑油、封闭上曲轴箱、给机油散热。

　　油底壳受力很小,一般采用薄钢板冲压而成,其形状取决于发动机的总体布置和机油的容量。油底壳内装有挡油板,以防止汽车行驶中颠动时油面波动过大。油底壳的一部分做得较深,以保证发动机倾斜时机油泵能吸入机油;油底壳底部还装有带永久磁性的细牙放油螺塞,以吸附机油中的铁屑,减少发动机的磨损;在上下曲轴箱接合面之间装有衬垫,涂密封胶,以防止润滑油泄漏。油底壳结构如图 2-32 所示。

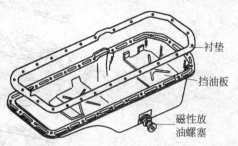

衬垫
挡油板
磁性放油螺塞

图 2-32 油底壳结构示意图

3. 气缸盖

1)气缸盖的主要功用

气缸盖安装在气缸体的上面,其作用是从上部密封气缸并与活塞顶部、气缸壁一起构成燃烧室。气缸盖与高温高压燃气相接触,承受很大的热负荷、机械负荷。

2)气缸盖的构造

(1)气缸盖的结构。气缸盖结构复杂,其上有进气通道、排气通道、气门座孔、气门导管孔、冷却液通道、燃烧室、润滑油通道、喷油器安装孔、安装螺纹孔,顶置凸轮轴式发动机的气缸盖上加工有凸轮轴轴承孔,汽油发动机上还有火花塞螺纹孔。

(2)气缸盖结构形式。发动机气缸盖结构形式有两种,一种是整体式;另一种是分开式。通常气缸缸数不超过六个,气缸直径小于 105mm 时,采用整体式气缸盖,如图 2-33 所示。分开式气缸盖中,一个、两个、三个气缸共用一个气缸盖,一般用于缸径较大的发动机。

3)气缸盖结构的材料

气缸盖一般采用优质灰铸铁、合金铸铁或铝合金铸成。其中,铝合金的导热性好,有利于提高压缩比,近年来铝合金气缸盖被采用得越来越多。

4)燃烧室

汽油发动机的燃烧室由活塞顶部及缸盖上相应的凹部空间组成。燃烧室的形状对发动机的工作影响很大。发动机工作过程中对燃烧室有两点基本要求:一是结构尽可能紧凑,冷却面积要小,以减少热量损失及缩短火焰行程;二是使混合气在压缩冲程结束时具有一定的涡流运动,以提高混合气燃烧的速度,保证混合气得到及时和充分的燃烧。汽油发动机常用燃烧室的形式有楔形燃烧室、盆形燃烧室、半球形燃烧室,少数发动机则采用双球形燃烧室和篷形燃烧室,如图 2-34 所示。

(1)楔形燃烧室:楔形燃烧室的结构紧凑,面容比小,爆燃的可能性小,火花塞处扫气方便,点火性能好,气门布置在斜面上,可增大进气面积,能形成一定的挤流,利于火焰的传播和燃料的燃烧,但工作较粗暴,切诺基轿车发动机采用这种形式的燃烧室。

(2)盆形燃烧室:盆形燃烧室结构简单,但面容比较大,HC 排放较大,能形成一定的挤气面积,有利于火焰传播和燃料燃烧,工作柔和,缸盖的工艺性好。捷达轿车发动机、奥

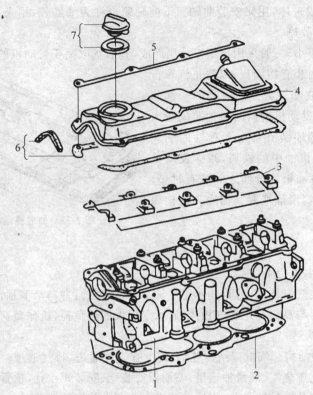

图 2-33　上海桑塔纳轿车发动机的气缸盖分解图

1—气缸盖；2—气缸垫；3—机油反射罩；4—气缸盖罩；5—压条；6—气门罩垫；7—加油盖

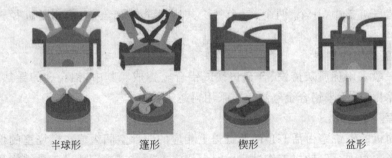

| 半球形 | 篷形 | 楔形 | 盆形 |

图 2-34　汽油发动机的燃烧室形状

迪轿车发动机采用盆形燃烧室。

（3）半球形燃烧室：半球形燃烧室结构紧凑，气门位于球面上，可增大进气面积，火花塞位于气门中间，火焰传播距离短，没有挤气面积，所以气缸内的气流运动较弱，容易实现多气门机构的布置，在轿车发动机上被广泛地应用。

（4）篷形燃烧室结构紧凑，挤气效果较好，火花塞布置在燃烧室中部，燃烧速度快，热效率较高。欧宝 V6、奔驰 32E 等轿车发动机采用盆形燃烧室。

5）气道

在气门顶置式发动机上，进排气道安排在气缸盖上。有的发动机每个气门都有一个气道,有的发动机将同名气门气道合并,形成叉形气道,如图 2-35 所示。

4. 气缸盖罩

气缸盖罩的功用是密封配气机构等零部件,将机油保持在内部,防止污垢和湿气等进入而造成机油变质。在发动机的运转过程中会形成油雾,气缸盖罩较冷的内表面会聚集油雾,使机油冷凝并向下流回油底壳。

气缸盖罩上设有曲轴箱通风接口,如图 2-36 所示。用一根管子连接气缸盖罩的接口和进气道,将渗漏到曲轴箱内的气体引入气缸内燃烧。

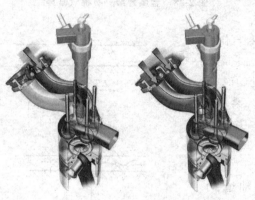

图 2-35　气道

机油加注口　火花塞孔　曲轴箱通风接口

图 2-36　气缸盖罩

气缸盖罩上还设有机油加注口。机油加注口是个简单的孔,由机油加注口盖来密封。在部分发动机的气缸盖罩上还设有传感器安装支座(或孔),用于安装凸轮轴位置传感器。

在部分发动机的气缸盖罩内设有挡油板或过滤器,避免机油流向进气道。

现在车用气缸盖罩用铝合金铸造或薄钢板冲压制成,在与气缸盖接合面处加上橡胶衬垫。

5. 气缸衬垫

1) 气缸衬垫的功用

气缸衬垫起保障气缸密封不漏气,保障由机体流向气缸盖的冷却液和机油不泄漏的作用。气缸衬垫要有足够的强度;要耐压、耐热、耐腐蚀;要有弹性,补偿机体顶面和缸盖底面的粗糙度和不平度。

2) 气缸衬垫的分类与构造

按所用材料不同,可分为金属—石棉衬垫、金属—复合材料衬垫、全金属衬垫。

(1) 金属—石棉气缸垫,如图 2-37 所示。石棉中间夹有金属丝或金属屑,且外覆铜皮或钢皮。气缸孔周围另用镶边增强,以防被高温燃气烧坏。这种气缸衬垫压紧厚度为1.2~2mm,有很好的弹性和耐热性,能重复使用,但厚度和质量的均一性较差。安装气缸衬垫时,应注意把光滑的一面朝向气缸体,否则容易被气体冲坏。

(2) 金属骨架—石棉气缸垫,如图 2-38 所示。用编织的钢丝网或冲孔钢片为骨架,外覆石棉及橡胶黏结剂压成垫片,只在缸口、油道口及水道孔处用金属包边。这种气缸垫弹性更好,但容易黏结,只能一次性使用。

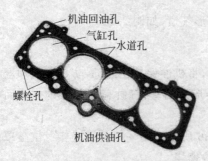

图 2-37　金属—石棉气缸垫

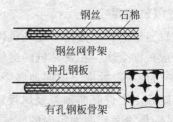

图 2-38　金属骨架—石棉气缸垫

（3）金属片式气缸垫，如图 2-39 所示。这种气缸垫多用在强化发动机上，轿车和赛车上采用较多。它需要放在密封的气缸孔、水道孔和油道口周围冲压处，有一定高度的凸纹，利用凸纹的弹性变形实现密封。桑塔纳 2000GSi 轿车的 AJR 发动机采用的就是金属片式气缸垫。

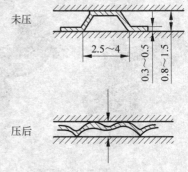

图 2-39　金属片式气缸垫

3）气缸垫的维修

气缸垫的常见损伤是烧蚀，主要部位在油道、水道、气缸孔之间。损坏后，油、水、气渗透。修理方法为更换气缸垫。气缸垫因工作条件恶劣而易损坏，当需更换时，应注意气缸垫上的标识。适用于不同的发动机型号、不同的厂商、有无石棉及是否加厚等，气缸垫上都有标识，图 2-40 所示为富康轿车不同型号发动机所用气缸垫的标识。

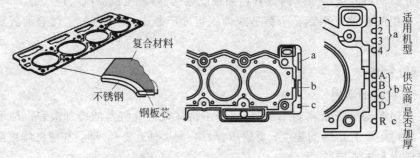

图 2-40　气缸垫的结构与标识

气缸垫的标记是通过其端部 a、b、c 三处的缺口来表示的，见表 2-10 和表 2-11。

表 2-10　a 处缺口与适用的机型

适用的机型	缺口的位置			
	1	2	3	4
TU32/K	1	0	0	0
TU3F2/K	1	0	1	0
TU5JP/K	1	0	0	1

注：表中的 1 表示缺口，0 表示无缺口。

表 2-11　b、c 处缺口的标识

缺口的位置	供　应　商			
	CURTY	MELLOR	ELEING	RENZ
A	0	1	1	1
B	0	1	0	0
D	0	0	1	0
C	1	无密封石棉条		
	0	有密封石棉条		
R	0	标准厚度气缸垫		
	1	供维修用加厚气缸垫		

4) 气缸垫的安装

安装气缸垫时,卷边朝易修理或较硬的接触面。当气缸盖、气缸体都为铸铁时,卷边朝气缸盖;当气缸盖为铝合金、气缸体为铸铁时,卷边朝气缸体。当气缸垫上标有 OPEN TOP 时,有标记一侧朝气缸盖。

6. 发动机支撑

1) 发动机支承功用

承受重力和力矩,并将其传递给车身或车架;缓冲发动机有振动和道路不平的影响。

2) 发动机支承的类型

发动机一般通过气缸体和飞轮壳或变速器壳支承在车架上。发动机的支承方法一般有三点支承和四点支承两种。三点支承可布置成前二后一或前一后二。前面两个支承点位于曲轴箱的支承上,后面一个支承点在变速器壳上。前一后二的三点支承法用于解放 CA6102 型汽车发动机和东风 EQ6100Q-1 型发动机,如图 2-41 和图 2-42 所示。

3) 缓冲的措施

为了消除在汽车行驶中车架的扭转变形对发动机的影响,发动机在车架上的支承均采用弹性元件,减少了传给底盘和乘员的振动和噪声。为了防止当汽车制动或加速时由于弹性元件的变形而产生的发动机纵向位移,有时装用专门拉杆,它一端与车架纵梁相连,一端与发动机连接,两端连接处有橡胶垫。

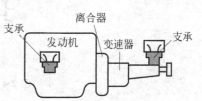

(a) 前部左右后部中间支承(1)

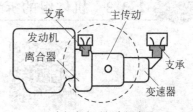

(b) 中部左右后部中间支承

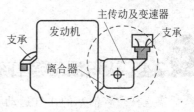

(c) 前部左右后部中间支承(2)

图 2-41　发动机三点支承示意图

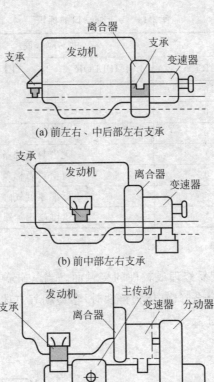

(a) 前左右、中后部左右支承

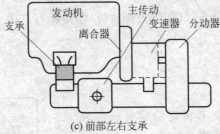

(b) 前中部左右支承

(c) 前部左右支承

图 2-42　发动机四点支承示意图

2.3.3　机体组的拆装

微课——气缸盖的拆卸

机体组的拆装

2.4　认识活塞连杆组的构造

　　活塞连杆组将活塞的往复运动变为曲轴的旋转运动,同时将作用于活塞上的力转变为曲轴对外输出转矩,以驱动汽车车轮转动。它是发动机的传动件,它把燃烧气体的压力传给曲轴,使曲轴旋转并输出动力。活塞连杆组主要由活塞、活塞环、活塞销、连杆等机件组成,如图 2-43 所示。

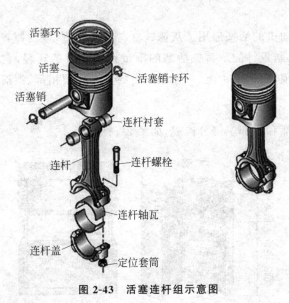

图 2-43　活塞连杆组示意图

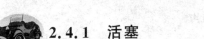

2.4.1　活塞

活塞的功用是与气缸盖共同构成燃烧室，承受气体压力，并将此力通过活塞销传给连杆，以推动曲轴旋转。

1. 活塞的工作条件及材料

1）活塞的工作条件

活塞是在高温、高压、高速、润滑不良和散热困难的条件下工作的，其工作条件如下。

由于活塞顶部直接与高温燃气接触，燃气的最高温度可达 2500K 以上，因此活塞的温度也很高，其顶部的温度通常高达 600～700K。高温一方面使活塞材料的机械强度显著下降，另一方面会使活塞的热膨胀量增大，容易破坏活塞与其相关零件的配合。

活塞顶部在做功冲程时，承受着燃气带有冲击性的高压力。对于汽油发动机活塞，瞬时的压力最大值可达 3MPa～5MPa。对于柴油发动机活塞，其最大值可达 6MPa～9MPa，采用增压时则更高。高压还将导致活塞的侧压力更大，从而加速活塞外表面的磨损，增加活塞变形量。

一般汽车用汽油发动机的转速为 4000～6000r/min，活塞在气缸中的平均速度可达 8～12m/s，其瞬间速度会更高。由受力分析可知，活塞运动速度的大小和方向在不断地变化，故会引起很大的惯性力，它将使曲柄连杆机构的各零件和轴承承受附加的载荷。

活塞的工作条件要求活塞具有足够的刚度和强度，良好的导热性和耐磨性，重量要轻，以得到最小的惯性力、热膨胀系数小、活塞与缸壁间较小的摩擦系数等。

2）活塞的材料

汽车发动机目前广泛采用的活塞材料是铝合金，如桑塔纳发动机所用的活塞是由 Si-Cu-Mg 共晶铝合金铸造的。铝合金活塞具有重量轻（约为同样结构的铸铁活塞的 50%～70%）、导热性好（约为铸铁的 3 倍）的优点。缺点是热膨胀系数较大，在温度升高时，强度和硬度下降较快。为了克服这些缺点，一般要在结构设计、机械加工或热处理上采取相应措施加以弥补。

近年来，柴油发动机的活塞启用了灰铸铁材料进行制造，以发挥其成本低、耐热性好、膨胀系数小的优势。新设计的灰铸铁活塞的重量比铝合金的还轻，它完全跳出了一般活塞的结构形式（如薄顶、楔形单销座、只在侧压力的方向保留裙部、喷油冷却等）。

2. 活塞的结构

活塞由顶部、头部和裙部三部分构成，如图 2-44 所示。

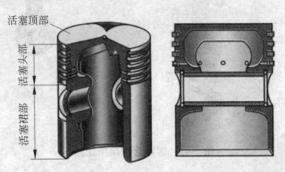

图 2-44　活塞的基本结构

1）活塞顶部

活塞顶部的形状与选用的燃烧室形式有关，主要有平顶、凸顶和凹顶三种，如图 2-45 所示。汽油发动机的活塞顶部多采用平顶，其优点是吸热面积小，制造工艺简单。有些汽油发动机为了改善混合气形成和燃烧而采用凹顶活塞，凹顶的凹坑的大小还可以用来调节发动机的压缩比。二冲程汽油发动机常采用凸顶活塞。

平顶活塞　　　　凸顶活塞　　　　凹顶活塞

图 2-45　活塞顶部

活塞顶部有用于安装活塞时的向前标记，如图 2-46 所示。不同型号发动机的向前标记不一样，具体向前标记可查阅维修手册。

2）活塞头部

活塞头部是指活塞环槽及以上部位。其功用是承受气体的压力，与活塞环一起实现气缸内气体的密封，将热量通过活塞环传给气缸壁。

环槽：用来安装气环和油环，一般气环槽有 2~3 个，油环槽为一个。

隔热槽：活塞顶面和燃气接触，使活塞头部温度过高，导致气环损坏，造成漏气，因此有的发动机的活塞在第一道环的上方开一条隔热槽，改变热流方向，降低第一道环的温度，如图 2-47 所示。

图 2-46 活塞向前标记

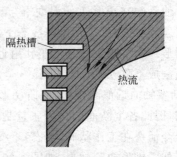

图 2-47 隔热槽

护圈：为了保护环槽，防止高温下损坏，一般为热负荷较高的发动机采用。护圈的材料一般为耐热且膨胀系数与铝合金接近的高锰奥氏体铸铁，如图 2-48 所示。

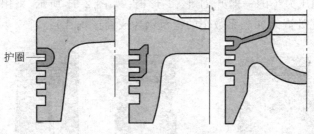

图 2-48 活塞环槽护圈

3）活塞裙部

活塞裙部是活塞环槽以下部位。在活塞运动的时候起导向作用并承受侧压力。

（1）活塞裙部变形。

① 裙部椭圆形。活塞工作时，燃烧气体压力 P 均不作用在活塞顶上，如图 2-49(a)所示，而活塞销给予的反作用力 N_p 则作用在活塞头部的销座处，由此而产生的变形使裙部直径沿活塞销座轴线方向增大；侧压力 N 的作用（见图 2-49(b)）也使活塞裙部直径在同一方向上增大；此外，活塞销座孔附近的金属堆积，受热后膨胀量大，致使裙部在受热变形时，在沿活塞销座孔轴线方向的直径增量大于其他方向，如图 2-49(c)所示。所以，活塞工作时产生的机械变形和热变形使得其裙部断面变成长轴在活塞销方向上的椭圆。

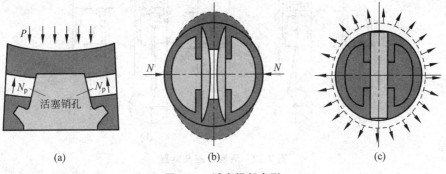

(a)　　　　　　　　(b)　　　　　　　　(c)

图 2-49 活塞裙部变形

60

为了使活塞在正常工作温度下与气缸壁间保持有比较均匀的间隙,以免在气缸内卡死或引起局部磨损,可以预先在冷态下把活塞加工成其裙部断面为长轴垂直于活塞销方向的椭圆形。为了减少活塞销座孔附近处的热变形量,有的活塞将活塞销座孔附近的裙部外表面制成下陷0.5～1.00mm。

② 活塞轴向近似圆锥形(或阶梯形)。由于活塞沿轴线方向的温度分布和质量分布都不均匀,因此各个断面的热膨胀量是上大下小。铝合金活塞的这种差异尤其显著。为了使铝合金活塞在工作状态(热态)下接近一个圆柱形,就必须事先把活塞做成直径上小下大的近似圆锥形或阶梯形,如图2-50所示。

(2)活塞裙部形状。为保证活塞与气缸壁的间隙均匀、避免活塞在气缸内卡死或加大局部磨损,冷态下把活塞加工成裙部断面为长轴垂直于活塞销方向的椭圆形;轴线方向为上小下大的近似圆锥形。活塞销座孔附近的裙部外表面制造深度为0.5～1mm的凹陷;活塞裙部受侧压力小的一侧开Π形、T形槽;如图2-51所示,采用双金属片(有的铝合金活塞在销座孔处嵌入膨胀系数小的恒范钢片或筒形钢片)。

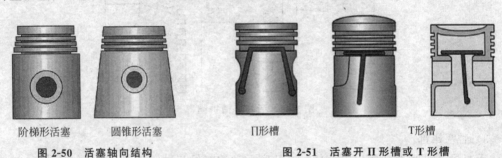

阶梯形活塞　　圆锥形活塞　　　Π形槽　　　　　　T形槽

图 2-50　活塞轴向结构　　　　图 2-51　活塞开Π形槽或T形槽

(3)活塞裙部的销孔。它用于安装活塞销,销座孔内靠近外侧面,加工有锁环槽,锁环用来防止活塞销在工作时的轴向窜动,活塞销为厚壁圆筒结构,用来传递活塞传来的力和运动。

(4)活塞销座孔的偏置。活塞运动中,受到侧向力作用,交替压向气缸壁,造成活塞倾斜,并发出噪声,如图2-52所示。通过将活塞销中心线向做功冲程中受力较大的一侧偏移1～2mm,以减小噪声。

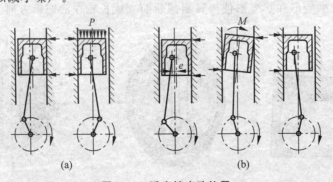

(a)　　　　　　　　　　　　　(b)

图 2-52　活塞销座孔偏置

2.4.2　活塞环

微课——活塞环的结构及工作原理

微课——活塞环的装配

微课——活塞环的拆卸

活塞环按其功用可分为气环和油环两类,如图 2-53 所示。

1. 活塞环的功用、工作条件及材料

（1）活塞环的功用。气环起到封气、导热的作用,即防止高温、高压的燃气窜入曲轴箱,污染机油,同时将活塞顶所吸收的大部分热量传给缸壁。

油环的功用是:刮除缸壁上多余的燃油,形成均匀的油膜,防止窜油,减小磨损。此外,起辅助封气作用。

（2）活塞环的工作条件。活塞环在气缸内,工作的时候承受高温、高压、高速的作用,加之润滑条件极差,磨损严重,是发动机零件中工作寿命最短的零件。

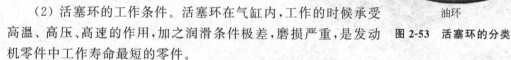

图 2-53　活塞环的分类

（3）活塞环的材料。一般活塞环多用优质灰铸铁、球墨铸铁或合金铸铁制造。第一道活塞环甚至所有的环,其外表面进行多孔镀铬或喷钼处理来提高耐磨性,减缓磨损。其他的环多采用镀锡、磷化或硫化处理来提高磨合性。用粉末冶金的金属陶瓷和聚四氟乙烯制造的活塞环也在国外获得试用。

2. 气环结构与工作原理

1）气环密封原理

活塞环在自由状态下不是正圆形,其外廓尺寸比气缸直径大。当活塞环装入气缸后,在其自身的弹力作用下,环的外圆面与气缸壁贴紧形成第一密封面,气缸内的高压气体不可能通过第一密封面泄漏,如图 2-54 所示。高压气体可通过活塞顶岸与气缸壁之间的间隙进入活塞环的侧隙和背隙中。进入侧隙中的高压气体使环的下侧面与环槽的下侧面贴紧形成第二密封面,高压气体也不可能通过第二密封面泄漏。进入背隙中的高压气体使环的外圆面与气缸壁更加贴紧,这时漏气的唯一通道就是活塞环的开口间隙。如果几道活塞环的开口相互错开,那么就形成了"迷宫式"漏气通道。由于侧隙、背隙和开口间隙都很小,气体在通道内的流动阻力很大,致使气体压力 P 迅速下降,最后漏入曲轴箱内的气体就很少了,一般仅为进气量的 $0.2\% \sim 1.0\%$。

2）气环的切口形状

气环的切口形状一般有直角形、阶梯形、斜切口等三种形式,如图 2-55 所示。其中直角形切口的工艺性好,但密封性差。阶梯形切口的密封性好,但工艺性差。斜切口的密封性和工艺性介于上述二者之间。

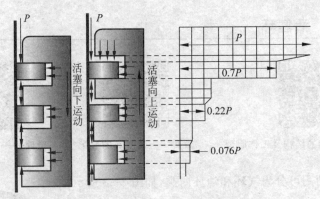

图 2-54　气环的密封原理

3）气环断面形状

气环的断面形状有矩形环、锥面环、扭曲环、梯形环、桶面环等，如图 2-56 所示。

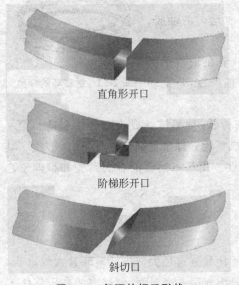

直角形开口

阶梯形开口

斜切口

图 2-55　气环的切口形状

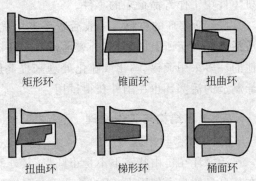

矩形环　　　　锥面环　　　　扭曲环

扭曲环　　　　梯形环　　　　桶面环

图 2-56　气环的断面形状

（1）矩形环。矩形环的工艺性和导热效果较好，但易产生泵油作用，如图 2-57 所示，从而引起烧机油，造成润滑油的格外消耗、燃烧室积炭、排气冒蓝烟、发动机过热，严重时引起爆燃等危害。

（2）锥面环。锥面环的外圆面为锥面，外圆面与气缸臂理论上为线接触；活塞下行时：能刮油；活塞上行时：锥面油楔作用浮起，减少环与气缸臂之间的磨损，而且不向上泵油。若扭曲环的外圆面为锥面，则为扭曲锥面环。

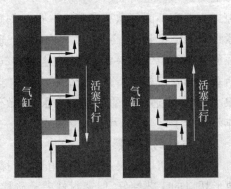

图 2-57　矩形环的泵油作用

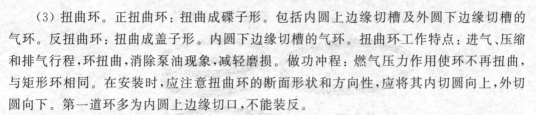

（3）扭曲环。正扭曲环：扭曲成碟子形。包括内圆上边缘切槽及外圆下边缘切槽的气环。反扭曲环：扭曲成盖子形。内圆下边缘切槽的气环。扭曲环工作特点：进气、压缩和排气行程，环扭曲，消除泵油现象，减轻磨损。做功冲程：燃气压力作用使环不再扭曲，与矩形环相同。在安装时，应注意扭曲环的断面形状和方向性，应将其内切圆向上，外切圆向下。第一道环多为内圆上边缘切口，不能装反。

（4）梯形环。梯形环断面为梯形，当侧向力换向，活塞左右摆动时，梯形环的侧隙发生变化，将环槽中的胶质挤出，避免环被粘结而折断。因而其抗黏结性好。并且在做功冲程中，燃气的径向压力加强了环的密封。但梯形环的上下面精磨工艺复杂。

（5）桶面环。桶面环的外圆面为外凸圆弧形。桶面环上下运动时均能形成楔形油膜，将环浮起，减轻环与气缸壁的磨损。其密封性、磨合性、对气缸表面的适应性都比较好。对于高速发动机短活塞的偏摆适应性好。但其凸圆弧表面加工困难。

3. 油环结构与工作原理

1）油环刮油原理

在油环径向方向开有贯穿的油孔或油槽，在活塞的油环槽内和环岸上开有许多排小孔和斜孔。当活塞下行时，刮下的油通过油环径向槽内的小孔或狭缝和环岸上的斜孔流入机体内。当活塞上行时，活塞环都贴在环槽下侧面，使气环与油环间的机油通过活塞环槽上的排油孔流入机体内。

2）油环类型与结构

（1）普通油环。普通油环没有背压，刮油靠油环自身弹力，外圆面加工环形集油槽，槽底开有若干回油用的小孔或窄槽。虽然其结构简单，且加工容易，成本低，但其工作时有向上泵油的现象，如图 2-58 所示，故现代汽车已经不使用普通油环。

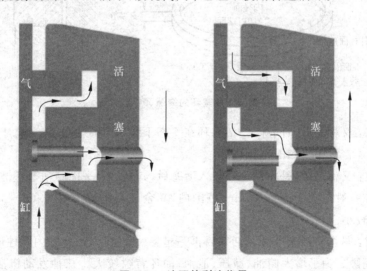

图 2-58　油环的刮油作用

（2）钢带组合油环。钢带组合油环由上、下刮油钢片及轨形弹簧组成。上、下刮油钢片与气缸臂的接触压力大、刮油能力强，有防机油上窜的作用，如图 2-59 所示。上、下刮片能单独动作,对气缸活塞变形适应能力强,但优质钢成本高。

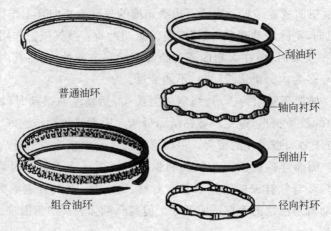

普通油环

组合油环

刮油环

轴向衬环

刮油片

径向衬环

图 2-59 油环

4. 活塞的间隙

发动机工作时,活塞、活塞环、气缸套都会受热膨胀,活塞环在气缸内做往复运动还有径向胀缩现象。为了避免活塞环卡死在气缸内或环槽中,安装时活塞环应保护端隙、侧隙和背隙,如图 2-60 所示。

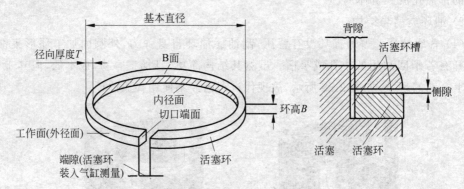

图 2-60 活塞环的端隙、侧隙、背隙

（1）端隙:又称为开口间隙,是活塞环在冷态下装入气缸上止点位置时,切口两端的间隙,一般在 0.25~0.50mm 范围内。

（2）侧隙:又称边隙,是将活塞环装入活塞后,其上(下)平面与活塞环槽之间的间隙。第一环的侧隙一般在 0.04~0.10mm 范围内,其余气环的侧隙在 0.03~0.07mm 范围内,油环侧隙较小。

（3）背隙:是指将活塞环装入活塞后再一起装入气缸后,活塞环内圆柱面与活塞环槽底部之间的间隙。为了增大储油、减压、泄油,油环背隙较大。几种发动机活塞环间隙参考值见表 2-12。

表 2-12　几种发动机活塞环间隙参考值　　　　　　　单位：mm

发动机型号	活塞环开口间隙			活塞环侧隙		
	第一道气环	第二道气环	油环	第一道气环	第二道气环	油环
桑塔纳 AJR 型	0.20～0.40	0.20～0.40	0.25～0.45	0.06～0.09	0.06～0.09	0.06～0.09
奥迪	0.30～0.45	0.25～0.40	0.25～0.50	0.02～0.05	0.02～0.05	0.02～0.05
丰田 5R 型	0.20～0.70	0.20～0.70	0.20～1.10	0.03～0.12	0.03～0.12	0.03～0.12
切诺基 2131-4	0.15～0.35	0.15～0.35	0.15～0.35	0.043～0.081	0.043～0.081	0.03～0.20

2.4.3　活塞销

活塞销是装在活塞裙部的圆柱形销子。

1. 活塞销的功用、工作条件及材料

活塞销的功用是连接活塞和连杆小头，将活塞承受的气体作用力传给连杆，如图 2-61 所示。活塞销在工作时承受冲击载荷，润滑条件差，所以刚度、强度要求较高，韧性好，耐磨；重量要轻，销和销孔适当地配合并要有好的表面质量。

活塞销的材料一般为低碳钢或低碳合金钢，如 20、20Mn、15Cr、20Cr 或 20MnV 等。外表面渗碳淬硬，再经精磨和抛光等精加工。这样既提高了表面硬度和耐磨性，又保证有较高的强度和冲击韧性。

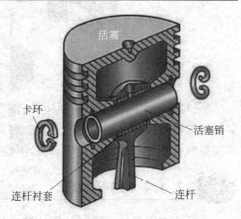

图 2-61　活塞销

2. 活塞销的结构

活塞销的结构形状很简单，基本上是一个厚壁空心圆柱，如图 2-62 所示。其内孔形状有圆柱形、两段截锥形和组合型。圆柱形孔加工容易，但活塞销的重量较重；两段截锥形孔的活塞销重量较轻，且因为活塞销所受的弯矩在其中部最大，所以接近于等强度梁，但锥孔加工较难。

圆柱形内孔　　　　组合型内孔　　　　截锥形内孔

图 2-62　活塞销的构造

3. 活塞销的连接方式

活塞销的连接方式有两种：全浮式和半浮式。发动机工作温度时，全浮式连接中，活

塞销与销座孔、活塞销与连杆小头之间都是间隙配合,可以相互转动,减小了相互磨损且磨损均匀。连接时用卡环将活塞销固定在销座孔中,防止它滑出,如图 2-63 所示。

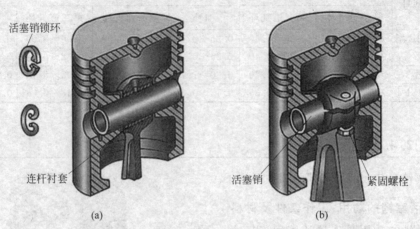

活塞销锁环

连杆衬套

(a)

活塞销　　　　紧固螺栓

(b)

图 2-63　活塞销的连接方式

半浮式连接中,活塞销与销座孔、活塞销与连杆小头两处,一处固定,一处浮动,多数采用活塞销与连杆小头固定的方式。固定的方法采用将活塞销压配在连杆小头孔中,或用紧固螺栓连接活塞销与连杆小头,不需装卡环和连杆衬套。

2.4.4　连杆组件

连杆组由连杆体、连杆盖、连杆轴承、连杆衬套、连杆螺栓等组成。其中连杆体又由连杆大头、连杆杆身和连杆小头组成,如图 2-64 所示。

1. 连杆组功用、工作条件及材料

连杆组功用:连接活塞与曲轴,将活塞承受的力传给曲轴,产生转矩,并将活塞的往复直线运动转变为曲轴的旋转运动。

连杆工作条件:连杆承受活塞销传来的周期性变化的气体作用力、连杆摆动和活塞组往复运动时产生的惯性力。因此,连杆受到的是压缩、拉伸和弯曲等交变载荷。要求连杆有较轻的重量,足够的刚度和强度。

连杆组的材料:连杆体、连杆盖一般由优质中碳钢和中碳合金钢制成,如 45、42CrMo、40Cr、40MnB。连杆螺栓由优质合金钢制造,如 40Cr、35CrMo,机械加工后进行热处理。

2. 连杆构造

连杆由连杆大头、连杆小头、连杆杆身等组成。有的柴油发动机杆身内还设有润滑油道。

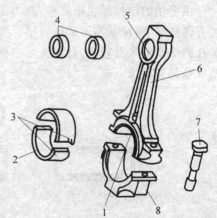

图 2-64　连杆组件

1—连杆大头;2—连杆轴承;3—止推凸唇;
4—衬套;5—连杆小头;6—连杆杆身;
7—连杆螺栓;8—连杆盖

1）连杆小头（与活塞销连接方式）

（1）全浮式。青铜衬套（连杆衬套）以一定的过盈压入小头内部，工作时，活塞销可以在小头内作一定角度的摆动，而且还可在活塞销座孔内摆动。全浮式活塞销的连接方法，使活塞销磨损均匀，为防止活塞销两端刮伤气缸壁，在活塞销孔外侧装置活塞销挡圈（卡环）。

（2）半浮式。活塞销只在活塞销孔内转动，在小头孔内用螺栓将活塞销夹紧在连杆小头孔内。另一种方法：首先将小头加热到300℃左右，再将活塞销压入小头孔中，不用紧固螺栓，从而避免了因过度拧紧而使活塞销变形。

2）连杆杆身

连杆杆身断面为工字形，刚度大，重量轻，适于模锻。

3）连杆大头

（1）剖分形式。连杆的剖分形式有平切口、斜切口两种。平切口的结合面与连杆轴线垂直。其特点是：这种剖分形式刚度大，变形小，加工简单，成本低，多应用于汽油发动机，如图2-65（a）所示。斜切口的结合面与连杆轴线不垂直，如图2-65（b）所示。柴油发动机的曲柄销直径较大，所以连杆大头的尺寸相应较大，要使拆卸时能从气缸上断取出连杆体，必须采用斜切口。结合面与连杆轴线成30°~60°夹角，而且要有一定形式的定位机构。

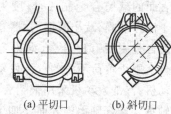

(a) 平切口　　(b) 斜切口

图 2-65　连杆的剖分形式

（2）定位方式。连杆的定位是为了防止连杆盖横向移动。平切口连杆是利用连杆螺栓上一段精密加工圆柱面与精密加工螺栓孔进行定位。斜切口连杆的连杆螺栓承受较大剪切力，易产生疲劳破坏，应采用能承受横向力的定位方法。一般有止口定位、套筒定位和锯齿定位三种形式，如图2-66所示。

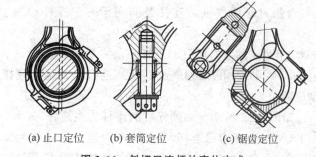

(a) 止口定位　　(b) 套筒定位　　(c) 锯齿定位

图 2-66　斜切口连杆的定位方式

① 止口定位。优点是工艺简单，缺点是定位不大可靠，只能单向定位，对连杆盖止口向外变形或连杆大头止口向内变形均无法防止。

② 套筒定位。是在连杆盖的每一个螺栓孔中压配一个刚度大，而且剪切强度高的短套筒。它与连杆大头有精度很高的配合间隙，故装拆连杆盖时也很方便。它的缺点是定位套筒孔的工艺要求高，若孔距不够准确，则可能因过定位（定位干涉）而造成大头孔严重失圆。此外，连杆大头的横向尺寸也必然因此而加大。

③ 锯齿定位。这种定位方式的优点是锯齿接触面大,贴合紧密,定位可靠,结构紧凑。缺点是对齿节距公差要求严格,否则连杆盖装在连杆大头上时,中间会有几个齿脱空,不仅影响连杆组件的刚度,而且连杆大头孔也会立即失圆。

4）连杆螺栓

连杆螺栓是一个经常承受交变载荷的重要零件,一般采用韧性较高的优质合金钢或优质碳素锻钢或冷镦成型。连杆大头在安装时,必须紧固可靠。连杆螺栓必须以工厂规定的拧紧力矩,分 2～3 次均匀地拧紧,桑塔纳 2000GSi 轿车 AJR 发动机连杆螺栓拧紧力矩为 30N·m,再转 180°,还必须用防松胶或其他锁紧装置紧固,以防止工作时自行松动。

5）连杆轴承

连杆轴承(小瓦)装在连杆大头内,保护连杆大头和曲轴连杆轴颈,是发动机中最重要的配合副之一。要求有足够的强度、良好的减磨性和耐腐蚀性。主要由钢背和减磨层组成,剖分成两部分,其中,钢背由 1～3mm 厚的低碳钢制成,是轴承的基体,减磨层由浇注在钢背内表面的减磨合金制成,厚度为 0.3～0.7mm,用于保存油膜、减小摩擦力、磨合铁屑等,常用的减磨合金主要有白合金、铜铅合金和铝基合金,白合金用于负荷不大的汽油发动机,其余的柴油发动机、汽油发动机采用铜铅合金或高锡铝基合金轴承。连杆轴承内表面还加工有油槽,确保良好润滑。其构造如图 2-67 所示。

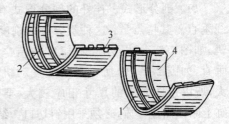

图 2-67　连杆轴承
1—钢背;2—油槽;3—定位凸唇;4—减磨合金层

在两个连杆轴承的剖分面上有两个定位凸唇。装配时,将两个凸唇分别嵌入连杆大头和连杆端盖相应的凹槽中。

3. V 形发动机连杆

V 形发动机左右两侧对应两气缸的连杆是同支于一个连杆轴颈上的,有三种布置形式。

（1）并列连杆式。相对应的左右两缸的连杆一前一后地装在同一个连杆轴颈上。这样布置的优点是连杆轴颈可以通用,两列气缸的活塞连杆组的运动规律相同。其缺点是曲轴的长度增加,刚度降低。

（2）主副连杆式,如图 2-68 所示。一列气缸的连杆为主连杆,其大头直接安装在连杆轴颈全长上。另一列气缸的连杆为副连杆,其大头与对应的主连杆大头(或连杆盖)上的两个凸耳作铰链连接。这种结构中,左右两列气缸的主副连杆与其气缸中心线位于同一平面内,故不致加大发动机的轴向长度。缺点是主副连杆不能互换。此外,左右两列的活塞连杆组的运动规律和受力都不一样。

（3）叉形连杆式,如图 2-69 所示。左右两列气缸对应的两个连杆中,一个连杆的大头做成叉形,跨于另一个连杆的厚度较小的片形大头两端。叉形连杆式布置的优点是:两列气缸中的活塞连杆组的运动规律相同;左右对应的两气缸轴心线不需要在曲轴轴向上错位。其缺点是叉形连杆大头结构和制造工艺比较复杂,而且大头的刚度也较低。

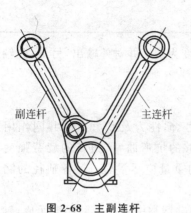

图 2-68　主副连杆

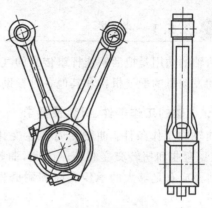

图 2-69　叉式连杆

 ### 2.4.5　活塞连杆组的拆装

微课——活塞连杆组的拆卸

微课——活塞连杆组的装配

活塞连杆组的拆装

 ## 2.5　认识曲轴飞轮组的构造

　　曲轴飞轮组的功用是把活塞的往复运动转变为曲轴的旋转运动,为汽车的行驶和其他需要动力的机构输出扭矩。同时还存储能量,用以克服非做功冲程的阻力,使发动机运转平稳。

　　曲轴飞轮组包括曲轴、飞轮、齿圈、曲轴油封、曲轴扭转减振器、启动爪、曲轴平衡机构、曲轴主轴承、曲轴带轮、正时齿轮(正时链轮)等组成,如图 2-70 所示。

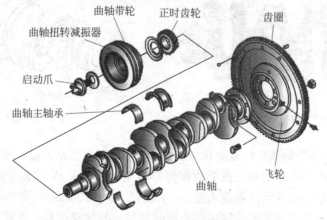

图 2-70　曲轴飞轮组的组成

2.5.1 曲轴

曲轴的功用是把活塞连杆组传来的气体压力转变为转矩并对外输出,另外,曲轴还用来驱动发动机的配气机构和其他各种辅助装置。

1. 曲轴的工作条件、材料及要求

曲轴的工作条件:曲轴在周期性变化的气体力、惯性力及其力矩的共同作用下工作,承受弯曲和扭转交变载荷。因此,曲轴应有足够的抗弯曲、抗扭转的疲劳强度和刚度;轴径应有足够大的承压表面和耐磨性;曲轴的重量应尽量轻;对各轴径的润滑应该充分。

曲轴的材料:曲轴一般由 45、40Cr、35Mn2 等中碳钢和中碳合金钢模锻而成,轴颈表面经高频淬火或氮化处理,最后进行精加工。有的柴油发动机采用球墨铸铁曲轴,价格便宜,耐磨性好,轴颈不需硬化处理。为提高曲轴的疲劳强度,消除应力集中,轴颈表面应进行喷丸处理,圆角处要经滚压处理。

2. 曲轴的构造

曲轴的基本组成包括前端轴、主轴颈、连杆轴颈、曲柄、平衡重和后端凸缘等,如图 2-71 所示。曲轴由若干个单元曲拐组成。一个曲柄销(连杆轴颈)、左右两个曲柄臂和左右两个主轴颈构成一个单元曲拐。装正时齿轮的一端称为自由端(前端),另一端用来装飞轮,称为后端,也叫输出端。

3. 曲轴的分类

曲轴按单元曲拐连接方式分为整体式曲轴和组合式曲轴。各单元曲拐锻制或铸造成一个整体的曲轴为整体式曲轴,如图 2-72 所示。其特点是工作可靠,重量轻,结构简单。由单元曲拐组合装配而成的曲轴为组合式曲轴,如图 2-73 所示。其特点是单元曲拐便于制造,使用中损坏可以更换,不必将整根轴报废,但拆装不便。

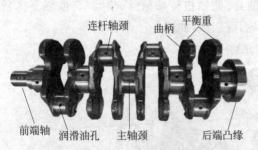

图 2-71 曲轴的结构

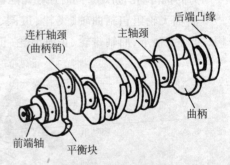

图 2-72 整体式曲轴

按主轴颈数与连杆轴颈数的多少分为全支承曲轴和非全支承曲轴。如图 2-74 和图 2-75 所示。全支承曲轴是指在相邻的两个曲拐间都有主轴颈的曲轴,主轴颈数等于连杆轴颈的个数加一的曲轴。优点是抗弯能力强,但主轴颈多,加工表面多,曲轴长。非全支承曲轴是指主轴颈数少于或等于连杆轴颈的个数的曲轴。其优缺点与全支承曲轴相反。

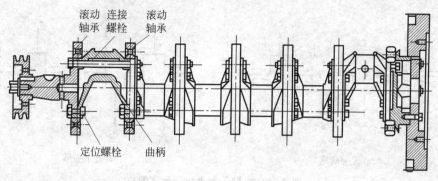

图 2-73　组合式曲轴

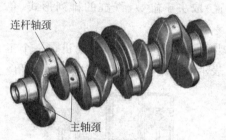

图 2-74　全支承曲轴

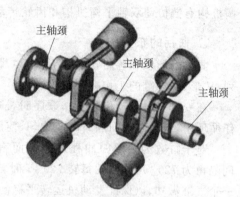

图 2-75　非全支承曲轴

4. 单元曲拐结构

主轴颈和曲柄销一般是实心,曲柄臂一般是椭圆形。部分锻钢曲轴曲柄销空心,减轻曲柄销重量及其产生的旋转惯性力。部分铸铁曲轴主轴颈和曲柄销铸成空心。空心的连杆轴颈与主轴颈之间有油孔相连。空心的连杆轴颈的润滑靠来自主轴颈的润滑油经压入曲轴的油管而实现。

5. 曲轴润滑

主轴颈与主轴承间的润滑油来自于气缸体的润滑油道,最终从发动机润滑系统而来。连杆轴颈与连杆轴承间的润滑油通过曲轴中的油道来自于主轴颈与主轴承间的润滑油。

6. 曲轴平衡重

平衡重用来平衡连杆大头、连杆轴颈和曲柄等产生的离心力及其力矩。

(1) 曲轴平衡重的作用。旋转惯性力及其力矩外部平衡:$F_1=F_2$,$F_3=F_4$;$M_{1-2}=M_{3-4}$,如图 2-76(a)所示。旋转惯性力及其力矩内部不平衡:M_{1-2}、M_{3-4}造成曲轴弯曲载荷,需在曲柄相反方向附加平衡重,如图 2-76(b)所示。

(2) 曲轴的平衡机构。现代轿车重视乘坐舒适性和噪声水平,曲轴的平衡机构平衡往复惯性力及其力矩,平衡旋转惯性力及其力矩。平衡状况与气缸数、气缸排列形式及曲拐布置形式等因素有关。曲轴的平衡机构分单轴平衡机构与双轴平衡机构。其中双轴平

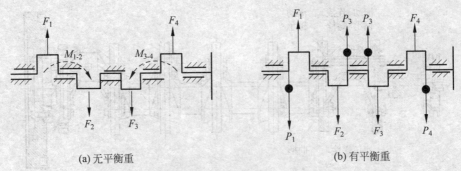

(a) 无平衡重　　　　　　　　　　　　　(b) 有平衡重

图 2-76　曲轴平衡重作用示意图

衡机构有链传动双轴平衡机构和齿轮传动双轴平衡机构。

7. 曲拐的布置

曲轴的形状和各曲拐的相对位置(即曲拐的布置)取决于缸数、气缸的排列形式(单列、V 形)和各缸的工作顺序。

在安排多缸发动机的工作顺序时,应使各缸做功间隔力求均匀。即发动机在一个工作循环中,各缸做功间隔时间应均匀,使用曲轴转角表示做功时间间隔,称为做功间隔角。

对于缸数为 i 的四冲程发动机而言,做功间隔角为 $720°/i$,即曲轴每转 $720°/i$ 时,就应有一个气缸做功,以保证发动机运转平稳。

几种多缸发动机曲拐布置和工作顺序如下。

(1) 四冲程直列四缸发动机。四冲程直列四缸发动机曲轴曲拐如图 2-77 所示,对称布置于同一平面内,做功间隔为 $720°/4 = 180°$,各缸的工作顺序有 1—3—4—2 和 1—2—4—3 两种,其工作循环见表 2-13 和表 2-14。

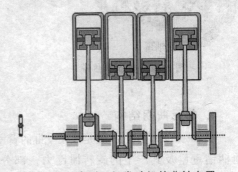

图 2-77　直列四缸发动机的曲轴布置

表 2-13　四冲程直列四缸发动机(工作顺序 1—3—4—2)

曲轴转角(°)	第一缸	第二缸	第三缸	第四缸
0~180	做功	排气	压缩	进气
180~360	排气	进气	做功	压缩
360~540	进气	压缩	排气	做功
540~720	压缩	做功	进气	排气

表 2-14　四冲程直列四缸发动机(工作顺序 1—2—4—3)

曲轴转角(°)	第一缸	第二缸	第三缸	第四缸
0~180	做功	压缩	排气	进气
180~360	排气	做功	进气	压缩
360~540	进气	排气	压缩	做功
540~720	压缩	进气	做功	排气

（2）四冲程直列六缸发动机。四冲程直列六缸发动机曲轴曲拐如图 2-78 所示，是应用较广的一种曲轴，曲拐均匀布置在互成 120°的三个平面内，做功间隔角为 720°/6 ＝ 120°。各缸的工作顺序为 1—5—3—6—2—4，其工作循环见表 2-15。

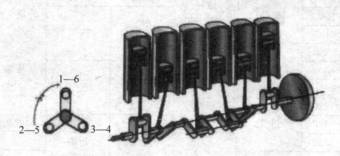

图 2-78　直列六缸发动机的曲轴布置

表 2-15　四冲程直列六缸发动机（工作顺序 1—5—3—6—2—4）

曲轴转角(°)		第一缸	第二缸	第三缸	第四缸	第五缸	第六缸
0~180	0~60			进气	做功		
	60~120	做功	排气			压缩	进气
	120~180			压缩	排气		
180~360	180~240		进气			做功	
	240~300	排气					压缩
	300~360			做功	进气		
360~540	360~420		压缩			排气	
	420~480	进气					做功
	480~540			排气	压缩		
540~720	540~600		做功			进气	
	600~660	压缩					排气
	660~720		排气	进气	做功	压缩	

（3）四冲程 V 形六缸发动机。四冲程 V 形六缸发动机的曲轴曲拐如图 2-79 所示，3 个曲拐互成 120°，做功间隔角仍为 120°。面对发动机的冷却风扇，右列气缸用 R 表示，由前向后气缸号分别为 $R_1(1)$、$R_2(3)$、$R_3(5)$；左列气缸用 L 表示，气缸号分别为 $L_1(2)$、$L_2(4)$ 和 $L_3(6)$，工作顺序为 $R_1(1)$—$L_3(6)$—$R_3(5)$—$L_2(4)$—$R_2(3)$—$L_1(2)$。工作循环见表 2-16。

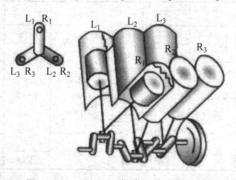

图 2-79　V 形六缸发动机的曲轴布置

表 2-16　四冲程 V 形六缸发动机（工作顺序 R₁(1)—L₃(6)—R₃(5)—L₂(4)—R₂(3)—L₁(2)）

曲轴转角(°)		R₁(1)	R₂(3)	R₃(5)	L₁(2)	L₂(4)	L₃(6)
0~180	0~60	做功	排气	进气	做功	进气	压缩
0~180	60~120	做功	排气	压缩	排气	进气	压缩
0~180	120~180	做功	进气	压缩	排气	进气	做功
180~360	180~240	排气	进气	压缩	排气	压缩	做功
180~360	240~300	排气	进气	做功	进气	压缩	做功
180~360	300~360	排气	压缩	做功	进气	压缩	排气
360~540	360~420	进气	压缩	做功	进气	做功	排气
360~540	420~480	进气	压缩	排气	压缩	做功	排气
360~540	480~540	进气	做功	排气	压缩	做功	进气
540~720	540~600	压缩	做功	排气	压缩	排气	进气
540~720	600~660	压缩	做功	进气	做功	排气	进气
540~720	660~720	压缩	排气	进气	做功	排气	压缩

（4）V 形八缸四冲程发动机。V 形八缸四冲程发动机曲轴只有 4 个曲拐，如图 2-80 所示，结构形式有正交于两平面内的空间曲拐和平面曲拐。因空间曲拐平衡性较好，则应用较多。空间曲拐发动机气缸中线夹角均为 90°，各缸做功间隔角为 720°/8＝90°。V 形发动机的工作顺序，随气缸序号的排列方法而定，工作顺序为 1—2—7—8—4—5—6—3，工作循环见表 2-17。

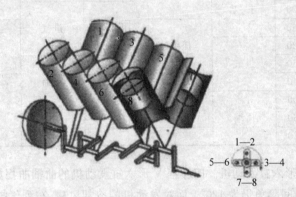

图 2-80　V 形八缸发动机的曲轴布置

表 2-17　V 形八缸四冲程发动机（工作顺序 1—2—7—8—4—5—6—3）

曲轴转角(°)		1	3	5	7	2	4	6	8
0~180	0~90	做功	做功	排气	压缩	压缩	进气	排气	进气
0~180	90~180	做功	排气	进气	压缩	做功	进气	排气	压缩
180~360	180~270	排气	排气	进气	做功	做功	压缩	进气	压缩
180~360	270~360	排气	进气	压缩	做功	排气	压缩	进气	做功
360~540	360~450	进气	进气	压缩	排气	排气	做功	压缩	做功
360~540	450~540	进气	压缩	做功	排气	进气	做功	压缩	排气
540~720	540~630	压缩	压缩	做功	进气	进气	排气	做功	排气
540~720	630~720	压缩	做功	排气	进气	压缩	排气	做功	进气

8. 曲轴前端驱动

曲轴前端装有驱动配气凸轮轴的同步齿形带轮、皮带轮(带扭转减振器)、曲轴前油封、机油泵驱动链轮等,如图 2-81 所示。

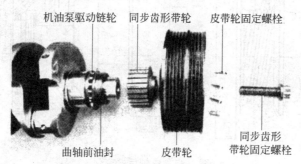

机油泵驱动链轮　同步齿形带轮　皮带轮固定螺栓

曲轴前油封　　皮带轮　　同步齿形带轮固定螺栓

图 2-81　曲轴前端轴安装零部件

9. 曲轴前后端油封

(1) 曲轴前端油封

曲轴前端密封借助甩油盘和橡胶油封实现密封。当发动机工作时,落在甩油盘上的机油,在离心力的作用下被甩到定时传动室盖的内壁上,再沿壁面流回油底壳。即使有少量机油落到甩油盘前面的曲轴上,也会被装在定时传动室盖上的自紧式橡胶油封挡住,如图 2-82 所示。

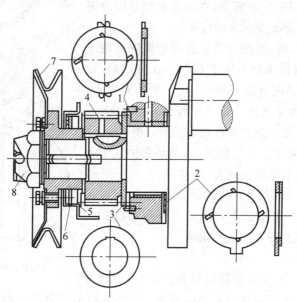

图 2-82　曲轴前端的密封

1、2—滑动推力轴承;3—止推片;4—定时齿轮;5—甩油盘;6—油封;7—带轮;8—启动爪

(2) 曲轴后端密封

由于近年来橡胶油封的耐油、耐热和耐老化性能的提高,现代汽车发动机上曲轴后端的密封越来越多的采用与曲轴前端一样的自紧式橡胶油封。自紧式油封由金属保持架、

氟橡胶密封环和拉紧弹簧构成,如图 2-83 所示。

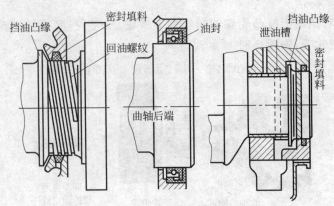

图 2-83　曲轴后端密封

10. 曲轴轴承

1) 主轴承和连杆轴承

主轴承和连杆轴承均承受交变载荷和高速摩擦,因此轴承材料必须具有足够的抗疲劳强度,而且要摩擦小、耐磨损和耐腐蚀。

主轴承和连杆轴承均由上下两片轴瓦对合而成。每一片轴瓦都是由钢背和减磨合金层或钢背、减磨合金层和软镀层构成,如图 2-84 所示,在轴承和轴颈间会形成很薄的润滑油膜,能承受很大的负荷。

轴瓦在自由状态时,两个结合面外端的距离比轴承孔的直径大,其差值称为轴瓦的扩张量。在装配时,轴瓦的圆周过盈变成径向过盈,对轴承孔产生径向压力,使轴瓦紧密贴合在轴承孔内。轴瓦一般是等壁厚的,但也有变厚度轴瓦,多用于强化程度较高的发动机。

在轴瓦的结合端冲压出定位唇,在轴承孔中加工有定位槽,以便装配时有正确的定位。

通过连杆小头喷油孔喷油冷却活塞的发动机,在主轴承和连杆轴承的上下轴瓦上均加工有环形油槽和油孔,以便不间断地向连杆小头喷孔供油。

2) 曲轴止推轴承

在汽车行驶中,当踩离合器或紧急制动时,曲轴会受到轴向力的作用,从而有轴向窜动的可能。曲轴轴向窜动会破坏曲柄连杆机构各零件的正确相对位置,故必须用止推片加以限制。同时,在曲轴受热膨胀时,允许其自由伸长,所以曲轴上应有一个地方设置轴向定位装置——止推片,如图 2-85 所示。

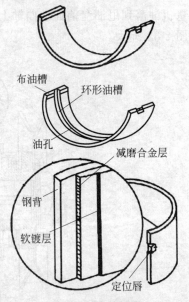

图 2-84　曲轴轴承

止推片(或称止推轴瓦)的形式一般有两种:一是利用翻边轴承上的翻边部分做止推片,通常是中间的一道主轴瓦,如图 2-86(a) 所示,也称翻边轴瓦;另一种是单面制有减磨合金层的止推片,如图 2-86(b) 所示。安装时,应将有减磨合金层的一面朝向摩擦面。

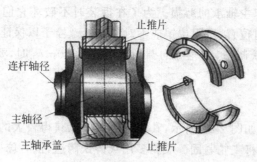

图 2-85 止推片安装部位

11. 曲轴扭转减振器

当发动机工作时,曲轴在周期性变化的转矩作用下,各曲拐之间发生周期性相对扭转的现象称为扭转振动。当发动机转矩的变化频率与曲轴扭转的自振频率相同或成倍数时,就会发生共振。共振时扭转振幅加大,并导致传动机构磨损加剧,发动机功率下降,甚至使曲轴断裂。为了消减曲轴的扭转振动,现代发动机多在扭转振幅最大的曲轴前端装置扭转减振器。其结构如图 2-87 所示。

(a) 翻边轴瓦   (b) 止推片

图 2-86 主推轴承形式

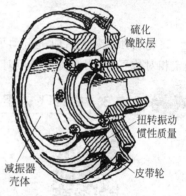

图 2-87 扭转减振器

2.5.2 飞轮

飞轮是一个转动惯量很大的圆盘,其主要功用是将在做功冲程中输入于曲轴的动能的一部分储存起来,用以在其他行程中克服阻力,带动曲柄连杆机构越过上、下止点。保证曲轴的旋转角速度和输出扭矩尽可能均匀,并使发动机有可能克服短时间的超载荷,此外,飞轮又往往用作摩擦式离合器的驱动件。为了在保证有足够的转动惯量的前提下,尽可能减小飞轮的质量,应使飞轮的大部分质量都集中在轮缘上,因而轮缘通常做得宽而厚。

1. 飞轮的工作条件和材料

飞轮外缘上压有一个齿环,其作用是在发动机启动时,与启动机齿轮啮合,带动曲轴旋转。飞轮上通常刻有第一缸点火正时记号,以便校准点火时间。

飞轮与曲轴装配后应进行动平衡试验,否则在旋转时因质量不平衡而产生离心力,将引起发动机振动并加速主轴承的磨损。为了在拆装时不破坏它们的平衡状态,飞轮与曲轴之间应有严格的相对位置,用定位销或不对称布置螺栓予以保证。

飞轮多采用灰铸铁制造,当轮缘的圆周速度超过 50m/s 时,要采用强度较高的球铁或铸钢制造。

2. 飞轮的结构

飞轮是盘形零件,如图 2-88 所示,其轮缘较宽厚以获得较大的转动惯量,与曲轴一起进行动平衡,用定位销将飞轮紧固。飞轮多用灰铸铁制造,也有球墨铸铁或铸钢。

图 2-88　飞轮的结构

飞轮与曲轴装配后应进行动平衡,为了拆装时不破坏动平衡状态,飞轮与曲轴之间有确定相对位置,并用定位销或不对称布置螺栓来保证。

2.5.3　曲轴飞轮组的拆装

微课——曲轴的拆卸　　　微课——曲轴的装配　　　微课——飞轮的拆卸

微课——飞轮的装配　　　曲轴飞轮组的拆装

2.6　曲柄连杆机构的检测与维修

曲柄连杆机构常见的损伤主要是零部件的损伤,常见的有气缸及气缸盖体的变形、气缸盖及气缸体的裂纹、气缸盖及气缸体螺纹孔损坏、气缸体的磨损、气缸垫的烧穿、连杆的变形以及曲轴的磨损等。作为发动机的核心组件，影响尤为重要，所以需掌握其零部件损伤的检修方法。

 ### 2.6.1　气缸体及气缸盖的检测与维修

微课——气缸体上平面平面度测量　　　微课——气缸磨损的检测

发动机工作时，气缸体是在高温、高压、交变载荷作用下工作的，容易受到损伤。损伤的主要形式有裂纹、变形、气缸磨损、水道腐蚀、螺纹孔损坏等。破损零件的几何形状、位置和配合会造成漏水、漏油、漏气，严重时会影响发动机的正常工作。

1. 气缸体及气缸盖的变形检修方法

1）气缸体和气缸盖的接触平面产生变形的原因

气缸体上下平面螺纹孔周围产生凸起，大多数是由于装配时气缸盖螺栓的拧紧力过大，或装配时螺纹孔中的油、水、污物清理不净导致的。拧紧螺栓时，螺纹孔附近在过大的拉力下产生凸起，或污物的影响使螺栓拧入的深度不足，螺孔在很高的燃气压力作用下而变形。另外，由于在拧紧气缸盖螺栓时的扭力过大或不均，或不按顺序拧紧以及在高温下拆卸气缸盖等原因也会引起气缸体与气缸盖的变形。在修理中，由于各主轴承孔的间隙不均，轴承座孔中心线产生偏差，轴承与座孔的贴紧度不够或轴承的变形等原因，使气缸体承受额外的压力而引起变形。在使用中，气缸体长期在高转速、大负荷条件下工作，润滑不足、烧瓦抱轴等原因也会引起变形。

大量资料证明：气缸体的变形将使上下平面的平面度偏差增大，曲轴轴承孔的同轴度偏差也增大，最大的变形一般发生在中间的轴承孔。

2）变形产生的后果

由于气缸体的变形，气缸体和气缸盖平面度偏差增大，将造成气缸密封不严，漏气、漏水，甚至燃气冲坏气缸垫的情况。气缸体的变形严重影响了发动机的装配质量，还将影响飞轮壳及变速器的装配关系，造成离合器、变速器工作时发响和磨损加剧，从而使发动机的动力性、经济性下降。

3）使用工具、量具

气缸体与气缸盖变形的检测方法类似，检验的主要工具、量具有检验平板、刀口尺（或钢直尺）、塞尺、高度游标卡尺等。

4）检测方法

将气缸盖（气缸体）放在干净的检验平台上，擦净各个面，把等于或大于气缸体对角线长度的刀口尺（或钢直尺）放到气缸体被测平面上，将适当厚度的塞尺塞入尺子与气缸体平面之间的缝隙中，稍用力能拉动尺子即可，读塞尺厚度，记录。沿气缸盖（气缸体）平面的横向、纵向、对角线方向、$50 \times 50 \text{mm}^2$ 多处测量，求平面度误差。在测量过程中，观察气缸体平面的局部凸起，并作记录，如图 2-89 所示。

横向　　　纵向　　　对角线

图 2-89　气缸盖平面度检测

缸体上平面与缸盖下平面的平面度公差见表 2-18。

表 2-18　缸体上平面与缸盖下平面的平面度公差　　　单位：mm

测量范围（mm²）	缸体长度	铸　铁			铝　合　金		
		缸体上平面	缸盖下平面		缸体上平面	缸盖上平面	
			侧置式	顶置式		侧置式	顶置式
任 50×50		0.05	0.05	0.035	0.05	0.05	0.05
整个平面	≤600	0.15	0.25	1.100	0.15	0.35	0.15
	>600	0.25	0.35		0.35	0.50	

5）修理方法

（1）气缸体变形的修理。根据检验所得记录数据，分析变形程度，选取不同的修理方法。在整个平面上，平面度误差不大于 0.05mm，或仅有局部凸起，可用刮刀刮平。平面度误差较大时，可采用平面磨床磨削加工修复或在铣床上铣削加工。用高度游标卡尺测量上下平面，磨削量不能超过 0.24～0.50mm，否则会影响压缩比，不能使用。缸体上平面与缸盖下平面的平面度公差标准参见表 2-18，根据各发动机的类型不同，可查找气缸体平面度的相应参数。

（2）气缸盖变形的修理。气缸盖平面度超过规定限值，应予更换，如果未超过，其修理方法与气缸体相同。多次修理后，上下平面之间的高度不能低于规定值，否则会影响燃烧室容积及压缩比。要求燃烧室容积不得低于标准值的 95%，各缸燃烧室容积不得大于平均值的 1‰～2‰。若不符合,应更换气缸盖。

2. 气缸盖及气缸体裂纹的检修方法

气缸体与气缸盖容易发生裂纹的部位往往与它们的结构有关,不同形式的发动机出现裂纹的部位各自有一定的规律性。

1) 出现裂纹的原因

(1) 一些改进型发动机是强化机型,其功率较原发动机显著提高,转速也提高。在高转速时,惯性力大,应力也较大,但易出现裂纹。

(2) 气缸体结构复杂,各处壁厚不均匀,在一些薄弱部位,刚度低,易出现裂纹。

(3) 高转速时,曲轴产生振动,增加了缸体的负荷,而在薄弱部位易产生裂纹。

(4) 加工部位与未加工部位,壁厚不同部位的过渡处都将产生应力集中。当应力集中与铸造时残余内应力叠加时,易产生裂纹。

(5) 使用不当。如发动机长时间在超负荷条件下工作,缸体内应力过大,则气缸体易产生裂纹。

(6) 在发动机处于高温状态下突然加入冷水,造成缸体热应力过大,使气缸体易产生变形或裂纹。

(7) 水套中水垢过厚,减小了冷却液通过面积,同时由于水垢传热性差,降低了发动机散热性能,特别是气缸之间、气门座之间的水道被堵塞之后,严重影响了它的传热,使局部工作温度升高,热应力过大,易出现裂纹。

(8) 在冬季,停车后没有及时放水而发生冻裂。有的人因先启动车,后加冷却液,造成局部热应力过大,或在严寒冬季骤加高温热水而炸裂。

(9) 在修理作业中未能严格执行工艺要求。如气缸盖螺栓未能按规定顺序和力矩紧固,紧固力不均匀等,从而导致气缸盖变形或螺栓孔附近产生裂纹。

2) 气缸盖及气缸体裂纹的检测

气缸盖及气缸体裂纹的检测,通常采用水压试验,如图 2-90 所示。方法是将气缸盖及气缸衬垫装在气缸体上,将水压机出水管接头与气缸前端水泵入水口处连接好,堵住其他水道口,然后将水压入水套,在 300～400kPa 的压力下,保持 5min,气缸盖应无渗漏。如气缸盖由里向外有水珠渗出,表明该处有裂纹。所以气缸盖及气缸体的裂纹最终将导致发动机出现漏油、漏水等现象,影响发动机正常工作。

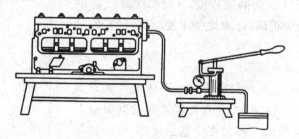

图 2-90 气缸盖的水压试验

3) 维修方法

(1) 气缸体的维修。气缸体裂纹的维修方法应根据裂纹情况确定。对存在漏水、漏气、漏油的裂纹的气缸体,应更换。对未影响气缸压力、水道、油道的裂纹,根据裂纹大小、部位和程度可使用环氧树脂黏结法和焊接修理法修理。对受力不大、不影响装配、不重要的部位,可使用环氧树脂黏结法修理;对有一定受力,重要部位,可使用焊接修理法。焊接时要选取与缸体材料相适应的焊条,焊接前应钻止裂孔、开坡口,预热气缸体,焊接后要进行去应力处理。

(2)气缸盖的维修。气缸盖裂纹产生的部位主要在气门座和火花塞螺孔之间,气缸盖出现裂纹应予以更换。

3. 气缸盖及气缸体螺纹孔损坏的检修方法

气缸盖与气缸体平面螺纹孔螺纹的好坏,关系到气缸盖与气缸体之间的紧固状态和密封性。

(1)原因及后果。装配时螺栓没有拧正;使用了螺纹已损坏的螺栓;螺栓的拧紧力矩过大;非贯通螺孔内有污物,致使螺栓拧入时顶坏螺纹等。顶置气门气缸盖是进排气歧管、气缸盖罩、冷却水管、配气机构零件的装配基体。它还与气缸、活塞和活塞环形成密闭的空间,承受高温、高压燃气的压力。气缸盖螺纹的损坏将影响有关零件的装配,使各零件承受的拧紧力矩不均,出现漏油、漏水等现象,从而影响发动机正常工作。

(2)检测。气缸盖螺纹孔损伤一般用直观法检查。螺孔损伤最常见的是滑扣。当火花塞孔螺纹损坏多于1牙,其他螺孔螺纹损坏多于2牙时,均需修理。气缸体螺纹孔损坏时其扭转螺栓会感觉难以拧紧,有松动感。若螺纹有2牙以上的损伤、全部螺纹有毛刺、螺纹旋入后松动量过大或者螺栓不能按规定的力矩旋紧时,应对螺孔螺纹进行修理。

(3)修理。螺纹孔的修复一般是在可能加深螺孔时,再加工出新的螺纹,保证螺纹长度。还可以使用镶螺套法,即使用内径同气缸盖上原螺纹的尺寸,外径同被加大了的气缸盖螺孔尺寸的螺孔套,将螺孔套旋入气缸盖上加大的螺孔中,拧紧并铆固再将平面修平。对于火花塞螺纹孔不宜采用加套,因此,在使用和修理中要注意避免火花塞螺纹孔的损伤。

4. 气缸的磨损

机体组内气缸的磨损是无法避免的普遍现象,活塞在气缸中做高速运动,长时间工作后产生的磨损达到一定程度时,引起发动机动力性、经济性明显下降,发动机是否需要大修,主要取决于气缸的磨损程度。因此,了解气缸的磨损规律和原因,便于正确、合理地使用发动机,延长发动机的使用寿命。

1)气缸磨损规律及原因

气缸的磨损特征是不均匀磨损。主要体现在垂直高度方向和圆周方向。气缸孔在垂直高度方向的磨损呈上大下小的倒锥形,磨损最大部位在活塞上止时、第一道气环对应气缸壁位置,以上无明显磨损,主要原因是活塞在上止点处,各道受到的背压力大,气温高、润滑较差、废气中的酸性物质腐蚀大,如图2-91所示。

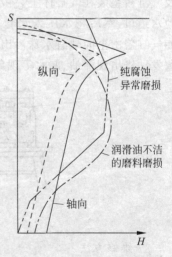

图2-91 气缸轴线方向的磨损

气缸沿圆周方向形成不规则椭圆形,最大磨损位置在气缸前后方向或左右方向,产生的原因是活塞给气缸的侧向力、曲轴的轴向窜动引起磨损,如图 2-92 所示。湿式气缸套的外壁有时会发生穴蚀损伤。

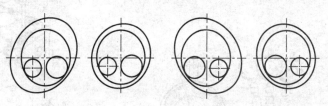

图 2-92　气缸在圆周方向的磨损

2)气缸磨损程度的衡量指标

气缸内壁磨损是否超标的衡量指标主要有以下四种。第一种是以圆度误差、圆柱度误差来衡量。第二种是以标准尺寸与气缸磨损后的最大尺寸之差来衡量,如大众汽车的桑塔纳汽车。第三种是以气缸最大磨损尺寸来衡量。如丰田系汽车。第四种是配合间隙。具体选用哪一种,以各车型的维修手册为准。

圆度误差是指同一截面上磨损的不均匀性,用同一横截面上不同方向测得的最大直径与最小直径差值的 1/2 作为圆度误差。

圆柱度误差是指沿气缸轴线的轴向截面上磨损的不均匀性,用被测气缸表面任意方向测得的最大直径与最小直径之差的 1/2 作为圆柱度误差。

3)气缸磨损的检验

气缸磨损的检验一般包括两项内容:一是外观检查,检查气缸的机械损伤、表面质量和化学腐蚀程度等;二是用内径量缸表和千分尺测气缸的直径、圆度误差和圆柱度误差。检验步骤如下。

(1)清洁气缸内壁,用布擦拭。

(2)用游标卡尺测量气缸直径,获得标准尺寸。

(3)安装百分表,使百分表指针有 0.5～1mm 的移动量,表面与测量杆垂直。

(4)选择与缸径合适的测量杆;校准测量杆(或调整垫圈),使量缸表测量端总长比缸径大 1mm 左右即可。

(5)量缸表的零校准。清洁千分尺,将千分尺安装到支座上并进行校零(安装时应在千分尺与支座间垫上布)。

将千分尺设置到由游标卡尺测得的标准尺寸,并用锁销锁紧。在千分尺上以量缸表的测量杆为支点移动量缸表,找到指针收缩最大的位置。在此位置,转动表盘将量缸表设定到零点。

(6)气缸缸径测量。如图 2-93 所示,慢慢推导向板将量缸表仔细放入气缸内规定位置(注意,避免调整杆头部在缸壁滑动),来回轻轻摆动表架,观察百分表的长针顺时针摆动到极限位置的读数并记录。

(7)测量位置。要求根据维修手册规定的测量位置进行测量。一般取上、中、下三个横截面,每个截面测量横向和纵向两个位置。上截面位于第一道活塞环上止点的位置,一般该位置磨损最大。丰田汽车的 5A、8A 发动机的测量部位如图 2-94 所示。

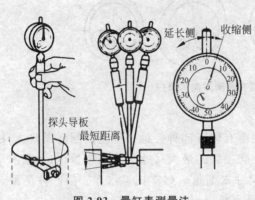

延长侧　收缩侧

探头导板

最短距离

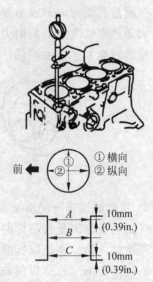

前 ② ①

① 横向
② 纵向

A 　10mm
(0.39in.)

B

C 　10mm
(0.39in.)

图 2-93　量缸表测量法　　　　　图 2-94　气缸磨损的测量部位

（8）计算圆度误差和圆柱度误差。圆度误差是指同一横截面上磨损的不均匀性。气缸圆度公差：汽油发动机为 0.05mm，柴油发动机为 0.065mm。圆柱度误差是指沿气缸轴线的轴向截面上磨损的不均匀性。用不同横截面上任意方向测得的最大与最小直径差值的 1/2 作为圆柱度误差。圆柱度公差：汽油发动机为 0.175mm，柴油发动机为 0.25mm。

气缸的检验分类技术条件如下。

气缸的圆度误差达到 0.050～0.063mm；圆柱度误差达到 0.175～0.250mm；最大磨损量有修理尺寸的气缸达到 0.2mm；无修理尺寸的气缸（薄型缸套）达到 0.4mm；其中任一项达到限值时必须修理或更换气缸（套）。

气缸的圆度误差和圆柱度误差均小于限值，而磨损量小于 0.15mm 时，可更换活塞及活塞环。

4）气缸磨损的修理

气缸磨损后，通常采用机械加工方法修复，即修理尺寸法和镶套修复法。

（1）修理尺寸法。修理尺寸法是指在零件结构、强度和强化层允许的条件下，将配合副中主要件的磨损部位经过机械加工至规定的尺寸，恢复其正确的几何形状和精度，然后更换相应的配合件，得到尺寸改变而配合性质不变的修理方法。显然，使用修理尺寸法修复后的尺寸已不同于零件的原基本尺寸，而是形成了一个对孔件是增大了的、对轴件是缩小了的新基本尺寸，这个新的基本尺寸就是修理尺寸。具体步骤如下。

① 确定气缸的修理尺寸。根据磨损最大缸的直径、修理级别和镗磨余量确定修理尺寸。

气缸的修理尺寸＝气缸最大直径＋镗磨余量

② 确定镗削量。

镗削量＝活塞的裙部最大尺寸－气缸最小直径＋配合间隙－镗削余量

③ 镗削。镗缸应用最广的镗缸机是 T716 型固定式镗缸机和 T8011 型移动式镗磨

缸机。

④ 珩磨。气缸经过镗削后,表面有螺旋形的加工刀痕,必须对气缸表面进行珩磨加工。珩磨设备:磨削有专用的珩磨机。

（2）镶套修复法。镶套修复法就是经过多次修理,气缸内径已超过最大的修理尺寸,或气缸壁上有特殊损伤（如深的划痕）时,对安装气缸的承孔进行加工,用过盈配合的方式镶上新的气缸套,使气缸恢复到原来的尺寸。

在气缸套磨损超过最大修理尺寸或薄壁气缸套磨损逾限、气缸套裂纹以及气缸套与承孔配合松旷、漏水等情况下,都必须更换气缸套。更换气缸套应先检修承孔,然后镶装新气缸套,恢复至原始尺寸。具体操作工具及示意图如图 2-95 和图 2-96 所示。

图 2-95　气缸套拆装工具

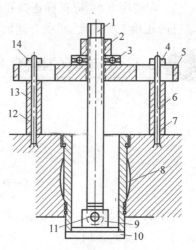

图 2-96　拆卸示意图

1—拆卸丝杠；2—拆卸螺帽；3—平面轴承
8206；4、14—螺帽；5—支承铁板；6、13—螺
杆；7、12—衬套；8—气缸套；9—挂耳；10—下
托盘；11—接销轴

干式气缸套的镶配工艺步骤:①选择气缸套；②检修气缸套承孔和气缸套；③镶配。镶配气缸套时,先放正气缸套,用图 2-95 所示的工具或压力机将缸套缓慢平稳地压入承孔,干式缸套压力不大于 59kN,在压入承孔 20～30mm 的过程中,应放松压力两次,以便缸套在弹簧变形作用下,自动校正轴线的同轴度,同时用直角尺检查缸套有无歪斜。镶配时,采用隔缸压入法。压入后,气缸套上缘与气缸体上平面平齐,并对气缸体进行水压试验。

湿式气缸套的镶配工艺步骤:①拆除旧气缸套；②检修气缸套承孔和气缸套；③镶配。镶配采用隔缸压入法。湿式缸套安装后一般应高出缸体平面 0.05～0.15mm 并对气缸体进行水压试验。

5. 提高气缸使用寿命的措施

（1）在结构材料方面，用耐磨、耐蚀、抗穴蚀能力强的材料，如采用镍铬高锰奥氏体铸铁、含铬高磷铸铁等。从减振、防振着手，在结构上采用不等厚的缸套及合理的间距等，以减少湿式缸套的穴蚀。

（2）在维修方面，研究改善气缸体"整形修理"工艺（所谓气缸体的整形修理是指"定位镗缸""导向镗削曲轴轴承（或轴承承孔）和凸轮轴轴承""修整气缸体上平面与后端面"等项目的统称，以恢复气缸体的形位精度为目的的综合性修理工艺），提高气缸体的形状与位置精度；气缸经过镗磨加工后，应有合理的表面粗糙度，有利于配合副的磨合和润滑油膜的形成；应用激光淬火工艺进行气缸表面强化，以大大降低气缸的磨损率；严格按技术要求检验气缸、活塞、连杆等，保证活塞连杆组的正确安装位置和配合间隙；制定科学的磨合规范，提高气缸综合磨损的能力。

（3）在使用方面，应正确选择和使用润滑油，加强"三滤"，做好车辆的日常维护，保证发动机的正确工作温度，正确合理的驾驶操作。

 2.6.2　活塞的检修

微课——活塞与气缸配合间隙的测量

活塞的失效形式主要是磨损，其次是活塞刮伤、顶部烧蚀等。磨损主要有环槽磨损、裙部磨损、销座孔磨损。

1. 活塞磨损的原因及后果

活塞环槽磨损的主要原因是活塞环对环槽压力高、冲击大、温度高、润滑条件差。磨损从上往下逐渐减轻。环槽磨损后，引起活塞环侧隙增加，气缸出现漏气、窜油，机油进入燃烧室，产生积炭、结胶。活塞环过热、失去弹性或卡死，发动机烧机油、冒蓝烟。裙部磨损后，使活塞与气缸壁间隙变大，产生敲缸和烧机油等故障。

活塞销与销座孔在上下方向磨损最大，磨损后，增大配合间隙，工作时会产生异响。

2. 活塞的检测

（1）活塞裙部的检测。使用外径千分尺在活塞下部离裙部底边 15mm 处，测量与活塞销垂直方向的裙部直径。

（2）配缸间隙的检测。用量缸表测量气缸的内径，用外径千分尺测量活塞外径，前者减去后者得到配缸间隙。如大众汽车的桑塔纳 AJR 发动机配缸间隙为 0.045mm。

3. 活塞的选配

当气缸的磨损超过规定值及活塞发生异常磨损时，必须对气缸进行修复，并且要根据气缸的修理尺寸选配活塞,以恢复正常的配合间隙。

选配活塞时应注意以下几点。

(1)选用同一修理尺寸和同一分组尺寸的活塞。活塞裙部的尺寸是镗磨气缸的依据,即气缸的修理尺寸是哪一级,也要选用哪一级修理尺寸的活塞。只有选用同一组活塞,才能按选定活塞的裙部尺寸镗磨气缸。

(2)同一发动机必须选用同一厂牌的活塞。活塞应成套选配,以保证其材料和性能的一致性。

(3)在选配成套活塞中,尺寸差和质量差应符合要求。成套活塞中,其尺寸差一般为0.02~0.025mm,质量差一般为 4~8g,销座孔的涂色标记应相同。

新型汽车的活塞与气缸的配合都采用选配法,在气缸的技术要求确定的前提下,重点是选配相应的活塞。活塞的修理尺寸级别各车型不用,应查阅相关的维修手册。

有的发动机为干式气缸套,活塞不设置修理尺寸,只区分标准系列活塞和维修系列活塞,每一活塞中也有若干组供选配。活塞的修理尺寸级别代码打印在活塞顶部。

 ### 2.6.3　活塞环的检修

微课——活塞环三隙的测量

活塞环在工作时,由于受高温、润滑条件差的影响,其磨损失效往往要比气缸的磨损极限速度快。随着活塞环磨损的加剧,活塞环的弹力将逐渐减弱,端隙、侧隙的增大会使密封性能变差,造成高压气体下窜和润滑油上窜现象,降低发动机的动力性和经济性。活塞环除磨损失效外,还有一种常见的断裂损坏。由于活塞环脆性较大,如果在安装时方法不当,或活塞环侧隙、端隙过小和发动机突爆、大负荷的撞击都会造成活塞环断裂。因此,应正确地选配和安装活塞环。

1. 活塞环的选配

活塞环的选配标准是:与气缸、活塞的修理尺寸一致;具有规定的弹力以保证气缸的密封性;环的漏光度、端隙、侧隙、背隙应符合设计规定。

(1)外径尺寸。活塞环有着与气缸、活塞相同加大级别的修理尺寸,以适应发动机修理的需要。发动机气缸磨损不大时,应选配与气缸同一级别的活塞环。当发动机大修时,应按照气缸的修理尺寸,选用与气缸、活塞同一修理级别的活塞环。

(2)弹力。活塞环的弹力是建立背压的首要条件,也是保证气缸密封性的必要条件。弹力过大使活塞环的磨损加剧;弹力过小,气缸密封性能差,燃料消耗增加,积炭严重。

(3)端面翘曲度的检验。活塞环的端面与活塞环槽的上下端面的贴合是环的第二密封面。如果此密封面不好,将造成漏气。因此,应检验活塞环端面的平面度。活塞检验方法有两种:一种用专用设备检验,即采用表面粗糙度很小的两平行板,间距为被检活塞环的厚度加上 0.05mm 的允许翘曲范围,当被检环能无阻碍地通过此间距时,表示合格。另一种是简易法,将活塞环自由平放在平板上,观察其接触情况或平面漏光情况,决定是否采用。

(4)漏光度。新的活塞环与气缸壁在未磨合之前,活塞环的外圆表面不可能与气缸壁完全贴合,不贴合处与气缸壁形成间隙,此间隙可通过灯光进行检验,称为漏光度检验。活塞环漏光度检验的一般技术要求如下:

- 同一活塞环上漏光不大于两处,每处漏光弧长所对应的圆心角总和不大于 45°;
- 活塞环开口两端各 30°范围内不允许有漏光;
- 漏光度的最大缝隙不大于 0.03mm。

活塞环漏光度的检测如图 2-97 所示。

(5)活塞环侧隙的检验。

活塞环的侧隙是指装入活塞后,活塞环端面与活塞环槽之间的间隙。侧隙过大,将使活塞环的泵油作用加剧,活塞环易疲劳破碎,加速活塞环的断裂和润滑油消耗增加;侧隙过小,会使活塞环卡死在环槽内,活塞环的弹力极度减弱,冲击应力加剧,不但使气缸密封性能降低,也容易断环。测量的方法是,将活塞环放在槽内,围绕槽滚动一周,应能自由滚动,既不能松动,又不能有阻滞现象。活塞环侧隙的检测如图 2-98 所示。

图 2-97 活塞环漏光度检查

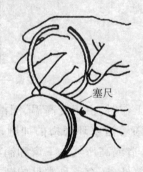

图 2-98 活塞环侧隙检查

(6)活塞环端隙的检验。端隙是活塞环置于气缸内,在环的开口处呈现的间隙(又叫"开口间隙")。端隙能防止活塞环受热膨胀而卡死在气缸内。端隙的大小与气缸的直径及各活塞环所受温度有关,一般每 100mm 缸径,温度最高的第一环的端隙为 0.25～0.45mm,其余各活塞环温度较低,端隙为 0.20～0.40mm。检验活塞环端隙的方法是:先将活塞环平整地放在待配的气缸内,用活塞头将活塞环推平(对未加工的气缸应推到磨损最小处),然后用厚薄规插入活塞环开口处进行测量。活塞环端隙的检测如图 2-99 所示。

(7)活塞环背隙的检验。背隙是指活塞与活塞环装入气缸后,在活塞环背部与活塞环槽底之间的间隙,一般为 0.5～1mm。为了测量方便,通常以槽深和环宽之差来表示。测量活塞环槽直径 d,测量气缸直径 D,测量活塞环宽度 b,则活塞环背隙如图 2-99 所示。

$$活塞环背隙 = (D - d) \div 2 - b$$

活塞环一般应低于环槽边 0～0.35mm,以免在气缸内卡死。

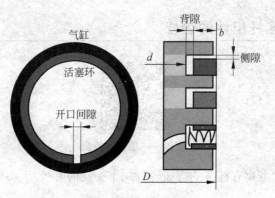

图 2-99 活塞环背隙检查

2. 活塞环开口方向的安装

当把活塞、连杆组装到气缸中时,应注意使各环开口相互错开,以避免可燃混合气从活塞环的开口间隙中漏出。装环时,各道环口应相互错开,如有三道活塞环,各环应沿圆周成 120°夹角互相错开;如有四道活塞环,第一、二道互错 180°,第二、三道互错 90°,第三、四道互错 180°,各环开口不要朝着活塞受侧压的方向。这样安装可获得较长的、迷宫式的漏气路线,增加漏气阻力,减少漏气量。在实际装配中,把有三道活塞环的开口呈 180°安装,即相邻的活塞环开口相隔 180°安装,这样安装的活塞环开口要比成 120°安装的活塞环开口更有效地避免开口重叠。虽然第一道气环和第三道气环的开口在一条直线上,但由于第二道气环的密封作用,不会使从第一道气环开口进入的气流直接进入第三道气环开口处。同时还应注意开口位置应保证与活塞销垂直。

 2.6.4 活塞销的检修

发动机工作时,活塞销受到惯性力、压力等力的作用,在与活塞销座孔和连杆衬套接触面上产生磨损,增大间隙,产生敲击声,修理方法一是加大活塞销直径,恢复配合间隙,二是成对更换活塞、活塞销。

1. 活塞销的选配

选配活塞销时应保证以下几个方面:一是同一台发动机应选用同一厂牌、同一修理尺寸的成组活塞销;二是活塞销表面无锈蚀,表面粗糙度小于 $Ra0.20\mu m$,圆柱度误差不大于 $0.0025mm$,各缸活塞销质量差小于 $10g$。

2. 活塞与活塞销的装配

当采用铝活塞时,活塞销座的热膨胀量大于钢活塞销。为了保证高温工作时有正常的工作间隙,即 $0.01\sim0.02mm$,在冷态装配时活塞销与活塞销座孔为过渡配合,间隙为 $0.0025\sim0.0075mm$。装配时应先将铝活塞放在温度为 $70\sim90℃$ 的水或油中加热,然后迅速取出活塞,把涂有润滑油的活塞销用手指推入活塞销座孔中。为了防止销的轴向窜动而刮伤气缸壁,在活塞销座两端用卡环嵌在销座凹槽中加以轴向定位。

2.6.5　连杆组件的检修

微课——连杆的检测

连杆的损伤形式主要有杆身的弯曲、扭曲、小头孔的磨损、大头侧面磨损、裂纹等。其中变形最为常见。

1. 连杆的检修

在发动机工作时，由于发动机超负荷和爆燃等原因，产生复杂的交变载荷，造成连杆弯曲和连杆扭曲。连杆弯曲是指连杆小头轴线对大头轴线在轴线平面内的平行度误差；连杆扭曲是指连杆小头轴线对大头轴线在轴线平面法向上的平面度误差。连杆变形后，使活塞在气缸中歪斜，引起活塞与气缸、连杆轴承与轴颈偏磨，将对曲柄连杆机构的工作产生很大的影响。

1）连杆变形的检验

连杆变形的检验在连杆校验仪上进行，如图 2-100 所示，连杆校验仪能检验连杆的弯曲、扭曲、双重弯曲的程度及方位，并校正连杆的弯曲与扭曲。校验仪上的菱形支撑轴，能保证连杆大头承孔轴向与检验平板相垂直。检验时，先将连杆大头的轴承盖装好，不装连杆轴承，并按规定的扭力将连杆螺栓拧紧，同时将心轴装入小头衬套的承孔中。然后将连杆大头衬套装在支承轴上，通过调整定位螺钉使支承轴扩张将连杆固定在校验仪上。测量工具是一个带有 V 形槽的"三点规"。三点规上的三点构成的平面与 V 形槽的对称平面垂直。

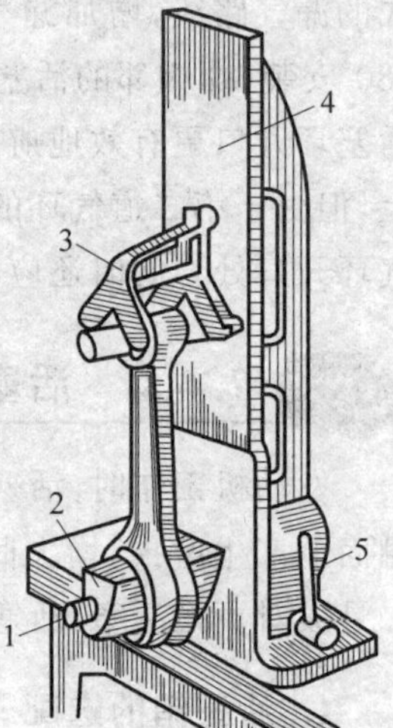

测量时，将三点规的 V 形槽靠在心轴上并推向检验平板。如三点规的三个测点都与校验仪的平板接触，说明连杆不变形。若有一个点或两个点不接触，可用厚薄规分别测出各测点与平板之间的间隙。

图 2-100　连杆校验仪

1—调整螺钉；2—棱形支承轴；3—量规；4—检验平板；5—锁紧支承轴

有时在测量连杆变形时会遇到下面的情况：连杆存在如图 2-101 所示的双重弯曲，检验时先测量出连杆小头端面与平板距离，再将连杆翻转 180°后，按同样方法测出此距离。若两次测出的距离数值不等，即说明连杆有双重弯曲，两次测量数值之差为连杆双重弯曲度。

如果没有连杆校验仪，可用通用量具进行检验。在连杆大头和连杆小头内装入标准心轴，置于平板上的 V 形块上，用百分表测量，如图 2-102 所示，通过测定活塞销两端的高度差，即可计算出连杆弯曲值。

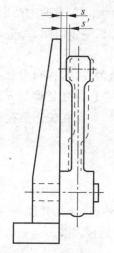

图 2-101 连杆双重弯曲的检验

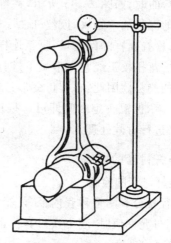

图 2-102 连杆弯曲检验

　　将连杆按图 2-103 所示放置,通过百分表测量活塞销两端的高度差,从而计算出连杆的扭曲值。

　　汽车维修技术标准中对连杆的变形做了如下的规定:连杆小头轴线与大头轴线应在同一平面,在该平面上的平行度公差为 100∶0.03mm,该平面的法向平面上的平行度公差为 100∶0.06mm。若连杆的弯曲和扭曲度超过公差值则应进行校正。连杆的双重弯曲通常不予以校正而是直接更换,因为连杆大头、小头对称平面偏移的双重弯曲极难校正,所以对曲柄连杆机构的工作极为有害。

　　2)连杆变形的校正

　　经检验确定连杆有变形时,应记下连杆弯曲与扭曲的方向和数值,利用连杆校验仪进行校正。一般是先校正扭曲,后校正弯曲。校正时,应避免反复的过校正。

　　校正扭曲时,先将连杆下盖按规定装配和拧紧,然后在台钳口垫上软金属垫片夹紧连杆大头侧面,最后使用专用扳钳装卡在连杆杆身上下部位,按图 2-104 所示的安装方法校正连杆的逆时针扭曲变形。校正顺时针的扭曲时,将上下扳钳交换即可。

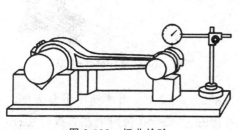

图 2-103 扭曲检验

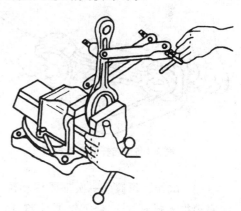

图 2-104 连杆扭曲的校正

校正弯曲时,如图2-105所示,将弯曲的连杆置入专用的压器,弯曲的凸起部位朝上,在正丝杠的部位加入垫块,扳丝杠使连杆产生反向变形并停留一定时间,待金属组织稳定后再卸下,检查连杆的回位量,直至连杆校正至合格为止。

连杆的弯扭校正经常在常温下进行,由于材料弹性后效的作用,在卸去载荷后连杆有恢复原状的趋势。因此,在校正变形量较大的连杆后,必须进行时效处理。方法是将连杆加热至573K,保温一定时间即可。校正变形较小的连杆时,只需在校正负荷下保持一定时间,不必进行时效处理。

2. 连杆衬套的检修

1) 连杆衬套的检查

用内径百分表测量衬套内径,外径千分尺测量活塞销外径,计算其圆度、圆柱度及配合间隙,超过允许值时,应更换衬套。也可用手感判断间隙是否超限。

2) 衬套的更换

(1) 压出旧衬套。用软质冲头在压床上将旧衬套压出,并检查连杆小头孔内壁有无损伤。

(2) 压装新衬套。用软质铣头在压床上将新衬套压入连杆小头孔内。压进新衬套时,注意对准衬套与连杆上的油孔。无压床设备时,也可在虎钳上进行。

3) 衬套铰削工艺要点

衬套压入后,便可铰削或镗削,使其与活塞销的配合符合规定。连杆衬套的铰削工艺步骤如下。

(1) 选择铰刀。按活塞销的实际尺寸选用铰刀,将铰刀的刀把垂直地夹在台钳的钳口上。

(2) 调整铰刀。将连杆衬套孔套入铰刀,一手托住连杆大头,一手压下连杆小头,以刀刃露出衬套上面3～5mm处作为第一刀的铰削量为宜。

(3) 铰削。铰削时,一手托住连杆大头均匀用力扳转,另一手把持连杆小头并向下略施压力,同时应保持连杆轴线垂直于铰刀轴线,以防铰偏,如图2-106所示。当衬套下平面与刀刃相平时停止铰削,将连杆下压退出以免铰偏或起棱。然后在铰刀量不变的情况下,再将连杆从反向重铰一次,铰刀的铰削量以调整螺母转过60°～90°为宜。

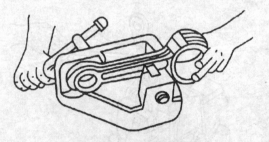
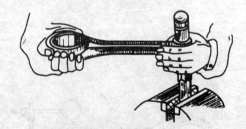

图 2-105 连杆弯曲的校正　　　　图 2-106 连杆衬套的铰削

(4) 试配。每铰削一次都要用相配的活塞销试配,以防铰大。当达到用手掌力能将活塞销推入衬套的1/3～1/2时停铰,用木槌打入衬套内,并夹持在台钳上左右扳转连杆,(见图2-107),然后压出活塞销,视衬套的压痕而进行适当修刮。

（5）修刮。根据衬套与活塞销的接触面和松紧度，用刮刀修刮，使其配合和接触面（75％）达到要求。

（6）检验。活塞销涂上机油，能用手掌将其顺利推入衬套，而无松旷感为宜，如图 2-108 所示。

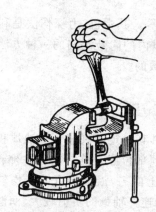

图 2-107　检验活塞销与连杆衬套的配合

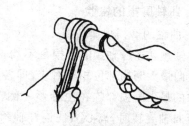

图 2-108　检验活塞销与连杆衬套的接触情况

3. 连杆其他损伤的检修

连杆杆身与小头的过渡区应无裂纹、表面无碰伤，必要时采用磁力探伤检验连杆的裂纹。如有裂纹，禁止继续使用，应立即更换。另外，如果连杆下盖损坏或断裂时，也要同时更换连杆组合件。

连杆大头侧面与曲柄之间一般应有 0.10～0.35mm 的间隙，如超过 0.50mm 时，可堆焊连杆大头侧面后修理平整。

连杆杆身与下盖的接合平面应平整。检验时，使两平面分别与平板平面贴合，其接触面应贴合良好，如有轻微缝隙，不得超过 0.026mm。若连杆轴承孔的圆柱度误差大于 0.025mm，应进行修理或更换连杆。

连杆螺栓应无裂纹，螺纹部分完整，无滑牙和拉长等现象。选用新的连杆螺栓时，其结构参数及材质应符合规定，禁止用直径相同的普通螺栓代用。连杆螺栓的自锁螺母不允许重复使用。

 ## 2.6.6　曲轴的检修

微课——曲轴磨损、弯曲度及扭曲度检测

微课——曲轴轴向间距的测量

曲轴是发动机的重要零件，在工作时承受燃烧气体的压力和活塞连杆组做往复运动时产生的惯性力，旋转质量的离心力以及它们形成的力矩。同时，曲轴的扭转振动交变应

94

力将引起曲轴的疲劳而产生裂纹。这些应力超过一定数值时,将造成曲轴的弯曲和扭曲变形,甚至断裂。轴颈表面要承受很大的负荷,而且有很高的滑动速度,散热条件差,从而引起磨损。所以,发动机在大修时必须对曲轴进行检验。

1. 曲轴裂纹的检验

曲轴裂纹的检验方法有磁力探伤法、锤击法、油浸法等。其中,磁力探伤法是利用电磁原理,检查导磁性金属零件表面或靠近表层 6～7mm 以内的隐蔽缺陷的一种方法。零件被磁化后,在正常情况下,其磁力线分布应当是均匀一致的。

2. 曲轴磨损的检验

1) 曲轴的磨损规律特征

主轴颈和连杆轴颈的磨损是不均匀的,且磨损部位具有一定的规律。主轴颈和连杆轴颈径向最大磨损部位相互对应,即各主轴颈的最大磨损部位靠近连杆轴颈一侧;而连杆轴颈的最大磨损部位在主轴颈一侧,由于作用在轴颈上的力,沿圆周方向不均匀引起的。当曲轴旋转时,离心力使连杆轴颈磨损呈锥形,由于连杆轴颈的负荷较大、润滑条件较差,连杆轴颈的磨损比主轴颈的磨损更严重。

2) 曲轴轴颈磨损的检验

可用外径千分尺测量曲轴主轴颈和连杆轴颈的圆度误差和圆柱度误差。每一轴颈测量两个截面,每个截面测量两个方向(先在轴颈油孔的两侧测量,旋转90°后再测)的直径,测量部位如图 2-109 所示。将每次测量的直径值记录下来,最后计算出曲轴各轴颈的圆度和圆柱度误差。

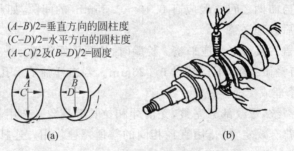

$(A-B)/2=$垂直方向的圆柱度
$(C-D)/2=$水平方向的圆柱度
$(A-C)/2$ 及 $(B-D)/2=$圆度

(a)　　　　　　　(b)

图 2-109　曲轴主轴颈磨损检查测量部位

对曲轴短轴颈的磨损以检验圆度误差为主,对长轴颈则必须检验圆度和圆柱度误差。曲轴主轴颈和连杆轴颈的圆度、圆柱度误差不得大于 0.025mm,超过该值,则按修理尺寸对轴颈进行修磨。

3. 曲轴变形的检验

1) 曲轴弯曲的检验

所谓曲轴弯曲是指主轴颈的同轴度误差大于 0.05mm。若连杆轴颈分配角误差大于 $0°30'$,则称为曲轴扭曲。

曲轴弯扭变形是由于使用不当、修理不当或曲轴材质不佳造成的。

如图 2-110 所示,将曲轴放在检测平板上的 V 形支架上,百分表的指针抵在中间主轴颈上,转动曲轴一圈,并记下两次测量的最大值和最小值的差,二者差值的一半即为曲轴的弯曲度。

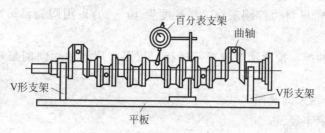

图 2-110 曲轴弯曲的检测

2) 曲轴扭曲的检验

将曲轴置于检验平板的 V 形支架上,将连杆轴颈(如 1、6,或 2、5,或 3、4)转到水平位置,用百分表测量出相对应的两个连杆轴颈至平板的高度差 Δh_A,即为曲轴的扭转度。由 Δh_A 计算出扭转角 θ,若 θ 大于 $0°30'$ 时可进行校正。扭转角的计算公式为

$$\theta = \frac{360°\Delta h_A}{2\pi R} \approx \frac{57\Delta h_A}{R}$$

式中,R 为曲柄半径,单位为 mm。

EQ6100-1 型发动机的 $R = 57.5 \pm 0.10$mm。CA6102 型发动机的 $R = 57.15 \pm 0.05$mm。

4. 曲轴检验分析处理

1) 曲轴弯曲变形的校正

曲轴弯曲较小,一般可经磨削曲轴后消除。弯曲严重的曲轴必须进行校正,通常采用的方法是冷压校正法,特别严重时可以更换曲轴。

在压床上冷压校正曲轴的方法,如图 2-111 所示,将曲轴放在平台的 V 形架上,使曲轴弯曲的拱面向上,用叉形压头压在两连杆轴颈上(应垫铜皮保护),使曲轴下面两个百分表指针抵触到轴颈上,然后开动压床,根据百分表显示,当加压变形量达到曲轴弯曲度的 10~15 倍时停止加压,保持 2~3min 即可。

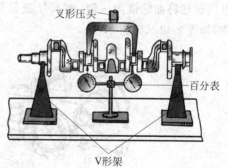

图 2-111 冷压校正曲轴

2) 曲轴轴颈的磨削

(1)设备。磨修曲轴轴颈,是在经过检验、校正工序之后,由曲轴磨修工在曲轴磨床上修磨的。通常采用的曲轴磨床有 MQ8260 型及 MQ8260B/H 型。

(2)曲轴轴颈修理尺寸的确定。

(3)曲轴主轴颈的磨削。

① 安装曲轴;

② 校正主轴颈与磨床旋转轴线的同轴度。

(4) 修磨砂轮。砂轮圆角半径应符合原厂设计，一般半径为 2.5～3mm，曲轴磨削时应选用上限。砂轮材料为棕刚玉（GZ），粒度为 40～50，采用陶瓷黏结剂（A），硬度中软（ZR1-ZR2）。

(5) 磨削主轴颈。按曲轴磨削规范进行。按照磨床开动须知调整好机床，即可开机磨削。

3）曲轴连杆轴颈的磨削

(1) 调整曲柄半径。

(2) 检查校准连杆轴颈与磨床旋转轴线同轴度。

(3) 检查曲柄半径。

(4) 调整配重。分别移动头架、尾架配重块，直至曲轴可静止在任何位置为止。

(5) 依次磨削所有的连杆轴颈。连杆轴颈必须采用同心法磨削。

5. 曲轴轴向间隙和径向间隙的检查与调整

1）轴向间隙的检查与调整

为了适应发动机机件正常工作的需要，曲轴必须留有适当的轴向间隙。间隙过大，曲轴工作时将产生轴向窜动，加速气缸、活塞连杆组机件的磨损，影响离合器正常工作；间隙过小，会使机件因受热膨胀而卡死。在使用中，止推垫圈表面的轴承合金逐渐磨损，使间隙变大，因此，应对曲轴轴向间隙进行检查和调整。主要步骤如下。

(1) 清洗各零件，将主轴瓦安装在气缸体与主轴瓦盖上。

(2) 将曲轴止推片装到气缸体上（不要在止推片上涂机油）。

(3) 将曲轴放置在气缸体上。

(4) 用百分表测量轴向间隙。将百分表触头顶在曲轴平衡轴上，用撬杠前后撬动曲轴，观察百分表指针的摆动，指针的最大摆差为曲轴的轴向间隙，如图 2-112（a）所示。也可用撬杠将曲轴撬向一侧，用塞尺测量轴承与曲轴止推面之间的间隙，为曲轴的轴向间隙，如图 2-112（b）所示。

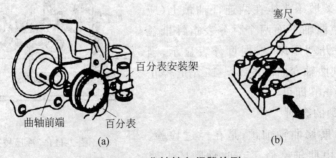

图 2-112 曲轴轴向间隙检测

(5) 将装到气缸体上的零件取下。

(6) 如果轴向间隙超过规定值，根据下面的计算决定使用哪种曲轴止推片或是否更换曲轴。计算公式为

$$D=[(A+B)-C]\div 2$$

式中，A 为测得的轴向间隙；B 为左、右侧曲轴止推片的厚度之和；C 为规定的轴向间隙；D 为要求的曲轴止推片厚度。

根据 D 值的计算结果，从给定的数据中选择合适的曲轴止推片。

2）曲轴径向间隙的检查与调整

曲轴径向间隙大小影响轴承的润滑和冷却，过小，阻力增大，加重磨损，划伤轴瓦；过大，曲轴会上下振动，并使润滑油压力降低，曲轴表面过热，严重时烧轴瓦。曲轴径向间隙检查可用塑料间隙规。

检查时，先清洁曲轴、轴瓦和轴承盖，曲轴上重点清洗主轴颈、连杆轴颈，然后将塑料间隙规（或软金属丝）放在曲轴轴颈上，不盖住油孔，盖上轴承盖，按规定扭矩拧紧螺栓（不转动曲轴），再取下轴承盖、轴瓦和塑料间隙规，将已被压扁的塑料间隙规与间隙条宽度对照，对应的间隙值为曲轴径向间隙，如图 2-113 所示。如径向间隙不符合规定（AJR 发动机径向间隙范围为 0.01～0.04mm），重新选配、刮削轴承。

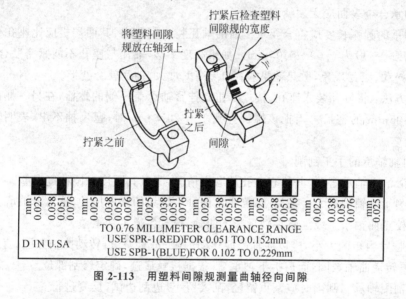

图 2-113　用塑料间隙规测量曲轴径向间隙

6. 曲轴轴承的选配

1）曲轴轴承的常见损伤

（1）磨损规律。初期磨损快—中期磨损缓慢—使用后期磨损加剧。轴承的径向间隙极限：货车为 0.20mm；轿车为 0.15mm。

（2）疲劳剥落。轴承长期在交变载荷、冲击载荷的作用下，使合金产生疲劳，继而出现微小裂纹，并向纵深发展，使合金剥落。

（3）轴承的刮伤和烧熔。刮伤是因轴承表面不清洁造成。烧熔是在严重缺乏润滑油和超负荷条件下运转时，出现干摩擦，使轴承温度急剧升高，合金膨胀，若配合间隙过小，导致烧熔。

2）轴承的选配

（1）曲轴轴承损伤的检验。若有明显的环状沟槽或麻点时，应予以报废。不明显时，检查其圆度及柱度误差,不大于 0.025mm,配合间隙极限:货车为 0.20mm,轿车为 0.15mm。

(2) 检查主轴承座孔。检查主轴承座孔的圆度和圆柱度误差不超过 0.025mm。

3) 选配轴承

(1) 在曲轴未经修磨加工,且缸体、曲轴上有字母标识时,可采用直接选择选配法,依据维修手册进行选配。

(2) 当曲轴轴颈经修磨加工后,根据曲轴轴颈的尺寸选配轴承,按曲轴轴颈修理级别选用相应修理级别的加厚的新轴承。

(3) 对曲轴轴承的一些具体要求。

① 瓦背光滑,定位凸榫好。

② 弹性合适,新轴瓦的曲率半径大于座孔的曲率半径。将其装进座孔时,应感觉吃力,如轻轻地就能装入,表明弹力不足。

③ 轴承合金表面应无裂缝和砂眼。

④ 轴承的圆弧长度应符合要求。新的轴瓦装入座孔内,其两端机应比座孔分解机高出一定高度。一般为 0.03~0.05mm。如果高度不够,轴瓦与座孔不能紧密贴合,工作中就会出现松动、滚瓦现象,散热效果差;如果高度过大,轴瓦就会变形。

测量方法:将轴瓦装入座孔,按规定扭矩拧紧轴承盖一侧的螺栓,在另一侧的分解面间插入 0.05mm 的塞尺。当把该螺栓拧到 10~20N·m 时,塞尺抽不出,表明轴瓦高度合适。

4) 曲轴轴承的手工刮削

(1) 清洁主轴承座孔,并检查座孔的磨损情况,测量其圆度和圆柱度误差。

(2) 测量曲轴的最大磨损尺寸,确定出曲轴主轴承的修理尺寸,选出主轴承。

(3) 校正曲轴水平线。将主轴承装上曲轴,拧紧各道主轴承盖。

每次拧紧力矩的大小,应以曲轴尚能转动为限,每紧一道,转动曲轴数圈,直至各道适度拧紧,再转动曲轴数圈,而后拆下轴承盖,根据接触痕迹,确定修刮部位。

(4) 刮配轴承。刮削时应刮重留轻,刮大留小,边刮边试,反复进行。

技术要求:第一道与最后一道轴承接触面积不少于 85%,其接触面积在 75% 以上。

(5) 曲轴轴承径向配合间隙检查。用专用塑料线规检查。

检验时,把线规纵向放入轴承中,按原厂规定的拧紧力矩紧固轴承盖,在拧紧过程中,应注意防止曲轴转动。然后拆下轴承盖,取出已压展的塑料线规,与附带有的不同宽度色标的量规或第一道主轴承侧面上不同宽度的刻线相对比,与塑料规压展宽度相等的刻线所标示的值,即为轴承的间隙值。

 ## 2.6.7　飞轮的修理

飞轮最常见的损伤是工作面磨损、齿圈磨损或断齿。

1. 更换齿圈

飞轮齿圈有断齿和齿端冲击耗损两种失效形式,如断齿或齿端耗损严重,与启动机齿

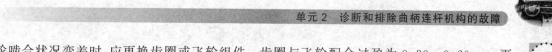
轮啮合状况变差时,应更换齿圈或飞轮组件。齿圈与飞轮配合过盈为 0.30～0.60mm,更换时,应先将齿圈加热至 623～673K,再进行热压配合。

2. 修整飞轮工作平面

飞轮工作平面有严重烧灼或磨损沟槽深度超过 0.50mm 时,应进行修整。修整后,工作平面的平面度误差不得大于 0.10mm;飞轮厚度极限减薄量为 1mm;与曲轴装配后的端面圆跳动误差不得大于 0.15mm。

3. 曲轴、飞轮、离合器总成组装后进行动平衡试验

组件动不平衡量应不大于原厂规定。东风 EQ1090、解放 CA1091 等汽车不大于 100g·cm;国产轻型载货汽车、客车以及进口载货汽车一般不大于 70g·cm;轿车不大于 30g·cm。

组件的不平衡量过大,使组件共振临界转速降低。若共振临界转速降至发动机正常工作转速内,曲轴就会在共振条件下工作,会造成曲轴疲劳断裂、飞轮壳产生纵向裂纹等早期损坏。因此,更换飞轮或齿圈、离合器压盘或总成之后都应重新进行组件的动平衡试验。

 ## 2.6.8　积炭的检查与清除

发动机积炭是指发动机燃烧室内由于汽油中的"焦"性物质或"硫"性物质加上部分窜进燃烧室的机油混合燃烧不充分而导致的,通常出现在活塞顶部、汽缸头顶部、火花塞、气门和排气管。

1. 故障表现

(1) 冷启动困难。多次点火无法成功启动发动机,但是一旦启动成功,发动机温度升高以后,再次重新启动发动机会变得很容易。

(2) 怠速不稳。发动机运行的时候不断抖动,甚至会出现某个气缸不工作的状态,但是在发动机水温升高以后往往会变得相对稳定。

(3) 油耗增加排放变差。发动机工作时声音较闷排气不畅,怠速不稳,工作无力,油耗升高,水温、排气温度异常升高,启动困难,油门滞后反应不灵敏等。

有了积炭,发动机的动力性和经济性都会大大降低。据权威机构测定,进排气系统阻塞 15% 时,发动机的功率降低 50%。

2. 积炭产生的原因

(1) 吸入发动机的空气虽然经过滤器过滤,也必然有少量尘土和杂粒进入气缸,在其经过的进气道及各种传感器表面就会产生附着、累积。

(2) 任何制造精密的发动机都存在窜气现象,即燃烧室中的高压混合气通过活塞环与缸壁之间的缝隙窜入曲轴箱。为将这一部分未燃尽的混合气导入燃烧室充分利用,发动机设置了曲轴箱密闭通风系统(即 EGR 系统),EGR 在将可燃混合气导入气缸的同时,也将曲轴箱中的润滑油雾分子、水气等引入气缸,这些携带有杂质的气体,极易在进气及

各种传感器表面形成附着。

（3）窜入曲轴箱的气体一方面对润滑油造成腐蚀使其变质，另一方面气体中携带的各种杂质在润滑油中的不断累积形成"油泥"，沉积、附着于润滑油道、油泵滤网处，形成油流阻塞；杂质沉积于活塞环槽内，在燃烧室高温作用下形成积炭。

（4）燃油中含有的杂质（特别是质量不合格的燃油）在发动机工作时不能参与燃烧，虽然大部分被排出机外，但仍有少量残留，这种残留物的不断累积就会在喷油嘴喷孔、燃烧室、气门口及传感器表面形成附着。

（5）发动机每次停止运转时，由于燃烧室温度急剧下降，喷油器喷孔处残留的油滴不能完全蒸发，会对进入气缸的空气中的杂粒产生吸附，导致在喷孔处形成积炭。

3. 积炭的危害

（1）冷启动时喷油头喷出的汽油会被积炭大量吸收，导致混合气过稀而启动困难。当积炭吸收的汽油饱和着车后，吸附在积炭上的汽油又被发动机的真空吸力吸入气缸内燃烧，使混合气变浓且造成急速抖动。

（2）而气温越低，冷启动所需要的油量越大。若反复尝试启动发动机不仅会缩短发动机和蓄电池的寿命，还会严重损坏三元催化装置。

（3）燃烧室内积炭过多，发动机的压缩比增加而形成许多炽热面，引起早燃、爆燃会缩短发动机寿命。

（4）火花塞积炭过多，使火花塞漏电出现缺缸现象而造成发动机抖动。

4. 如何检查发动机是否积炭

（1）解体法。顾名思义，就是将发动机气缸盖拆下，检查是否有积炭的产生，这样的方法相对来说是十分的直观，但是比较费时费力，再说一般在没有判断准确的情况下也不可能会直接去解体发动机。

（2）内窥镜检查法。就像医院所用的内窥镜一样，通过发动机火花塞的孔插入内窥镜来观察气门及气缸内气体部位的积炭情况，方便简单且省时省力，但是由于此设备成本较高，所以一般小型的维修场所很难看到它的身影。

（3）检查气缸压力。如果遇到积炭严重的情况可能会有某个气缸气门无法正常关闭，而气缸压力过低的情况。

5. 积炭的清除方法

（1）运转清除法。在油箱中按一定比例加入燃油系统清洗保护剂，它能够在汽车的行驶中自动清除坚硬的积炭，使发动机的性能恢复到正常。在使用这种产品清洗积炭后，应更换汽油滤清器，因为油箱和油管中的胶质物质和沉积物都聚在此，如不及时更换，又会造成供油不畅的情况。

（2）机械法。这是一种用利器来清除积炭的方法。可用利刀、改锥、旧锯条及竹签类尖器去除积炭。对气缸盖燃烧室内的积炭，可持磨去锯齿且前端呈半圆形的锯条进行铲除。对气缸体排气口的积炭可用竹签类尖器或用改锥去除，但要注意，勿碰伤气缸内壁。对活塞环槽内的积炭可用折断的同型号的活塞环去除，但在操作时应谨慎小心，不要刮伤活塞环槽口。积炭清除后，可用金相砂纸将活塞环槽上的刮痕磨去，最后用煤油或汽油

（最好用煤油，因为它渗透性强）把所有零部件清洗干净后再行装配。

（3）化学法。比较大的零件可先用三氯乙烯浸泡数十分钟后再清洗，因为三氯乙烯能溶解积炭中的胶质和沥青等黏性物质，可使剩余的碳质化合物和金属化合物等变得松脆而易于清除。较小的零件可放入 80～95℃的化学洗涤液中浸泡 2～3h，待其软化后，再移到热水中用刷子清除残余的积炭，最后用压缩空气吹干。对于铸件和钢件，在清除积炭并清洗干净后应用机油涂于机件的表面，以防锈蚀。这里必须特别强调指出，由于苛性钠（NaOH）对铝有腐蚀作用，故含有苛性钠的洗涤液绝对不能用来清洗铝质机件。

单元 3

诊断和排除发动机配气机构故障

车主刘先生购买了一辆二手捷达轿车,汽车发动机急速运转时,听到明显的"嗒嗒"响声,并且在进气管口可以听到"咝咝"的异常响声,刘先生觉得该车有问题,给汽车修理厂打电话说明情况,经过维修人员对汽车的检查,判断是发动机的配气机构(图 3-1)出现故障。

图 3-1　发动机的配气机构

◎ 学习目标

　　(1) 能正确认识配气机构的功用、组成、类型及工作原理,通过配气机构结构类型的变化,感受汽车工业变革历程;

　　(2) 能正确认识配气机构的零件构造和装配连接关系;

　　(3) 能正确认识配气机构零部件的材料、常见损伤并能实施正确的检修;

（4）能正确认识气门间隙及配气相位的的概念及检查调整方法；

（5）能正确诊断配气机构的故障并制定排除措施。

◎ 知识点与技能点清单

序号	学习目标	知 识 点	技 能 点
1	能够正确描述配气机构的功用、组成、类型及工作原理	（1）配气机构的功用； （2）配气机构的组成； （3）配气机构的类型； （4）配气机构的工作原理； （5）配气相位的概念及应用	在发动机台架或零件架上正确识别配气机构相关零部件并能正确描述配气机构的功用、组成、类型及工作原理和相关零件的装配关系
2	能够正确认识配气机构的零件构造和装配连接关系	（1）配全机构各零件的结构； （2）配气机构各零件的装配关系	正确计划并实施拆装配气机构相关零件
3	能够正确认识配气机构零部件的材料、常见损伤并能实施正确的检修	（1）配气机构的零件使用了哪些材料； （2）配气机构零件常见的损伤形式	计划并实施气门组及气门传动组零件的检测，确定维修方案，进行零部件维修
4	能够正确理解气门间隙及配气相位的概念及检查调整方法	（1）什么是气门间隙； （2）气门间隙对发动机工作的影响； （3）配气相位对发动机工作的影响	（1）能够正确检查和调整气门间隙和配气相位； （2）能够正确检查调整正时皮带的张紧度
5	能够正确诊断配气机构的故障并制订排除措施	（1）气门脚异响的原因； （2）气门挺杆响的原因； （3）气门烧蚀的原因； （4）正时齿轮响的原因； （5）凸轮轴瓦响的原因	能够在发动机上确定异响位置，分析故障原因，排除故障

◎ 学习指南

（1）明确学习目标及知识与技能点清单。

（2）按照学习任务列表完成每一项任务，任务知识部分需在课前提前完成。在完成知识部分任务时，你可以参考本单元提供的学习信息，利用网络、厂家提供的维修手册、各类教学资源库等学习资源，也可以在课前或上课时向任课教师寻求帮助。任课教师会在正式上课时展示或共享大家对于知识部分任务的完成情况。

（3）在任务列表中，涉及实操部分，可以在正式上课前自行完成，也可以由任课教师在课堂上安排完成。

（4）完成任务列表后，自行根据本单元鉴定清单进行自查，并根据不足进行知识与技能的补充学习。

（5）接受任课教师按照鉴定清单进行知识与技能鉴定。请注意，鉴定可能是过程鉴定与终结性鉴定，学习者平时对学习任务的学习过程也将作为鉴定的依据，例如学习态度、学习过程中的技能展示、职场安全意识等。

3.1 学习任务

1. 查阅相关资料,在表 3-1 中标出配气机构的类型,并回答该类型有什么结构特点。

表 3-1 标出配气机构的类型

序 号	图 示	类 型	特 点
1			
2			
3			

2. 配气机构的驱动形式有哪些？试着说明每种形式的特点。

_____

_____

3. 根据图 3-2 所示机构图写出工作过程。

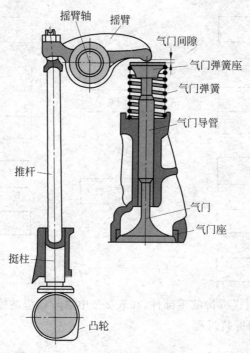

图 3-2   机构图

工作原理：发动机工作时曲轴通过正时齿轮驱动_____转动，当凸轮的凸起部分顶起_____时，挺住推动_____一起上行，作用于_____上的推动力驱使摇臂绕轴转动，摇臂的另一端压缩_____使_____下行，气门开启。当凸轮凸起部分离开挺柱时，气门便在弹簧弹力的作用下上行，气门关闭。

4. 某车型配气相位为：进气提前角 $\alpha=15°$，进气迟闭角为 $65°$，排气提前角为 $75°$，排气迟闭角为 $70°$。试画出该发动机的配气相位图，并说明气门重叠角是多少曲轴转角？

_____

_____

5. 气门为什么要早开迟闭？

_____

_____

6. 什么是充气效率？充气效率对发动机有什么影响？

_____

_____

7. 现代汽车发动机为什么几乎都采用顶置式气门配气机构？

_____

_____

8. 查阅相关资料，完成以下连线。

凸轮轴		摇臂
气门		锁片
	气门组	
推杆		气门座
气门导管		螺旋弹簧
	气门传动组	
弹簧座		摇臂轴
挺柱		油封

9. 图 3-3 所示为配气机构的零部件，在表 3-2 中填写相应的零件名称和作用，并简述气门组和气门传动组的拆装过程。

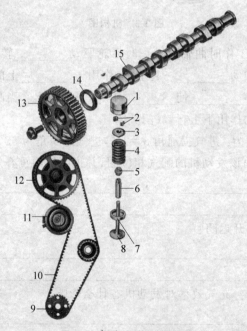

图 3-3　配气机构的零部件

表 3-2 配气机构的零部件名称和功用

序号	名　称	功　用
1		
2		
3		
4		
5		
6		
7		
8		
9		
10		
11		
12		
13		
14		
15		

10. 图 3-4 所示是在进行什么操作？操作步骤是什么？

图 3-4 操作 1

11. 图 3-5 所示是小王去汽修厂实习的时候看到修理厂工人在做的操作，你知道这是在做什么吗？什么情况下才会做这样的操作呢？有什么样的技术要求？

12. 图 3-6 所示是在进行什么检测？简述其操作要领。

_____

_____

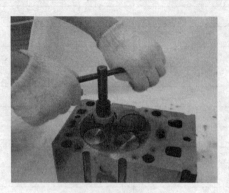

图 3-5　操作 2

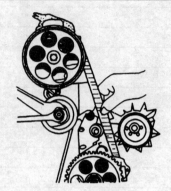

图 3-6　操作 3

13. 小李在汽修厂工作，在检修发动机时，发现发动机有漏气现象，而且发现气门已经烧坏，经过仔细分析，小李判断是气门间隙太小的缘故，需要进行调整。

（1）什么是气门间隙？气门间隙过大与过小的危害是什么？

_____

_____

（2）什么是气门间隙的逐缸调整法？什么是气门间隙的两次调整法？

_____

_____

14. 如何检查调整配气相位？你还能找出其他方法吗？

_____

_____

15. 配气机构常见故障有哪些？可能的原因有哪些？如何进行排除？

_____

_____

16. 完成配气机构检测工作页（表 3-3）。

表 3-3　配气机构检测工作页

车型：		杆部直径	气门导管直径	杆部油膜间隙
气门	1 进气			
	1 排气			
	2 进气			
	2 排气			
	杆部直径：进气　　排气		标准间隙：进排气	

车型：		杆部直径	气门导管直径	杆部油膜间隙	
气门弹簧	长度			垂直度	
	一进气				
	一排气				
	二进气				
	二排气				
	自由高度：			垂直度极限值为：	
凸轮轴	进气凸轮高度				
	一缸	二缸		三缸	四缸
	排气凸轮高度				
	一缸	二缸		三缸	四缸
	凸轮桃尖高度：进气_____,排气_____				
	轴颈直径	第一道	第二道	第三道	第四道	第五道
	标准轴颈直径：				
	凸轮轴径向圆跳动			径向跳动标准值：	
结果处理					
气门间隙	进气门				
	排气门				
	气门间隙(冷态)：进气_____,_____,排气_____				
正时	检查对正配气正时				

鉴定

任课教师可以通过平时教学过程中学习者的学习态度、参与教学活动的积极性、职场安全意识及终结性鉴定结果等确定其最后鉴定结果，每个学习者最多可以鉴定三次，鉴定教师可以把鉴定情况填写在表 3-4 中。

表 3-4　单元 3 鉴定表

序号	学习目标	鉴定1	鉴定2	鉴定3	鉴定结论	鉴定教师签字
1	能够正确描述配气机构的功用、组成、类型及工作原理				□通过 □不通过	
2	能够正确认识配气机构的零件构造和装配连接关系				□通过 □不通过	
3	能够正确认识配气机构零部件的材料、常见损伤并能实施正确的检修				□通过 □不通过	
4	能够正确理解气门间隙及配气相位的概念及检查调整方法				□通过 □不通过	
5	能够正确诊断配气机构的故障并制订排除措施				□通过 □不通过	

3.2 认识配气机构的功用、组成、类型及工作原理

配气机构是发动机的重要组成部分,它的结构复杂,形式多样。配气机构工作是否正常,直接影响发动机的动力性和经济性。

3.2.1 配气机构的功用

配气机构是控制发动机进气和排气的装置。其功用是根据发动机的工作顺序和各缸工作循环的要求,定时开启和关闭进、排气门,使新鲜可燃混合气(汽油发动机)或空气(柴油发动机)准时进入气缸,废气得以及时排出气缸。进入气缸内的新鲜可燃混合气或空气(进气量)对发动机性能的影响很大。进气量越多,发动机的有效功率和转矩越大。因此,配气机构首先要保证进气充分,进气量尽可能多。同时,废气要排除干净,因为气缸内残留的废气越多,进气量将会越少。其次,配气机构的运动件应该具有较小的质量和较大的刚度,以使配气机构具有良好的动力特性。

3.2.2 配气机构的组成

配气机构由气门组和气门传动组组成,如图 3-7 所示。

气门组的作用是封闭进、排气道。气门传动组的作用是使进、排气门按配气相位规定的时间开闭,且保证有足够的开度。其中,气门组主要包括气门、气门座、气门弹簧、气门导管、气门锁片等;气门传动组主要包括凸轮轴、挺柱、推杆、摇臂及摇臂轴等。

气门穿过气门导管,在其尾端通过气门锁环固定气门弹簧座。气门弹簧套于气门杆外围,并有一定的预紧力。气门弹簧的上端抵于弹簧座,下端抵于缸盖。当气门关闭时,在气门弹簧预紧力的作用下,气门头部密封锥面压紧在气门座上,将气道封闭。摇臂轴通过支架固定在缸盖上

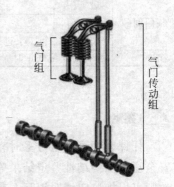

图 3-7 配气机构的组成

平面,摇臂套在摇臂轴上,可绕摇臂轴转动。摇臂长臂端与气杆尾部接触,短臂端装有调整气门间隙的调整螺钉。凸轮轴安装在缸体的一侧,挺柱呈杯状,位于挺柱导向体内,下端与凸轮轴接触推杆为一细长杆件,上端与摇臂调整螺钉接触,下端穿过缸盖与挺柱接触。

3.2.3 配气机构的类型

配气机构按气门布置形式分为气门顶置式和侧置式。气门顶置式的气门安置在气缸盖上,进气阻力小,燃烧室结构紧凑,热效率高,最常用。气门侧置式的气门安置在气缸体上,因散热面积大,目前已不采用。

1．按凸轮轴的位置分类

1）凸轮轴上置式

凸轮轴上置式配气机构的凸轮轴直接布置在气缸盖上，有以下两种形式。

一种形式是凸轮轴直接通过摇臂来驱动气门，如图 3-8 所示。其优点是省去了推杆、挺柱，使往复运动质量大大减小，因此它适合高速发动机；其缺点是由于凸轮轴离曲轴中心较远，因而采用链条传动或同步齿形带传动，使得正时传动机构较为复杂，而且拆装气缸盖也比较困难。

另一种形式是凸轮轴通过挺柱直接驱动气门，如图 3-9 所示。这种配气机构的往复运动质量最小，对凸轮轴和弹簧设计的要求也最低，因此特别适合于高速强化发动机，在现代的高速汽车发动机上得到了广泛的应用。

图 3-8 凸轮轴上置式配气机构

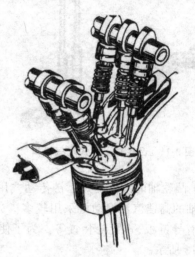

图 3-9 上置双凸轮轴直接驱动气门配气机构

2）凸轮轴中置式

为减小气门传动组零件往复运动的惯性力，一些速度较高的发动机将下置式凸轮轴的位置抬高到气缸体的中上部，如图 3-10 所示。缩短了传动零件的长度，称为凸轮轴中置式配气机构。有些凸轮轴中置式配气机构的组成与凸轮轴下置式配气机构没有什么区别，只是推杆较短而已。

3）凸轮轴下置式

凸轮轴下置式配气机构的凸轮轴置于曲轴箱内，平行布置在曲轴的一侧。由于曲轴和凸轮轴位置靠近，只用一对正时齿轮传动，传动机构比较简单。其优点是简化曲轴与凸轮轴之间的传动装置（齿轮传动），有利于发动机的布置；其缺点是气门和凸轮轴相距较远，因而气门传动零件较多，结构较复杂，发动机高度也有所增加。凸轮轴下置式配气机构多用于转速较低的发动机，如图 3-11 所示。

图 3-10 凸轮轴中置式
配气机构

2．按曲轴和凸轮轴的传动方式分类

（1）同步齿形带传动式。同步齿形带传动式用于上置式凸轮轴的传动，如图 3-12 所示。其传动噪声小，质量轻，成本低，工作可靠，不需要润滑；齿形带伸长量小，适合有精确定时要求的传动；轿车发动机多采用正时皮带传动。

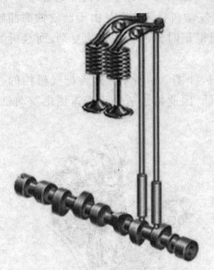

图 3-11　凸轮轴下置式配气机构

图 3-12　同步齿形带传动配气机构

（2）凸轮轴的链传动式。链传动式用于中置式和上置式凸轮轴的传动，尤其是上置式凸轮轴的高速汽油发动机采用较多。为使其在工作时链条有一定的张力而不至脱链，通常装有导链板、张紧轮装置等。为了使链条调整方便，有的发动机使用一根链条传动，如图 3-13 所示。

（3）齿轮传动式。齿轮传动式用于下置式和中置式凸轮轴的传动。汽油发动机只用一对定时齿轮，即曲轴正时齿轮和凸轮轴正时齿轮。柴油发动机还需要驱动喷油泵，所以增加一个中间齿轮，如图 3-14 所示。

图 3-13　链传动式

图 3-14　齿轮传动式

3. 按每缸气门的数量分类

有的发动机采用一个进气门和一个排气门，即双气门，如图 3-15 所示。其特点是结构简单，能适应各种燃烧室。但其气缸换气会受到进气通道的限制，故用于低速发动机。

现代高性能发动机普遍采用三气门发动机、四气门发动机、五气门发动机，目前应用最多的是四气门发动机。三气门发动机每缸采用两个进气门和一个排气门，目前已很少使用。

四气门发动机有两个进气门和两个排气门，如图 3-16 所示。采用这种形式后，进气门总的通过断面较大，充气效率较高，排气门的直径可适当减小，使其工作温度相应降低，提高了工作可靠性。此外，采用四气门后还可适当减小气门升程，改善配气机构的性能。四气门的汽油发动机还有利于改善排放性能。

图 3-15 双气门

图 3-16 四气门

五气门发动机每缸采用三个进气门和两个排气门。这种结构能明显地增加进气量，提高了充气效率，而且燃油消耗低、转矩大及排污少。但是结构也非常复杂，尤其是增加了燃烧室表面积，对燃烧不利。奥迪 A6、上海帕萨特、捷达王等轿车发动机均为五气门发动机。

4. 按照气门驱动形式不同分类

现在的车辆发动机较多使用凸轮轴上置式、链条传动式或同步齿形带传动式驱动凸轮轴的配气机构。气门驱动形式有摇臂驱动、摆臂驱动和直接驱动三种类型。

（1）摇臂驱动。采用摇臂驱动气门，凸轮轴推动液压挺柱，液压挺柱推动摇臂，摇臂再驱动气门；或凸轮轴直接驱动摇臂，摇臂驱动气门，如图 3-17 所示。

（2）摆臂驱动。由于摆臂驱动气门的配气机构比摇臂驱动式刚度更好，更有利于高转速发动机，因此摆臂驱动式在轿车发动机上应用得比较广泛（如奔驰 QM615、奔驰 M115、尼桑 VH45DE、三菱 3G81）。单上置凸轮轴和双上置凸轮轴两种摆臂驱动方式如图 3-18 所示。

（3）直接驱动。在直接驱动气门形式的配气机构中，凸轮通过吊杯形机械挺柱驱动气门，或通过吊杯形液压挺柱驱动气门，如图 3-19 所示。与上述各种形式的配气机构相比，直接驱动式配气机构的刚度最大，驱动气门的能量损失最小。因此，直接驱动式配气机构在高刚度的轿车发动机上得到广泛的应用，如奥迪、捷达、桑塔纳等。

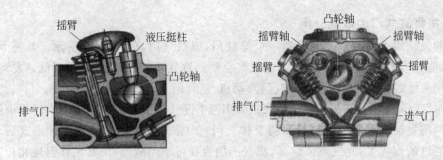

图 3-17　摇臂驱动（单凸轮轴上置式配气机构）

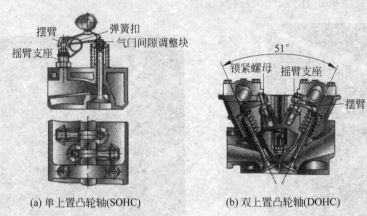

(a) 单上置凸轮轴(SOHC)　　　　(b) 双上置凸轮轴(DOHC)

图 3-18　摆臂驱动

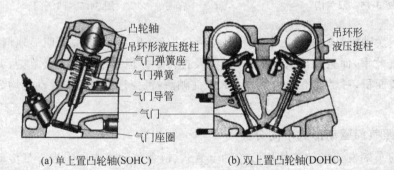

(a) 单上置凸轮轴(SOHC)　　　　(b) 双上置凸轮轴(DOHC)

图 3-19　直接驱动

 3.2.4　配气机构的工作原理

　　发动机工作时,通过正时齿轮驱动进、排气凸轮轴旋转,当凸轮轴某缸的进气凸轮克服气门弹簧力作用压下进气门时,进气门开启,开始进气;当进气凸轮轴转到凸轮的基圆时,该进气门在弹簧作用下回位,开度逐渐减小,直至最后关闭。排气门开闭的工作原理与进气门类似。四行程发动机每完成一个工作循环,曲轴旋转两圈,各缸只进、排气一次,即凸轮轴只需转一圈,因此,曲轴与凸轮轴之间的传动比为 2∶1,如图 3-20 所示。

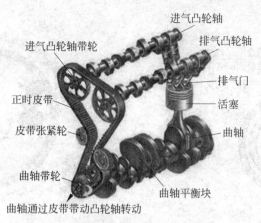

进气凸轮轴

进气凸轮轴带轮

排气凸轮轴

排气门

活塞

正时皮带

皮带张紧轮

曲轴

曲轴带轮

曲轴平衡块

曲轴通过皮带带动凸轮轴转动

图 3-20　配气机构的工作原理

 3.2.5　配气相位、充气效率的概念及应用

微课——认识发动机配气相位

车用汽油发动机在不同的工况选择不同的配气相位,可以提升发动机的性能。

1. 配气相位

配气相位就是用曲轴转角表示进、排气门的开闭时刻和开启持续时间。通常用相对于上、下止点曲拐位置的曲轴转角来表示。图 3-21 所示为配气相位图。

理论上,四冲程发动机的进气门应当在活塞处于上止点时开启,当活塞运动到下止点时关闭;排气门则应当在活塞处于下止点时开启,在上止点时关闭。进气时间和排气时间各占 180°曲轴转角。但是,实际发动机的曲轴转速都很高,活塞每一行程历时都很短。

因此,现代发动机都采取延长进、排气时间的方法,即气门的开启和关闭的时刻并不正好是活塞处于上止点和下止点的时刻,而是分别提前或延迟一定曲轴转角,以改善进、排气状况,从而改善发动机的动力性。

1) 进气门的配气相位

在排气行程接近终了,活塞到达上止点之前,即曲轴转到活塞处于上止点位置还差一个角度 α 时,进气门便开始开启,此角度称为进气提前角,如图 3-22 所示。直到活塞过了下止点又开始上行,即曲轴转到超过活塞下止点位置以后一个角度 β 时,进气门才关闭,此角度称为进气迟闭角,如图 3-22 所示。进气提前角 α 一般为 10°~30°,进气迟闭角 β 一般为 40°~80°。这样,整个进气过程中,进气门开启持续时间的曲轴转角,即进气持续角为 $180°+\alpha+\beta$。

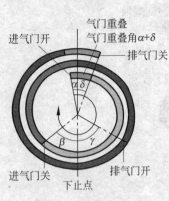

图 3-21 配气相位图

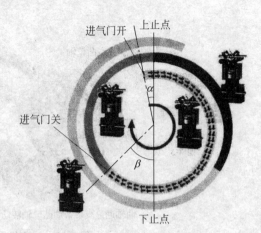

图 3-22 进气门配气相位图

进气门早开晚关的目的：保证进气行程开始时进气门已有一定开度，在进气行程中获得较大进气通道截面，使新鲜气体能顺利地充入气缸。当活塞到达下止点时，气缸内压力仍低于大气压力，在压缩行程开始阶段，活塞上移速度较慢的情况下，仍可以利用气流较大的惯性和压力差继续进气，因此进气门晚关有利于充气。发动机转速越高，气流惯性越大，迟闭角应取大值，以充分利用进气惯性充气。

2）排气门的配气相位

在做功行程接近终了，活塞到达下止点前，排气门便开始开启，提前开启的角度 γ 称为排气提前角，如图 3-23 所示。排气提前角 γ 一般为 40°～80°。经过整个排气行程，在活塞越过上止点后，排气门才关闭，排气门关闭的延迟角 δ 称为排气迟闭角，如图 3-23 所示。排气迟闭角 δ 一般为 10°～30°。这样，在整个排气过程中，排气门开启持续时间的曲轴转角，即排气持续角为 180°＋γ＋δ。

排气门早开晚关的目的：在排气过程后期，当做功行程接近下止点时，气缸内的气体仍有 300～500kPa 的压力，但就活塞做功而言，作用不大，这时若稍开启排气门，大部分废气在此压力作用下可高速从缸内排出，以减小排气行程消耗的功。排气迟闭角主要是利用排气气流惯性排出更多的废气。当活塞到下止点时，气缸内压力大大下降（为 110～120kPa），这时排气门的开度进一步增加，从而减少了活塞上行时的排气阻力。高温废气的迅速排出，还可以防止发动机过热。当活塞到达上止点时，燃烧室内的废气压力仍高于大气压力，加之排气时气流有一定惯性，所以排气门迟闭，可以使废气排放得较干净。此外，在采用废气涡轮增压的发动机上，废气的能量还可以得到回收利用。

3）气门重叠角

同一气缸的工作行程顺序是，在排气行程后接着是进气行程。因此，在实际的发动机中，在排气行程的上止点前后，由于进气门在上止点前即开启，而排气门在上止点后才关闭，这就出现了在一段时间内排气门与进气门同时开启的现象，这种现象称为气门重叠。重叠的曲轴转角 α＋δ 称为气门重叠角，如图 3-24 所示。由于新鲜气流和废气流的流动惯性比较大，在短时间内仍保持原来的流动方向，因此只要气门重叠角选择适当，就不会有废气倒流入进气管或新鲜气体随同废气排出的可能性，这将有利于换气。但应注意，如气门重叠角过大,当汽油发动机小负荷运转、进气管内压力很低时,就可能出现废气倒流,进气量减少的现象。对于不同发动机,由于结构形式、转速各不相同,因而配气相位也不相同。合理的配气相位应根据发动机性能要求,通过反复试验确定。

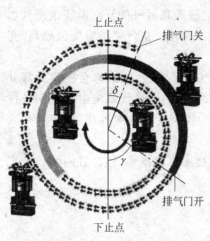

图 3-23　排气门配气相位图

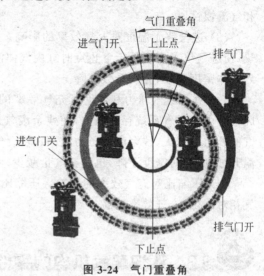

图 3-24　气门重叠角

因为一定的气门配气相位仅对应发动机的某一个特定的最佳工况,为了使配气相位适应不同工况,越来越多的发动机上采用了可变气门正时,即可变配气相位的技术。有的发动机上还采用了可变气门升程的技术来进一步改善发动机性能。

2. 充气效率

发动机的排气过程和进气过程统称为换气过程。其任务是尽可能将缸内的废气排除干净,并吸入更多的新鲜混合气。换气过程的质量对发动机的动力性、经济性和排放性能有重要的影响。

充气效率就是在进气行程中,实际进入气缸内的新鲜空气或可燃混合气的质量与理想状态下充满气缸工作容积的新鲜空气或可燃混合气的质量之比。

$$\eta_v = \frac{M}{M_0}$$

式中,M 为进气过程中实际充入气缸的新鲜空气的质量;M_0 为理想状态下充满气缸工作容积的新鲜空气质量。

充气效率越高,表明进入气缸内的新鲜空气或可燃混合气的质量越大,可燃混合气燃烧时可能放出的热量越大,发动机发出的功率也越大。

充气效率与进气终了时气缸内的压力和温度有关。压力越高,温度越低,一定容积的气体质量就越大,充气效率就越高。

充气效率总是小于 1,一般为 0.80~0.90。影响发动机充气效率的因素很多,故提高充气效率可以从多方面入手。就配气机构而言,主要是要求其结构有利于减小进气和排气的阻力,而且进、排气门的开启时刻和持续开启的时间比较适当,使吸气和排气都尽可能充分。

影响充气效率的因素如下。

（1）进气终了压力对充气效率的影响。在进气终了活塞处于下止点时缸内的压力总是小于大气压力的，这是因为新鲜混合气在进入气缸的过程中要克服一系列的流动阻力和气流惯性。

（2）进气终了温度对充气效率的影响。由于被气缸壁等高温机件及高温残余废气加热，使进气终了活塞处于下止点时缸内气体温度高于大气温度。进气终了温度值越高，充入气体密度越小，充气系数下降。

（3）残余废气压力和温度对充气效率的影响。排气终了时，气缸内总会残留一部分废气。由于排气系统存在阻力，使残余废气压力高于大气压力。排气系统阻力特别是排气阀处阻力越大，残余废气压力越高；若废气量越多，则残余废气温度越高，使新鲜空气温升过高，相对密度下降，也使充气量减少。

（4）压缩比对充气效率的影响。压缩比增大，则燃烧室容积减小，留在缸内的残余废气相对减少，充气效率提高。

3.3　认识配气机构的零件和组件

微课——认识气门组和气门传动组零部件

各式配气机构都可分为气门组和气门传动组两大部分。气门组包括气门及与之相关联的零件，其组成与配气机构的形式基本无关。气门传动组是从正时齿轮开始至推动气门动作的所有零件，其组成视配气机构的形式而有所不同，它的功用是定时驱动气门使其开闭。

3.3.1　气门组零件的构造

配气机构的气门组由气门、气门弹簧、气门弹簧座、气门锁片、气门油封、气门导管及气门座等零件组成，如图 3-25 所示。有的进气门还设有气门旋转机构。气门头部应与气门座贴合严密；气门导管应与气门杆导向良好；气门弹簧两端应与气门杆的中心垂直；气门弹簧的弹力应足够。

1. 气门

气门分为进气门和排气门两种，用来封闭进、排气道。

1）气门的工作条件

气门直接与高温燃气接触，其工作温度很高（进气门为 300～400℃，排气门为 600～800℃）；承受气缸高温燃气的压力，关闭时很大的落座冲击力、弹簧力、传动组零件惯性力；冷却和润滑条件差，易受腐蚀。

图 3-25　气门组

2）气门的材料

由于气门的工作条件很差,要求气门材料有足够的强度、刚度、耐热、耐磨损。进气门一般采用合金钢(铬钢或镍铬钢),排气门多采用耐热合金钢(硅铬钢)。有的排气门头部用耐热合金钢,杆部用铬钢,然后将其焊在一起。还有一些排气门,在头部锥面喷涂一层钨钴等特种合金材料,以提高其耐高温、耐腐蚀性。

3）气门的构造

汽车发动机的进、排气门均为菌形气门,由气门头部和气门杆两部分构成,其结构和各部名称如图 3-26 所示。

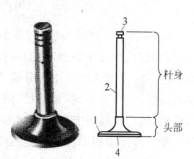

图 3-26　气门结构简图

1—气门密封锥面;2—气门杆;
3—气门尾端;4—气门顶面

（1）气门头部。气门顶部形状主要分为凸顶、平顶、凹顶三种结构形式,如图 3-27 所示。目前应用最多的是平顶气门,其结构简单,制造方便,受热面积小,进、排气门均可采用。凸顶气门刚度大,用于某些排气门。用作排气门时,排气阻力较小,但受热面积大,质量大,加工也比较复杂。凹顶气门(有的为漏斗形)的质量小、惯性小,头部与杆部有较大的过渡圆弧,使气流阻力小,以及具有较大的弹性,对气门座的适应性好(又称柔性气门),容易获得较好的磨合,但受热面积大,易存废气,易过热及受热易变形,所以仅用作进气门。

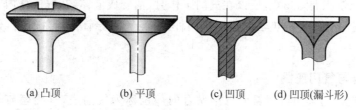

(a) 凸顶　　(b) 平顶　　(c) 凹顶　　(d) 凹顶(漏斗形)

图 3-27　气门的顶部形状

气门与气门座或气门座圈之间靠锥面密封。气门密封锥面与顶平面之间的夹角,称为气门锥角。一般为 $45°$,少数进气门为 $30°$,如图 3-28 所示。气门锥角较小,气门通过断面较大,进气阻力较小,可以增加进气量。但气门头部边缘较薄,刚度较差,致使密封性变差。气门锥角较大,可提高气门头部边缘的刚度,气门落座时有较好的自动对中作用及较大的接触压力。有利于密封与传热及挤掉密封锥面上的积炭。

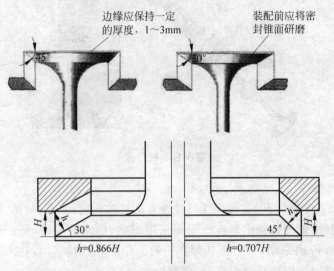

图 3-28　气门密封锥面、气门锥角

（2）气门杆。气门杆有较高的加工精度和较低的表面粗糙度,与气门导管保持较小的配合间隙,以减小磨损,并起到良好的导向和散热作用。气门尾端的形状决定于上气门弹簧座的固定方式。采用剖分成两半且外表面为锥面的气门锁夹来固定上气门弹簧座,结构简单,工作可靠,拆装方便,因此得到了广泛的应用。气门锁夹的内表面有多种形状,相应地,气门尾端也有各种不同形状的气门锁夹槽,如图 3-29(a)~(e)所示。部分发动机气门弹簧座还使用圆柱销固定的方式,如图 3-29(f)所示。

气门头部的热量直接通过气门座和气门杆,经气门导管传到气缸体或气缸盖。为了提高气门头部的散热性能,气门座孔区域应加强冷却,气门头部与气门杆过渡部分的几何形状应尽量做到圆滑,以增加强度并减少热流阻力。

在某些高度强化的发动机上采用中空气门杆的气门,旨在减轻气门质量,减小气门运动的惯性力。为了降低排气门的温度,增强排气门的散热能力,在许多汽车发动机上采用钠冷却气门,如图 3-30 所示。这种气门是在中空的气门杆中填入一半金属钠。因为钠的熔点是 97.8℃,沸点是 880℃,所以在气门工作时,钠变成液体,在气门杆内上下剧烈地晃动,不断地从气门头部吸收热量并传给气门杆,再经气门导管传给气缸盖,使气门头部得到冷却。

2. 气门座与气门座圈

进、排气道口与气门密封锥面直接贴合的部位称为气门座,气门座与气门头部一起对气缸起密封作用,同时接受气门头部传来的热量,起到对气门散热的作用。

气门座的形式有两种:一种是直接在气缸盖上镗出;另一种是单独制成气门座圈,镶嵌在气缸盖上,如图 3-31 所示。气门座在高温下工作,磨损严重,故有不少发动机的气门座用较好的材料(合金铸铁、奥氏体钢等)单独制作,然后镶嵌到气缸盖上。

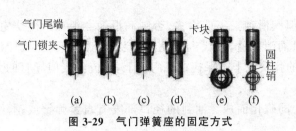

图 3-29　气门弹簧座的固定方式

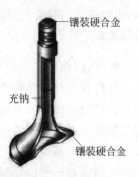

图 3-30　充钠排气门

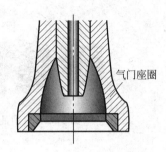

图 3-31　气门座

　　汽油发动机的进气门座工作温度较低,不易磨损,可以靠从气门导管漏下的机油润滑,故可以在缸盖上直接镗出。但排气门温度高,机油在导管内可能被烧掉,因而排气门座实际上得不到润滑,极易磨损,故多用镶嵌式结构。采用铝合金缸盖的发动机,由于铝合金材质较软,进、排气门座均用镶嵌式。部分柴油发动机进、排气门座均用镶嵌式,部分只镶进气门座,这是因为柴油发动机的排气门与气门座常能得到由于燃烧不完全而夹杂在废气中的柴油、机油以及烟粒等的润滑而不致被强烈磨损。但是柴油发动机的进气门面临的情况则完全不同,从导管漏入的机油很少,而且柴油发动机有较高的气体压力,加上进气门的直径大,容易变形,这些因素都将导致进气门座的磨损加剧。

　　直接镗在气缸盖上的气门座散热效果好,使用中不存在脱落造成事故的可能性。但存在不耐高温、不耐磨损、不便于修理更换等缺点。镶嵌式气门座的优点是耐高温、耐磨损和耐冲击,使用寿命长,而且易于更换。其缺点是导热性差,加工精度高,如果与缸盖上的座孔公差配合选择不当,还可能发生脱落而造成事故。

3. 气门导管

　　气门导管的作用是给气门的运动做导向,保证气门的往复直线运动和气门关闭时能正确地与气门座贴合,并为气门杆散热。气门导管通常单独制成零件,再压入缸盖(或缸体)的承孔中。

　　(1)气门导管的工作条件及材料。工作温度较高,润滑条件较差(靠配气机构飞溅机油润滑),容易磨损。故材料选用耐磨性好的灰铸铁、球墨铸铁、铁基粉末冶金。

　　(2)气门导管结构。在以一定的过盈将气门导管压入气缸盖上的气门导管座孔之后,再精铰气门导管孔,以保证气门导管与气门杆的正确配合间隙;有的发动机对气门导管用卡环定位,如图 3-32 所示。

4. 气门油封

气门杆与气门导管孔需要润滑,但润滑油又不能太多,否则润滑油会泄漏入燃烧室,使其消耗量增加。为了控制和减少机油消耗量,现代汽车发动机装有气门油封。气门油封紧密地贴在气门杆的周围,通过小的弹簧或卡子保持在气门杆上,使流经气门导管的大部分润滑油都被这些油封挡住。

气门油封一般由骨架和氟橡胶共同硫化而成。油封的径口部安有自紧弹簧或钢丝,用于箍紧气门杆,如图 3-33 所示。

图 3-32　气门导管

图 3-33　气门油封

5. 气门弹簧

1) 气门弹簧的功用

气门弹簧是保证气门关闭时能紧密地与气门座贴合;克服在气门开启时配气机构产生的惯性力;并使传动件始终受凸轮控制而不相互脱离。

2) 气门弹簧的工作条件及材料

气门弹簧承受交变载荷。为保证气门弹簧可靠地工作,应具有合适的刚度和足够的抗疲劳强度。为了避免气门弹簧锈蚀,其两端面必须磨光并与轴线垂直。气门弹簧采用优质冷拔弹簧钢丝(如高碳锰钢、铬钒钢等)并经热处理制成,弹簧钢丝的表面应经抛光、镀锌、磷化处理。

3) 气门弹簧结构

当气门弹簧的工作频率与其自然频率相等或成某一倍数时,会发生共振。强烈的共振将破坏气门的正常工作,使弹簧折断。为避免共振的发生,常采取以下结构措施。

(1) 提高弹簧刚度。提高气门弹簧的刚度,即提高气门弹簧的自然振动频率。如加粗弹簧的直径,减小弹簧的圈径,如图 3-34(a) 所示。

(2) 采用变螺距弹簧。各圈之间的螺距不等,在弹簧压缩时,螺距较小的弹簧两端逐渐贴合,使有效圈数逐渐减少,因而固有振动频率不断变化(增加),避免了共振发生,如图 3-34(b) 所示。

(3) 采用双气门弹簧结构。每个气门同心安装两根直径不同、旋向相反的内、外弹簧,如图 3-34(c) 所示。由于两根弹簧的自振频率不同,当其中一根弹簧发生共振时,另一根弹簧可以起到减振作用。当一根弹簧折断时,另一根弹簧还能继续维持工作;若旋向相反,可以防止一根弹簧折断时卡入另一根弹簧内,以免好的弹簧被损坏。

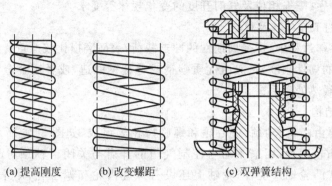

(a) 提高刚度   (b) 改变螺距   (c) 双弹簧结构

图 3-34 气门弹簧

6. 气门锁夹与弹簧座

气门锁夹与弹簧座用于将气门弹簧固定在气门杆上,与气门弹簧的装配关系如图 3-35 所示。气门锁夹设计成锥形锁。当弹簧压力向上推弹簧座时,气门锁夹被挤压或楔入弹簧座,这样使得弹簧在所有情况下都能牢固地与气门相连。

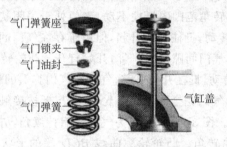

气门弹簧座
气门锁夹
气门油封

气门弹簧

气缸盖

图 3-35 气门锁夹和弹簧座装配关系

 ## 3.3.2 气门传动组零件构造

微课——摇臂组部件的认识

气门传动组根据凸轮轴的位置不同,有不同的组成形式。其中,凸轮轴下置式气门传动组由凸轮轴、挺柱、推杆、摇臂和摇臂轴等组成;凸轮轴上置式气门传动组由凸轮轴、挺柱、摇臂和摇臂轴等组成;凸轮轴上置式气门传动组直接驱动气门式气门传动组由凸轮轴、挺柱等组成。

1. 凸轮轴

1) 凸轮轴的功用

凸轮轴由发动机曲轴驱动而旋转,用来驱动和控制各缸气门的开启和关闭,使其符合发动机的工作顺序、配气相位及气门开度的变化规律等要求。

2）凸轮轴的工作条件及材料

凸轮轴在工作过程中，承受周期性的冲击载荷，表面磨损比较严重。故要求凸轮轴表面耐磨，有足够的韧性刚度，一般由优质碳钢或合金钢锻造，或者用合金铸铁或球墨铸铁铸造，凸轮表面经热处理后磨光。

3）凸轮轴结构

凸轮轴主要由凸轮、轴颈、偏心轮和螺旋齿轮等组成，如图 3-36 所示。凸轮分为进气凸轮和排气凸轮两种，用来驱动与控制气门的开启与关闭。轴颈对凸轮轴起支承作用。对于下置式凸轮轴来说，凸轮轴上还设有螺旋齿轮和偏心轮，用来驱动分电器、机油泵和膜片式汽油泵。凸轮轴的前端通过键装有凸轮轴正时齿轮或链轮及同步齿形带轮。

（1）凸轮轮廓。凸轮是凸轮轴上最重要的组成部分。凸轮的轮廓应能使气门的开启与关闭的时间符合配气相位的要求，使气门有尽量大的升程。气门的开启与关闭过程的运动规律也取决于凸轮的轮廓曲线，凸轮轮廓曲线如图 3-37 所示。O 点为凸轮的旋转中心，圆弧 AE 称为基圆。当挺柱与 E 点接触，凸轮按箭头方向旋转，基圆从 E 点起滑过挺柱一直到 A 点止，在这一转角范围内挺柱不动，气门处于关闭状态。对于普通挺柱来说，从 A 点起随着凸轮轴的转动，挺柱开始升起，但由于存在气门间隙，气门不能打开。凸轮转到 B 点与挺柱接触时，气门间隙消除，气门开始打开。凸轮转到 C 点与挺柱接触时，气门开度最大。凸轮继续转动，挺柱开始下移，气门在气门弹簧的作用下开始关闭。当凸轮转到 D 点与挺柱接触时，气门完全关闭。凸轮 E 点与挺柱接触时，挺柱下移停止。凸轮转过一圈，气门打开一次。图 3-37 中角 φ 为气门开启持续角，ρ_1 和 ρ_2 是消除气门间隙和恢复气门间隙所需的凸轮转角。凸轮轮廓曲线 BCD 段的形状，决定了气门打开与关闭过程的运动规律。

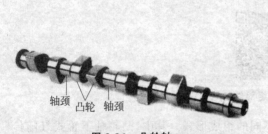

图 3-36　凸轮轴

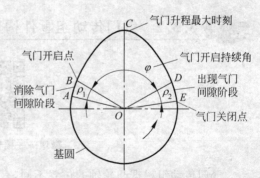

图 3-37　凸轮轮廓曲线

凸轮轮廓曲线是对称的，在凸轮轮廓与基圆接合处，设有一小段缓冲段，以减小气门在打开和落座时的冲击，同时减小噪声与磨损。由于气门打开的凸轮 BC 段受力要大于 CD 段，BC 段的磨损要大于 CD 段，因此使用一段时间后，气门开启时间推迟，开启持续角减小，气门的升程有所降低，发动机的充气系数下降。

（2）同名凸轮轴的相对位置。大多数发动机凸轮轴上的一个凸轮驱动一个气门。对于每缸一个进气门、一个排气门的发动机来说,凸轮轴上凸轮的数量是缸数的两倍。其中半数为进气凸轮,驱动进气门;半数为排气凸轮,驱动排气门。

凸轮轴上各缸的进气凸轮(或者排气凸轮)称为同名凸轮。各缸同名凸轮的相对位置按发动机做功顺序逆凸轮轴转动方向排列,夹角为做功间隔角的 1/2。

四缸机的工作顺序为 1—3—4—2。做功间隔角为 180° 曲轴转角(90° 凸轮轴转角),其同名凸轮间的夹角为 90°,如图 3-38(a)所示。

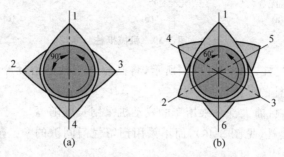

(a)　　　　　　　　　(b)

图 3-38　同名凸轮轴的相对位置

六缸机的工作顺序为 1—5—3—6—2—4 时,其做功间隔角为 120° 曲轴转角(60° 凸轮轴转角),它的同名凸轮间的夹角为 60°,如图 3-38(b)所示。

同一缸的进、排气凸轮称为异名凸轮。如果发动机采用单凸轮轴,两异名凸轮间的夹角均大于 90°。

2. 挺柱

1) 挺柱的功用

挺柱的功用是将凸轮的推力传给推杆或者气门杆。挺柱安装在气缸体或者气缸盖上相应处镗出的导向孔中。

2) 挺柱的工作条件及材料

挺柱在工作的过程中,摩擦和磨损都相当严重,并同时承受凸轮侧向力而易产生偏磨。故要求挺柱工作面应耐磨损并应得到良好的润滑。挺柱的材料常采用碳钢、合金钢、镍铬合金铸铁和冷激合金铸铁制成。

3) 挺柱的构造

(1) 机械挺柱。机械挺柱的结构简单,如图 3-39 所示。机械挺柱的质量轻,在中、小型发动机中应用比较广泛。挺柱上的推杆球面支座的半径比推杆球头的半径略大,以便在两者之间形成楔形油膜来润滑推杆球头和挺柱上的球面支座。

凸轮在旋转中对挺柱推力的方向是固定不变的。为使挺柱底面与凸轮接触面的磨损均匀,避免挺柱外圆表面与导向孔之间形成单面磨损,在结构设计上采取了以下措施。

① 将挺柱底面做成一定的锥度形状,使凸轮与挺柱的接触点偏离挺柱中心轴线,如图 3-39(a)所示。

② 挺柱中心轴线偏离凸轮对称轴线布置,如图 3-39(b)所示,这样挺柱在凸轮的推力作用下,沿导向孔上升的同时,还绕其中心轴线旋转,使挺柱底面与凸轮表面、挺柱外圆表面与导向孔内表面磨损均匀。

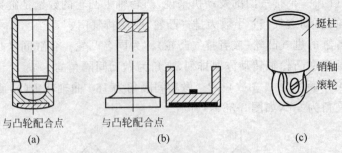

与凸轮配合点　　　　与凸轮配合点

挺柱
销轴
滚轮

(a)　　　　　　　　(b)　　　　　　　　(c)

图 3-39　机械挺柱

③ 采用滚轮式挺柱,如图 3-39(c)所示,将凸轮与挺柱的滑动摩擦变为滚动摩擦,进一步降低了凸轮、挺柱的摩擦磨损。

(2) 液压挺柱。目前大部分乘用车的发动机采用长度随温度微量变化的液压挺柱(见图 3-40),而不采用预留气门间隙的方法。

图 3-40　液压挺柱实物图

常见的液压挺柱结构如图 3-41 所示。柱塞装在挺柱体内,压装在柱塞上端的推杆支座将柱塞内腔上端封闭;柱塞弹簧将柱塞向上顶起,通过卡环来限制柱塞的最高位置;柱塞下端的单向阀架内装有单向阀,碟形弹簧使单向阀封闭柱塞内腔下端。

图 3-42 所示为奥迪轿车发动机液压挺柱。挺柱体 9 由圆桶和上端盖焊接而成。下端封闭的油缸 12 外圆面与挺柱导向孔配合,内圆柱面与柱塞 11 配合。球阀 5 被补偿弹簧压靠在柱塞下端面的阀座上。

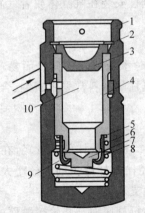

图 3-41　常见的液压挺柱结构图

1—挺柱体;2—卡簧;3—球座;4—柱塞;
5—单向阀架;6—柱塞弹簧;7—单向阀;
8—蝶形弹簧;9—柱塞内腔;10—挺柱体内腔

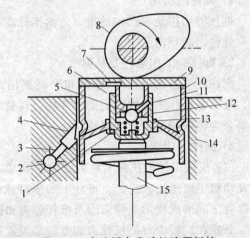

图 3-42　奥迪轿车发动机液压挺柱

1—高压油腔;2—缸盖油道;3—量油孔;4—斜油孔;
5—球阀;6—低压油腔;7—键形槽;8—凸轮轴;
9—挺柱体;10—柱塞焊缝;11—柱塞;12—油缸;
13—弹簧;14—缸盖;15—气门杆

挺柱体内部的低压油腔 6 通过挺柱顶背面的键形槽 7 与柱塞上方的低压油腔相通。当挺柱在运动过程中,挺柱体上的环形槽与缸盖上的斜油孔对齐时,缸盖油道 2 内的润滑油通过量油孔 3、斜油孔 4 和环形油槽进入低压油腔。柱塞下端油缸内部的空腔称为高压油腔,当球阀打开时,高压油腔与低压油腔相通。

无论是高压油腔还是低压油腔,都充满了油液。补偿弹簧还可以使油缸与柱塞相对运动,保持挺柱顶面与凸轮紧密接触。油缸下端面与气门杆 15 下端面紧密接触,整个配气机构无间隙。在气门打开的过程中,凸轮推动挺柱体和柱塞下移,油缸受到气门弹簧的阻力而不能马上下移,导致油压升高,球阀将阀门关闭。由于油液的不可压缩性,整个挺柱如同一个刚体一样下移,将气门打开。在此期间,挺柱和油缸之间的间隙也会存在一些油液泄漏,但不影响气门的正常打开。发动机工作时,机油沿主油道供到气门挺柱。

在气门关闭的过程中,挺柱上移,由于仍受到凸轮和气门弹簧两方面的顶压,高压油腔仍保持高压,球阀仍是关闭状态,液压挺柱仍是一个刚性体,直到气门完全关闭为止。

气门关闭以后,补偿弹簧将柱塞和挺柱体继续向上推动一个微小的行程(补偿由于油液泄漏而造成的柱塞与挺柱体的下降),同时高压油腔油压下降,此时球阀打开,低压油腔的油液进入高压油腔内补充泄漏掉的油液。当气门关闭时,挺柱体上的环形油槽与缸盖上的斜油孔对齐,润滑系统的油液进入挺柱低压油腔内。

气门受热膨胀伸长时,通过柱塞与油缸之间的间隙,高压油腔内的油向低压油腔泄漏一部分,柱塞与油缸产生相对运动,从而使挺柱自动"缩短",保证气门的关闭紧密。同时,通过减少气门关闭后的补油量,也保证了气门的关闭紧密。当气门冷却收缩时,补偿弹簧将柱塞与挺柱体向上推动,球阀打开,低压油腔油液进入高压油腔,挺柱自动"伸长",可保证无气门间隙。

由于气门开启过程中,挺柱体腔内的油液会有少量泄漏,而且油液并非刚性,所以挺柱工作时会被微量压缩,从而使气门开启持续角稍有减小,一般减小量只有几度凸轮转角。但当柱塞与挺柱体配合处磨损过大、泄油过多时,配气相位将明显减小。

使用液压挺柱的发动机应注意的问题如下。

① 对润滑油的压力和滤清质量要求较严格。当润滑油压力过低时,补油能力下降,气门间隙加大。

② 液压挺柱拆洗后,装机前必须人工排气充油,否则启动困难。

③ 冷机时或停放时间长时,启动后有短暂气门响声,这是正常现象。

3. 推杆

采用下置凸轮轴式的配气机构,利用推杆将挺柱传来的力传给摇臂。推杆下端与挺柱接触,上端与摇臂调整螺钉接触。由于摇臂绕摇臂轴转动,推杆在做上下往复直线运动时,上端随摇臂会一起做微量的摆动。为防止发生运动干涉,推杆下端做成球形,与挺柱的凹球面配合;而推杆上端做成凹球形,与摇臂调整螺钉球形头部配合。这样还可以在接触面间储存一定的润滑油来减轻磨损。

1)材料

推杆承受压力,很容易弯曲变形。除要求有很大的刚性外,还应尽量做得短些。推杆的材料有硬铝的(适用于铝合金缸体与缸盖),也有钢制的。

2）结构

在结构上，有实心结构，也有空心结构。钢制实心结构推杆同两端的球形或凹球形支座锻成一个整体；而铝制实心结构推杆，在两端配以钢制的支座。空心推杆大都采用冷拔无缝钢管，两端配以钢制的支座。无论是实心结构还是空心结构，两端的支座必须经淬火和磨光处理，保证其耐磨性。推杆结构如图 3-43 所示。

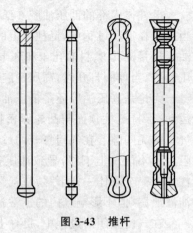

图 3-43　推杆

4. 摇臂与摇臂组

1）摇臂的功用

摇臂将推杆或凸轮传来的运动和作用力改变方向后传给气门使其开启。

2）摇臂的工作条件及材料

摇臂在工作中承受很大弯矩，因此应有足够强度和足够刚度以及较小质量。摇臂常采用锻钢、铸铁或铝合金制作而成。

3）摇臂的结构

摇臂采用不等长的双臂杠杆结构，如图 3-44 所示，以中间轴孔为支点，将推杆传来的力改变方向和大小后，传给气门并使气门开启。摇臂的长、短之比约为 1.2～1.8，长臂一端与气门接触，这样可实现较小的凸轮升程获得较大的气门开度。摇臂中间轴孔内镶有摇臂轴套和摇臂轴配合。长臂端制成圆弧状，与气门杆尾端接触。短臂制成螺纹孔，并安装有调整螺钉，用来调整气门间隙。摇臂内还有润滑油道和油孔，从摇臂轴孔输入的润滑油通过油道和油孔流向摇臂两端进行润滑。

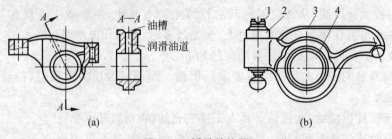

图 3-44　摇臂结构图

1—气门间隙调节螺钉；2—锁紧螺母；3—摇臂；4—摇臂轴套

4）摇臂组的结构

摇臂组主要由摇臂、摇臂轴、摇臂轴前后支座和定位弹簧等组成，如图 3-45 所示。摇臂轴采用空心结构，通过摇臂轴前后支座用螺栓固定在缸盖上。为了防止摇臂轴转动，利用摇臂轴紧固螺钉将摇臂轴固定在支座上。在某些摇臂轴支座上有油孔与缸盖油道相通，安装时不可错位。支座油道内的润滑油通过摇臂轴上的油孔进入摇臂轴内腔。碗形堵盖封住摇臂轴两端，防止润滑油漏出。摇臂套装在摇臂轴上，摇臂轴上的润滑油通过油孔进入摇臂衬套的配合间隙进行润滑，并通过摇臂上的油孔油道流向摇臂两端。为了防止摇臂轴向窜动，在轴上每两个摇臂之间都装有定位弹簧。

3.4.1　气门组的检修

微课——气门导管与气门杆的配合检测

微课——发动机气门弹簧的检测

微课——气门密封性检测

微课——发动机气门弹簧的检测

微课——气门推杆的弯曲度检测

气门组的检修主要是气门、气门座的检修以及对气门导管和气门弹簧的检查与更换。

1. 气门与气门导管的检修

检修气门与气门导管时，首先要检测气门与气门导管的配合间隙。用百分表测量气门导管与气门杆之间的间隙，如图 3-46 所示。正常的间隙应为 0.04～0.10mm。如果间隙达到或超过了 0.20mm，则应更换新的气门，并再进行检查；如果间隙仍然超出正常范围，则应再次更换气门导管。此外，气门杆弯曲会使气门在导管内运动时出现卡滞而造成气门关闭不严的现象，对此应校直气门杆或更换新气门。

气门导管与承孔是过盈配合，所以在取出气门导管时，应在它周围滴入汽油，这样就容易将其取出。安装气门导管时，应在其外表面涂一层机油，用专用工具或铜冲将其打入座孔内，直到台肩或开口环接触到缸盖为止。对无台肩或开口环的导管，应按要求插入一定深度或距缸盖一定高度。注意用力一定要适当，避免损坏缸

图 3-46　气门与气门导管的间隙检查

盖或气门导管。装入气门导管后，再用专用铰刀对其内孔进行修铰，直至气门与气门导管的配合间隙符合要求为止。通常情况下，更换气门导管后应同时更换新的气门。

2. 气门与气门座的检修

1）气门的检修

气门的缺陷有气门杆磨损、气门工作面磨损、气门杆端面磨损、气门烧损及气门杆弯曲等。主要原因如下。

（1）气门和气门座圈受高温、高压气体的冲击和承受工作过程中的机械负荷，容易烧蚀和磨损。气门与气门座圈的工作斜面，由于气门不停地开启和关闭，相互撞击、敲打，承

受反复的冲击负荷,引起工作斜面的磨损、起槽、斑点和凹陷。

(2)气门杆部在气门导管内运动时不断摩擦,润滑条件又差,加上窜进的灰尘磨料,使两者均受到磨损。

(3)气门导管内进入积炭或结胶,加速气门杆与导管间的磨损。

(4)气门杆尾端与摇臂之间相互撞击,使两者都受到磨损。

(5)气门顶部受气缸内气体压力、气门杆尾端受凸轮通过挺柱的撞击,造成气门杆的弯曲。

(6)气门顶与活塞碰撞而使气门杆弯曲。

(7)气门杆尾端面摇臂间的间隙过小,受热膨胀后,顶住气门杆尾端而使其弯曲和端面不平。

(8)气门或气门座圈工作面与气门杆不同心,气门座与气门导管不同心而使气门杆弯曲。

(9)气门杆与气门导管受磨损后,使配合间隙增大,气门杆在管内晃动使气门歪斜,引起气门头部的偏磨。

(10)气门杆弯曲后,形成气门顶部的歪斜和偏置。

2)气门的检验

(1)外观检验。凡气门出现裂纹、烧蚀较严重、气门顶部边缘的厚度小于 0.5mm 或气门头歪斜严重不能修复的情况,均应换用新气门。

(2)测量气门尺寸。如图 3-47 所示,如果气门尺寸超过磨损极限,应更换气门。气门尺寸详见表 3-5。

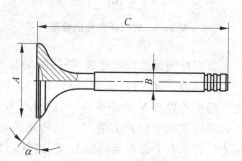

图 3-47　测量气门尺寸

表 3-5　常见车型的气门尺寸　　　　　　　　　　　　单位:mm

车型	尺寸部位	进气门头部直径	排气门头部直径
桑塔纳	A	38.00	33.00
	B	7.97	7.95
	C	98.70	98.50
	气门工作面工作角度	45°	45°
捷达	A	38.00	33.00
	B	7.97	7.95
	C	91	90.80
	气门工作面工作角度	45°	45°

(3)气门杆弯曲和气门头部歪斜检查。气门杆的弯曲可用百分表测定,如图 3-48 所示。清除气门积炭并将气门擦净,将气门杆支承在两个距离 100mm 的 V 形架上,然后用百分表触头测量气门杆中部的弯曲度,若其值超过 0.05mm,则应更换或校正气门。在气门头部用百分表测量,转动气门头部一圈,读数最大和最小之差的 1/2 即为气门头部的倾斜度误差,许用倾斜度误差为 0.02mm;气门杆弯曲或气门头部歪斜超过规定范围后,需更换气门。

(4) 气门杆磨损检查。气门杆磨损,使气门杆与导管孔的间隙增大,易使气门歪斜,导致气门关闭不严而漏气。当高温废气通过导管孔间隙,使气门及导管过热,加速它们的磨损,并可能由于导管中润滑油烧结,使气门卡死而无法动作。气门杆与气门导管的配合间隙过大时,应更换气门和气门导管。用外径千分尺测量气门杆的磨损程度,如图 3-49 所示,测量部位在气门杆上、中、下三个箭头所示的部位,将测量的尺寸与表 1 中的尺寸比较,若超过规定范围,应更换。

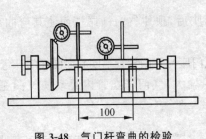

图 3-48　气门杆弯曲的检验

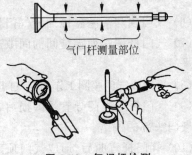

气门杆测量部位

图 3-49　气门杆检测

气门杆端面磨损或疤痕,往往使端面不平。当气门顶起时,挺杆(或摇臂)的作用力将产生侧向力,使气门杆歪斜,导致气门关闭不严。气门杆端面磨损,可用磨气门机修正。磨气门机上设有 V 形铁座,将气门杆平放在座上,一手按住气门杆,一手转动气门头,并使杆端轻微抵在砂轮上磨平。桑塔纳汽车的发动机的进、排气门杆直径均为 7.97mm。用直尺在平台上检查气门的长度,进气门长度为 98.70mm,排气门长度为 98.50mm,磨损极限为 0.50mm。

(5) 气门头部工作面磨损检查。检查气门头部工作面是否有斑点或烧蚀,若有,可用气门磨光机修磨,如图 3-50 所示。

气门的工作面磨损起槽、变宽或烧蚀出现斑点、凹陷时应在光磨机上进行光磨。光磨时,要求磨削量尽量小些,以延长气门使用期限。气门光磨后,其边缘逐渐变薄,工作时容易变形和烧毁,气门头最小边缘厚度如图 3-51 所示,进气门不得小于 0.60mm,排气门不得小于 1.10mm,否则应更换气门。

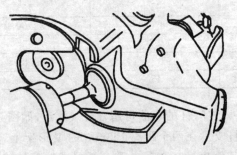
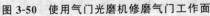

图 3-50　使用气门光磨机修磨气门工作面

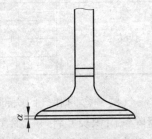

图 3-51　气门头部边缘的厚度

修磨气门工作面之前,应先校正气门杆并检查光磨机气门夹头座的角度,避免将气门工作面角度磨错(捷达轿车发动机进、排气门均为 45°角),磨削量以消除表面磨损为限。

最后精磨,在没有吃刀量的情况下,进行 2～3 次空走刀,直至没有大火花为止,以改善其表面粗糙度。磨修后,气门工作锥面对气门轴线的斜向圆跳动应不大于 0.03mm。

检查气门的工作锥面,若有凹槽、烧蚀、斑痕等,应在气门光磨机上进行光磨,锥面角度为 45.5°。气门光磨后其头部边缘余量厚度会减小,当进气门小于 0.8mm、排气门小于 1.0mm 时应更换气门。

3) 气门座的检修

气门座工作面磨损变宽、凹陷或烧蚀出现斑点时,应对气门座进行铰削或磨削。当气门座经过多次铰削,引起气门与气门座工作面下沉(工作面低于缸盖平面 2mm)或气门座有严重烧蚀,原气门座圈有裂纹或松动时,应镶配座圈或更换气门座圈。

(1) 气门座圈的镶配。气门座圈的镶钻工艺如下。

① 用专用拉器拉出久座圈。

② 测量座圈承孔孔径,按孔径值选择新座圈,并对孔径进行铰削加工,以保证配合尺寸要求。一般座圈过盈量为 0.075～0.125mm。

③ 通常用热镶法将气缸盖加热至 80～100℃后,将座圈镶入座孔内。也可用液氮将座圈冷冻收缩后,在压床上将座圈镶入气缸盖座孔中,以保证不会松动。

④ 检测气门座圈是否高出,否则应修磨与座孔上的口平齐。

(2) 气门座的铰削。气门座的铰削应在气门导管修配后进行。气门座的铰削通常需手工进行。铰削工具由导杆和不同直径、不同角度的铰刀组成,如图 3-52 所示。铰削时,将铰刀装在导杆上,导杆插入导管内,导杆与导管必须配合良好。

图 3-52　气门座铰削工具

气门座的铰削工艺如下。

① 选择铰刀和铰刀导杆。根据气门直径和气门导管内径选择铰刀和铰刀导杆。

② 砂磨硬化层。用 1 号砂布垫在铰刀下面砂磨气门座硬化层。

③ 粗铰。用与气门锥角相同的铰刀(通常为 45°或 30°)铰削工作锥面,将凹陷、斑点全部去除,然后用 75°铰刀铰削 15°上斜面,接着用 15°铰刀铰削 75°下斜面,直到形成 2.5mm 以上的完整锥面为止,铰削时两手用力要均衡,并保持顺时针方向转动,如图 3-53 所示。

④ 试配与修整气门座工作锥面。粗铰后,应用气门(光磨过的气门或新气门)进行试配。要求接触面应在气门工作锥面的中下部,进气门接触面宽度一般为 1～2.2mm,排气门接触面宽度一般为 1.6～2.5mm。如果接触面位置和尺寸不符合要求,应进行修铰;如果接触面偏上,用 75°铰刀铰上口,使接触面下移;如果接触而偏下,用 15°铰刀铰下口,使接触面上移。

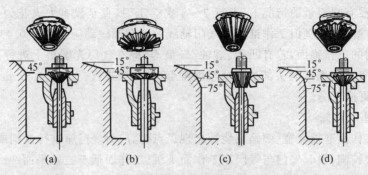

图 3-53　气门座的铰削顺序

⑤ 精铰。用 45°（或 30°）精刃铰刀精铰或在铰刀下垫细砂布进行光磨，以提高工作表面的质量。

有些气门座材质十分坚硬，不易铰削，可用气门座光磨机进行磨削，加工效率高，质量好。

（3）研磨气门与气门座。为了提高气门与气门座的密封性，气门与气门座经过修理后，应配对进行研磨。研磨方法有手工研磨和机动研磨两种。

手工研磨气门与气门座的步骤如下。

① 研磨前将气门、气门座彻底清洗干净。

② 在气门工作面上涂一薄层研磨砂。

③ 用橡皮碗吸住气门头，左右转动木柄，转角一般以 10°～30° 为宜，并适时地提起和转动气门，以改变研磨位置，直至气门工作面出现一条无光泽的圆环带。然后吸去研磨砂，涂上机油，继续研磨几分钟，如图 3-54 所示。

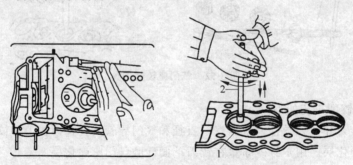

图 3-54　手工研磨气门
1—气门；2—气门捻子

机动研磨气门和气门座是在专用的气门研磨机上进行的。机动研磨的步骤如下。

① 将清洗干净的气缸盖紧固在研磨机工作台上。

② 在每一个气门导管上端套装一根细软弹簧。

③ 在已修配好并做好记号的气门工作面上均匀涂上粗研磨砂。

④ 在各气门杆上涂上机油，插入相应的导管中，调整各个转轴，对正气门座孔。

⑤ 将研磨装置连接好，并调节气门的升程，即可开机研磨。一般研磨的时间以 10～15min 为宜。

⑥ 粗磨后,洗掉粗研磨砂,换上细研磨砂继续精磨。

⑦ 精磨结束,洗净气门和气门座,再用机油手工研磨几分钟即可。

（4）气门与气门座密封性检查。气门与气门座研磨后,需进行密封性检查。常用的方法如下。

① 画线法。用软铅笔在气门工作面上画若干条分布均匀的线段,然后将气门插入气门座内,轻敲并转动气门,取出气门查看所画线段,如线段被均匀切断,表示密封性良好,否则应重新研磨气门,如图 3-55 所示。

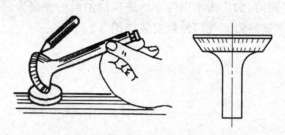

图 3-55   画线法检查气门与气门座的密封性

② 涂油法。在气门工作面上涂上一层薄而均匀的红丹油,将气门压在气门座上并转动,取出气门后查看,气门座上出现均匀无间断的一圈红丹油,表明密封性良好。

③ 拍打法。将气门在相配气门座上轻拍数次,然后观察气门与气门座工作面,如有明亮而又完整的环带,表明密封性符合要求。

④ 渗油法。将气门放入相配的气门座中,用汽油或煤油浇在气门顶面上,观察其有无渗漏现象。如无渗漏现象,说明密封性良好。

⑤ 仪器检查。采用带气压表的气门密封性检验仪进行检验,如图 3-56 所示。先将气门密封性检验仪的空气容器筒紧紧地压在装有气门的气门座上,捏动橡皮气囊,当空气容器内具有一定压力（68.6kPa 左右）时停留 30s,如气压表指示压力不下降,说明密封性合格。

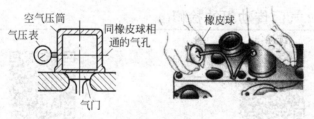

图 3-56   气门密封性检验仪检验气门的密封性

3. 气门弹簧的检修

气门弹簧对发动机性能影响很大,由于其工作条件的原因,气门弹簧会发生损坏,一旦气门弹簧发生折断或损坏,气门将会掉入气缸,造成事故,因此必须认真检查。

（1）检查气门弹簧是否有裂痕或折断。如有,应立即更换。

（2）检查气门弹簧的垂直度。用直尺检查,外径垂直度应小于 2mm。

（3）测量气门弹簧的自由长度和安装状态下的弹力。自由长度用游标卡尺测量,应符合规定值。也可采用新旧对比法检查，将一标准弹簧与被测弹簧置于同一平板上，比较其长度是否一致，若不一致，应更换。弹簧的弹力在弹力检测器上测量，测量时应将弹簧压缩至装配状态，其弹力应符合规定值，如图3-57所示。

4. 气门油封的检修

润滑油无泄漏而消耗异常，一般是活塞与气缸配合间隙过大或气门油封漏油所致。当更换气门油封时，应使用专用工具安装气门油封。需要注意的是，有些发动机进气门油封与排气门油封是不同的，如广州本田轿车的进气门油封的弹簧为白色，而排气门油封的弹簧为黑色，安装时不能装错。气门油封安装如图3-58所示。

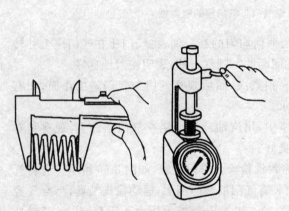 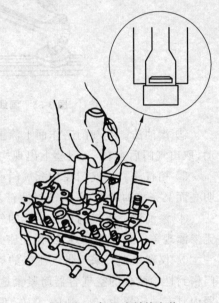

图3-57　气门弹簧的检验　　　　　图3-58　气门油封的安装

 ### 3.4.2　气门传动组的检修

微课——发动机凸轮轴变形检测　　　微课——发动机凸轮轴轴向间隙的检测

微课——发动机正时皮带松紧度调整　　　微课——拆卸正时皮带

气门传动组常见的损伤主要有凸轮轴的磨损与弯曲、气门挺柱的裂纹和疲劳剥落、气门推杆的弯曲以及摇臂头的磨损等。因此,需要掌握气门传动组的相关检修方法。

1. 凸轮轴的损坏与检修

凸轮轴的损坏主要是凸轮、支承轴颈表面和正时齿轮轴颈键槽的磨损,以及凸轮轴的弯曲变形等,其中磨损最主要的原因是机油压力不足或者机油黏度不足,不定期更换机油导致的。凸轮轴弯曲度的检测如图 3-59 所示。这些磨损和变形将使气门的最大开度和充气效率降低,配气相位失准,改变气门上下运动的速度特性,从而影响发动机的动力性、经济性,增大发动机的噪声。

1)凸轮磨损的检修

凸轮的磨损会使气门的升程规律改变和最大升程减小,因此凸轮的最大升程减小值是凸轮检验分类的主要依据。当凸轮最大升程减小值大于 0.40mm 时,则应更换凸轮轴。

2)凸轮轴轴颈的检修

凸轮轴轴颈的圆度误差大于 0.015mm,各轴颈的同轴度误差超过 0.05mm 时,应在专用凸轮

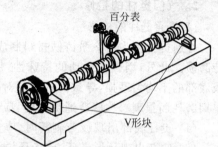

图 3-59　凸轮轴弯曲度的检测

轴磨床上进行磨削修复。若误差过大时应先进行校正再磨修。修磨后轴颈的圆柱度公差为 0.005mm,以两端轴颈的公共轴线为基准,中间任一轴颈的径向圆跳动公差为 0.025mm,正时齿轮轴颈与止推端面的圆跳动公差为 0.03mm,凸轮及凸轮轴直径的测量部位如图 3-60 所示。

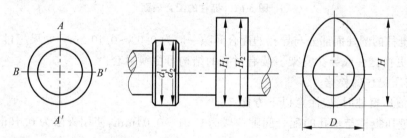

图 3-60　凸轮及凸轮轴直径的测量部位

3)凸轮轴轴承的修理

凸轮轴轴承的配合间隙超过使用极限(载货车为 0.20mm,轿车为 0.15mm)时,应更换新轴承。更换轴承时应注意以下方面。

(1)轴承与轴承孔的过盈量。剖分式轴承为 0.07～0.19mm,整体式轴承为 0.05～0.13mm,铝合金气缸体的轴承为 0.03～0.07mm。

(2)轴承内径与其轴承孔的位置顺序相适应。

(3)安装时,应使用专用的压装工具压入。

轴承内孔的修理有拉削、铰削和镗削三种方法。轴颈和轴承的配合间隙一般为 0.05～0.10mm(如 EQ6100-1 型发动机为 0.06～0.12mm,CA6102 型发动机为 0.03～0.079mm)。

4）凸轮轴轴向间隙的检查调整

凸轮轴轴向间隙的调整有两种方式：一种方式是用增减固定在气缸体的前端面上位于凸轮轴第一道轴颈端面与正时齿轮（或链轮）之间的止推凸缘的厚度来调整。检查时，用厚薄规塞入止推凸缘与正时齿轮端面之间，测得的间隙应为 0.10mm 左右。轴向间隙的使用极限一般为 0.25mm，轴向间隙过大，易引起凸轮与挺杆底部的异常磨损，应更换加厚的止推凸缘。安装时，止推凸缘有止推凸台的一侧应面向正时齿轮（链轮）。另一种方式是由轴承定位，如上海桑塔纳轿车发动机的凸轮轴轴向限位是由第一道和第五道轴承台肩完成的。

2. 气门挺柱的检修

1）普通挺柱的检修

普通挺柱多为由冷激铸铁材料制成的筒式挺柱。其缺点是底面的冷激层极易产生疲劳磨损。此外，因挺柱运动的特殊性，加之润滑条件较差或其他原因使挺柱运动阻滞，造成底部的不均匀磨损，导致挺柱底部对凸轮的反磨效应加剧，在不长的行驶里程内使凸轮早期磨耗而报废。检修普通挺柱时，应注意以下几点。

（1）挺柱底部出现疲劳剥落时，应立即更换。

（2）底部出现环形光环，该光环说明磨损不均匀，应尽早更换。

（3）底部出现擦伤划痕时，应尽早更换，如图 3-61 所示。

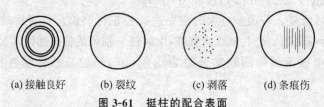

(a) 接触良好　　(b) 裂纹　　(c) 剥落　　(d) 条痕伤

图 3-61　挺柱的配合表面

（4）挺柱的圆柱面部分与导孔的配合间隙一般为 0.03～0.10mm。如果超过 0.12mm，应视情况更换挺柱或导孔支架。装有衬套的结构可更换衬套。

2）液压挺住的检修

检修液压挺柱时，应注意以下方面。

（1）液压挺柱与承孔的配合间隙一般为 0.01～0.04mm，使用极限为 0.10mm。超限后应更换液压挺柱。

（2）发动机总成修理时，如气门出现开启高度不足时，一般应更换挺柱。有条件时，可按照原厂规定在液压实验台上将规定的压力施加在液压挺柱上方的球座上，检查液压挺柱的柱塞向下滑移规定的距离所需的时间。若此时间过短，即表示挺柱内部有泄漏，应予报废。

发动机维护出现气门开度不足时，可用专用的工具排完液压挺柱内渗入的空气，恢复气门的最大升程。

3. 气门推杆的修理

气门推杆易发生弯曲，直线度误差应不大于 0.30mm，杆身应平直，不得有锈蚀和裂纹。上端凹球端面和下端凸球面半径磨损应控制在 −0.01～+0.03mm，气门推杆的检测如图 3-62 所示。

气门推杆弯曲，应进行校直。

4. 摇臂和摇臂轴的修理

摇臂的损伤主要是摇臂头的磨损。检查时,摇臂头部应光洁无损。修理后的凹陷应不大于0.50mm。如超过规定则应修理或更换。

摇臂修理应注意以下几点。

(1)摇臂与摇臂轴的配合间隙如超过规定,应更换衬套,并按轴的尺寸进行铰削或镗削修理。镶套时,要使衬套油孔和摇臂上的油孔重合,以免影响润滑。

(2)摇臂上调整螺钉的螺纹孔损坏时,一般应更换。

(3)摇臂轴轴颈的磨损大于0.02mm,或摇臂轴与摇臂承孔的配合间隙超过规定值时(EQ6100-1型和CA6102型发动机应不大于0.10mm),应修复或更换。摇臂轴弯曲变形,应冷压校直,使其直线度误差在100mm长度上不大于0.03mm。

5. 正时链轮和链条的检查

采用上置凸轮式配气机构的发动机在工作中正时传动机构会因正时链条的磨损,造成节距变长,噪声增大,严重时会使配气正时失准。因此,在维修中应认真检查。

(1)正时链条的检查。应测量全链长。测链条长度时,对链条施以一定的拉力拉紧后测量其长度 L,如图3-63所示,测量时的拉力可定为50N。例如丰田汽车2Y、3Y发动机的链条长度应不超过291.4mm,如长度超过此值,应更换新链条。有的要求测量部分链节(比如15个)的长度。

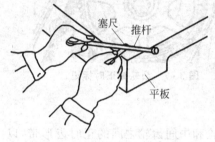

图3-62 气门推杆的检测

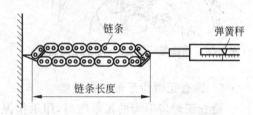

图3-63 正时链条长度的测量

(2)正时链轮的检查。应测量最小的链轮直径。将链条分别包住凸轮轴正时链轮,用游标卡尺测量其直径,如图3-64所示,其直径不得小于允许值。例如丰田汽车2Y、3Y发动机允许的最小值是凸轮轴正时链轮为114mm,曲轴正时链轮为59mm。若小于此值,应更换链条和链轮。

6. 配气正时

配气正时结构图如图3-65所示。

1)曲轴带轮和正时带轮的标记

曲轴带轮和正时带轮上都有标记O,装配时要将标记和气缸体上正时齿轮带轮上的标记对齐,以保证配气相位的正确性,如图3-66所示。

2)凸轮轴正时标记

将凸轮轴的正时标记点与正时齿带上护板上的正时标记点对齐,如图3-67所示。

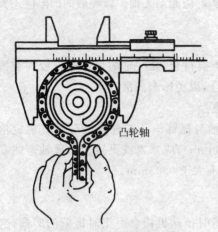

图 3-64　链轮直接的测量

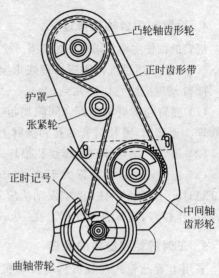

凸轮轴齿形轮

正时齿形带

护罩

张紧轮

正时记号

中间轴
齿形轮

曲轴带轮

图 3-65　配气正时结构图

凸轮轴

图 3-66　曲轴带轮调整（一缸上止点调整）

图 3-67　凸轮轴正时标记

3）检查正时齿形带的张紧度

检查正时齿形带的张紧度时，用手指捏住正时齿轮和中间齿轮之间的正时齿形带，以刚好能转 90°为合适，调整张紧轮固定螺母并拧紧。将曲轴转 2 圈后，复查确认，如图 3-68和图 3-69 所示。

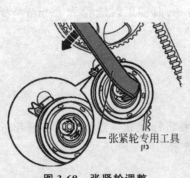

张紧轮专用工具

图 3-68　张紧轮调整

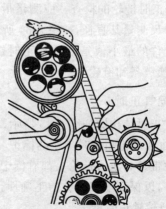

图 3-69　皮带张紧度

3.5 配气机构的检查调整及故障诊断

配气机构重新装配后或车辆运行一段时间(约 25 000km)后,须对其进行检查和调整,以确保发动机良好的密封和正确的配气相位。

3.5.1 配气机构的定位

微课——柴油发动机对正时

配气机构的定位就是将正时同步带安装到位,以保证发动机有正确的配气相位。

1. 正时齿轮与凸轮轴的轴向定位

下置式凸轮轴与曲轴之间采用一对正时齿轮传动,在曲轴前端轴和凸轮轴第一道轴颈前各装有一个正时齿轮。由于传动比为 2∶1,所以凸轮轴上的齿轮大,曲轴上的齿轮小。小齿轮的材料多为中碳钢,大齿轮的材料为碳钢或非金属材料,如夹布胶木、塑料等。正时齿轮多为斜齿轮,通过半圆键装在曲轴上,并用螺母固定,如图 3-70 所示。在装配曲轴与凸轮轴时,应将两齿轮的啮合标记对齐,如图 3-71 所示,保证配气相位和发动机工作顺序与工作过程准确配合。由于大型柴油发动机曲轴与凸轮轴的中心距较大,常在一对正时齿轮中间加入惰轮,此时,凸轮轴与曲轴转动方向相同,传动比仍为 2∶1。

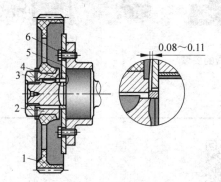

图 3-70 止推板式凸轮轴轴向限位装置

1—正时齿轮;2—正时齿轮毂;3—固定螺母;
4—调节环;5—止推板;6—螺钉

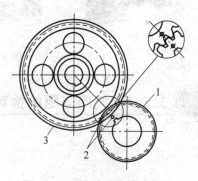

图 3-71 正时齿轮及啮合标记

1—曲轴正时齿轮;2—正时标记;
3—凸轮轴正时齿轮

为防止凸轮轴在转动过程中产生轴向窜动,影响配气机构的正常工作和使配气相位改变,凸轮轴都设有轴向定位装置,如图 3-70 所示。在正时齿轮和第一道轴颈之间装有隔圈,隔圈和螺母一起将正时齿轮的轴向位置固定。止推凸缘松套于隔圈上,并用两个螺栓固定在缸体前端面。止推凸缘比隔圈薄约 0.08~0.20mm,使止推凸缘与正时齿轮后端面间形成 0.08～0.20mm 的间隙,该间隙可以保证凸轮轴旋转时不受干涉。当凸轮轴产生轴向窜动时,止推凸缘便与正时齿轮轮毂端面或者第一道轴颈前端面接触,防止凸轮轴的前后窜动。止推凸缘固定螺栓是通过正时齿轮腹板上的孔来拧紧的,通过改变隔圈的厚度,可以调整止推凸缘与正时齿轮之间的间隙。

2. 同步链条的安装与张紧力的调整

曲轴与凸轮轴的对应位置确定后,即可安装同步链条,方法如下,如图 3-72 所示。

(1) 借助台钳边缘,对正时链条张紧器进行压缩,如图 3-72(a)所示。

(2) 使用小型鹤嘴锄,向后推动并夹紧棘轮机构,如图 3-72(b)所示。

(3) 夹住棘轮机构时,将棘轮爪臂向后推入张紧器壳体内,如图 3-72(c)所示。

(4) 安装过程中,将紧固销装入张紧器壳体上的孔洞内,夹紧棘轮总成和柱塞,如图 3-72(d)所示。

(5) 拆除紧固销,释放活塞,如图 3-72(e)所示。

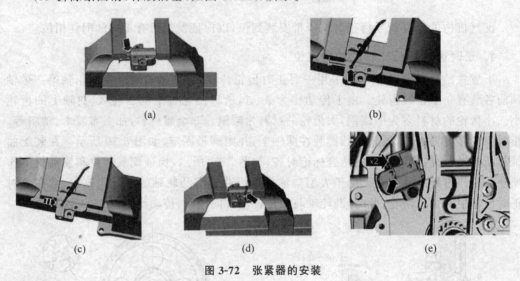

(a)　　　　　　　　　　　　　　(b)

(c)　　　　　　　　(d)　　　　　　　　(e)

图 3-72　张紧器的安装

 3.5.2　气门间隙的检查与调整

微课——柴油发动机气门间隙调整

发动机工作时,气门、推杆和挺柱都将因温度升高而膨胀。如果气门及其传动件之间,在冷态下无间隙或间隙过小,在热态下气门及其传动件的受热膨胀势必引起气门关闭不严,造成发动机在压缩和做功行程中漏气,使功率下降,严重时甚至不易启动。为了消除这种现象,通常在发动机冷态装配时,在气门与其传动机构中,留有适当的间隙,以补偿气门受热后的膨胀量。这一间隙通常称为气门间隙,如图 3-73 所示。

1. 气门间隙过大或过小的危害

气门间隙视配气机构的总体结构形式而定,同时这一间隙也可进行调整。气门间隙的大小一般由发动机制造厂商根据实验确定。如果气门间隙过小,发动机在热态下可能会漏气,导致功率下降,严重时还会使气门烧坏;如果气门间隙过大,则使传动零件之间以及气门和气门座之间产生撞击、响声,加速磨损,同时也使气门开启的持续时间缩短。

2. 气门间隙的调整

1)逐缸调整法

(1)打开气门室盖,检查每一缸的进、排气门是否均处于关闭状态(如是凸轮轴上置式,则看哪一缸进、排气门凸轮的基圆对准气门杆)。可检查与调整该缸进、排气门的间隙。

(2)转动曲轴,以同样方法检查其余的各缸气门间隙。

(3)气门间隙的调整。使用专用扳手和旋具,松开气门调整螺钉的锁紧螺母,将厚薄规插入气门杆与摇臂之间,拧动调整螺钉,使厚薄规被轻轻压住,抽出时稍有压力即可,如图 3-74 所示。调好后拧紧锁紧螺母,然后用厚薄规复查一次。

图 3-73　气门间隙

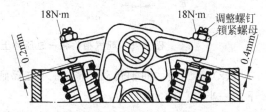

图 3-74　气门间隙的调整

2)两次调整法——"双排不进"法

"双排不进"的"双"指该缸的两个气门间隙均可调,"排"指该缸仅排气门间隙可调,"不"指两个气门间隙均不可调,"进"指该缸只有进气门间隙可调。

调整步骤如下。

(1)第一遍。将一缸活塞转到压缩终了上止点,其调整原理以直列六缸机(做功顺序为 1—5—3—6—2—4)为例,简述如下。

① 当一缸处于压缩行程上止点时,结合配气相位图和曲柄布置图,一缸的两个气门均处于关闭状态,所以一缸的两个气门均可调。

② 一缸压缩行程上止点时,五缸处于压缩 60° 位置,由于进气滞后角可能为 60°,这时五缸的进气门可能是开启的,但排气门早已关闭,故五缸只能调排气,不能调进气门的

间隙。

③ 一缸压缩行程上止点时,三缸处于进气 120°位置,因排气滞后为 15°左右,这个时候三缸的排气门早已关闭,所以三缸的排气门可调,而进气门是打开的,进气门不可调。

④ 一缸压缩行程上止点时,六缸处于进、排气换气的上止点位置,进、排气门均开启,所以六缸的进、排气门均不可调。

⑤ 一缸压缩行程上止点时,二缸处于排气 60°位置,排气门开启,进气门处于关闭状态,故二缸的进气门可调,排气门不可调。

⑥ 一缸压缩行程上止点时,四缸处于做功 120°位置,因排气提前角为 60°~80°,这时排气门已经提前打开,而进气门处于关闭状态,故四缸的进气门可调,而排气门不可调。

综上所述,第一遍,将一缸活塞转到压缩终了上止点时,曲柄布置及各缸工作情况如图 3-75 所示,按"双、排、不、进"调整其一半气门的间隙,见表 3-6。

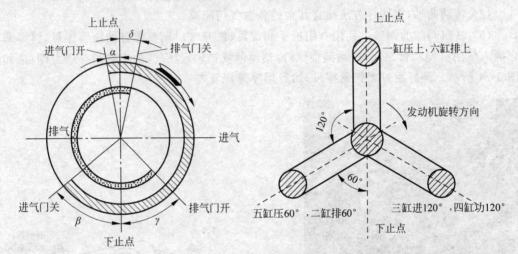

图 3-75 配气相位和一缸压缩上止点时曲柄布置及各缸工作情况

(2)第二遍。曲轴转动一周,将六缸摇到压缩行程上止点。按"不、进、双、排"调整余下的一半气门的间隙。

① 当六缸处于压缩行程上止点时,结合配气相位图和曲柄布置图,一缸的两个气门于进、排气换气上止点,两个气门均处于开启状态,所以一缸的两个气门均不可调。

② 六缸压缩行程上止点时,五缸处于排气 60°位置,排气门开启,进气门处于关闭状态,故五缸的进气门可调,排气门不可调。

③ 六缸压缩行程上止点时,三缸处于做功 120°位置,因排气提前角为 60°~80°,这时排气门已经提前打开,而进气门处于关闭状态,故三缸的进气门可调,排气门不可调。

④ 六缸压缩行程上止点时,六缸进、排气门均关闭,所以六缸的进、排气门均可调。

⑤ 六缸压缩行程上止点时,二缸处于压缩 60°位置,由于进气滞后角可能为 60°,这时二缸的进气门可能是开启的,但排气门早已关闭,故二缸只能调排气门,不能调进气门的间隙。

⑥ 六缸压缩行程上止点时,四缸处于进气 120°位置,因排气滞后为 15°左右,这时四缸的排气门早已关闭,所以四缸的排气门可调,而进气门是打开的,进气门不可调。

综上所述，第二遍，将六缸活塞转到压缩终了上止点，按"不、进、双、排"调整其一半气门的间隙，如图 3-76 所示。

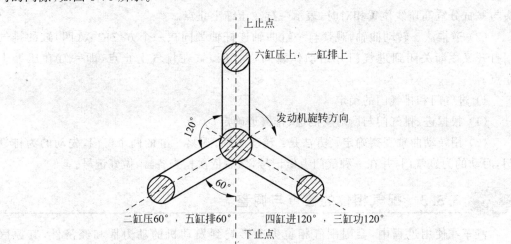

图 3-76　第二遍调整法的缸状态

几种工作顺序不同的发动机可调气门的排列见表 3-6～表 3-9。

表 3-6　六缸发动机可调气门的排列

工 作 顺 序	1	5	3	6	2	4
	1	4	2	6	3	5
第一遍（一缸压缩上止点）	双		排		不		进	
第二遍（六缸压缩上止点）	不		进		双		排	

表 3-7　五缸发动机可调气门的排列

工 作 顺 序	1	2	4	5	3
第一遍（一缸压缩上止点）	双	排	不		进
第二遍（一缸排气上止点）	不	进	双		排

表 3-8　四缸发动机可调气门的排列

工 作 顺 序	1	3	4	2
	1	2	4	3
第一遍（一缸压缩上止点）	双	排	不	进
第二遍（四缸排气上止点）	不	进	双	排

表 3-9　八缸发动机可调气门的排列

工 作 顺 序	1	5	4	2	6	3	7	8
第一遍（一缸压缩上止点）	双		排		不		进	
第二遍（六缸压缩上止点）	不		进		双		排	

3）一缸压缩上止点的确定

（1）分火头判断法。记下一缸分缸高压线的位置,打开分电器盖,转动曲轴,当分火头与一缸分缸高压线位置相对时,表示一缸在压缩上止点。

（2）逆推法。转动曲轴,观察与一缸曲轴连杆轴颈同在一个方位的六（四）缸的排气门打开又逐渐关闭到进气门开始动作瞬间,六（四）缸在排气上止点,即一缸在压缩上止点。

4）进气门和排气门的确定

（1）根据进、排气门与所对应的进、排气道确定。

（2）用转动曲轴观察确定。方法是:转动曲轴,观察一缸的两个气门,先动的为排气门,后动的为进气门,并在一种气门上做记号,然后依次检查各缸,做好记号。

 ### 3.5.3 配气相位的检查与调整

汽车在使用过程中,会因配气相位失准影响到发动机的动力性和经济性,其原因如下。

（1）维修质量的影响。由于制造和装配误差产生的累积误差,在极限状态下可能使配气相位偏差达到±3°,各缸的配气相位偏差达到±2°,若加上凸轮轴轮廓误差、配气机构传动间隙等影响,配气相位将会偏离标准值更大。

（2）使用中配气相位的变化。发动机经长时间使用,机件磨损,配合间隙增大（如正时齿轮、曲轴和凸轮轴轴向间隙等）,凸轮表面的不规则磨损等也是引起配气相位偏移的原因。

（3）动态变形引起配气相位偏移。特别是顶置气门式发动机的配气机构的刚度较差,在工作过程中产生弹性变形。据估测,其初始静态变形在0.05mm左右,相当于配气相位角偏5°。发动机转速越高或配气机构刚度越差,其动态配气相位与静态配气相位的偏差越大。

（4）使用条件的影响。由于各地使用条件的差异,原厂规定的配气相位与实际要求不能适应,不同的工况和不同的使用条件,对配气相位的要求也不相同,各地区和部门也有必要因地制宜地对配气相位进行调整。

1. 配气相位的检查

各种车型的维修手册上都提供了发动机的配气相位角度,但是要直接测量进、排气门的开启和关闭角度却很难。通常情况下我们都是测量进、排气门的开启升程来间接获得进、排气门的开、闭角度。两者之间的相互关系是可以通过一系列复杂计算得到的。但实际工作中,往往采用对新的发动机排气上止点时进、排气门叠开的升程作为标准,将标准发动机的测量结果与之比较,来判断配气相位是否提前或滞后。

进、排气门叠开时升程的测量方法如下。

（1）先将发动机各气门间隙按要求调整好。

（2）转动发动机的曲轴,使一缸活塞处于排气上止点位置;在一缸火花塞处安装一个百分表,如图3-77所示。在排气行程接近上止点时,慢慢转动发动机至百分表被压缩到

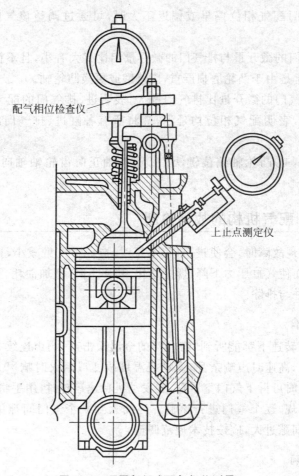

配气相位检查仪

上止点测定仪

图 3-77   顶置气门式配气相位测量

最大处,即为活塞上止点。

（3）一缸排气门弹簧座上安装百分表(注意百分表触针应与气门平行),并将表置于"0"位。

（4）慢慢地顺时针转动曲轴,至排气门完全关闭。检查百分表指针,顺时针读数即为该排气门在排气上止点时尚未关闭的降程。

（5）逆时针转动曲轴至一缸进气门全闭位置,在其弹簧座上安装一个百分表(注意百分表触针应与气门平行),并将表置于"0"位。

（6）慢慢地顺时针转动曲轴,至排气门上止点,检查百分表逆时针读数,即为该进气门在排气上止点的升程。

（7）将该缸进、排气门的升、降程与标准值进行比较,如果进气门升程太大,排气门降程太小,则配气相位提前;反之,如果进气门升程太小,排气门升程太大,则配气相位滞后。

2. 配气相位的调整

调整配气相位时,应根据不同情况采取不同措施。

(1) 若个别气门配气相位偏早或偏迟不大时,可通过调整该气门间隙的方法予以解决。

(2) 若是进气门的微开量与排气门的微开量相比有大有小,且不符合规定值时,表明各缸迟早不一,通常是由于凸轮磨损严重,应修磨或更换凸轮轴。

(3) 如各缸进气门的微开量比排气门都大,表明进、排气门的配气相位均提前,应将其适当推迟。反之,表明配气相位均延迟,应将所有各缸进、排气门的配气相位均适当提前。

常用的方法有:①凸轮轴偏位键法;②凸轮轴正时齿轮轴轴向移动法;③气门间隙法。

3.5.4 配气机构的故障诊断

当配气机构出现故障时,会使进、排气不正时,造成进气量减小,排气不净,气门漏气和噪声增加等,从而使气缸压力下降,燃烧恶化,功率下降,增加油耗。配气机构一旦发生故障,应及时诊断并与排除。

1. 气门脚异响

发动机在任何转速下都能听到"嗒、嗒"的金属敲击声,响声连续并有节奏,怠速和中速时较为清晰明显,高速时声响杂乱,发动机温度改变或断火时响声无变化,即可断定为气门脚异响。检查时可拆下气门室罩盖,在发动机怠速运转时,用手将推杆提起或在气门脚间隙处插入厚薄规,逐个气门进行试验。当插入到某个气门间隙中时,响声消失或减弱,即为该气门脚间隙过大,应按技术规范调整。

2. 气门挺杆响

发动机怠速运转时,从凸轮轴一侧发出有节奏的"嗒、嗒"声,响声清脆,当把挺杆室盖打开时听得更加明显。断火试验,响声无变化;转速升高响声减弱或消失,可判定为气门挺杆响。引起异响的一般原因为挺杆体外表面与其配合的衬套磨损过于松旷,或其底部磨损与凸轮接触不良所致,应更换新件,必要时修磨凸轮轴凸轮。

3. 气门烧蚀

使用中如果感到行驶无力、油耗增加、化油器回火、排气管放炮、冒黑烟、低温激活不良等症状,很多症状属于气门烧蚀而引起的密封性不良。当发动机长时间在大负荷、高温条件下工作时,超过了设计限度,引起气门早期磨损,破坏了气门的密封性,影响到气门散热,使之烧蚀。此外,发动机高温易引起润滑油和燃油氧化聚合与分解,在气门头和气门杆形成胶状沉积物,使气门密封面腐蚀时。遇到气门烧蚀,必须重新修磨气门及其座圈,必要时更换新件。

4. 正时齿轮响

一般是由于啮合间隙不当和个别轮齿损坏引起的。正时齿轮啮合间隙过大,发动机怠速运转时,会发出"嘎啦、嘎啦"的金属异响,转速越高,响声越快,高速时响声杂乱,不受断火和发动机温度的影响。当发动机怠速或用金属棒抵在齿轮室盖上后探听,响声更为明显。此响声是良性响声，一般可不排除；严重时可更换合适的齿轮副，以恢复其正常间隙。

5. 凸轮轴瓦响

这是一种发闷而有节奏的响声，同时在其附近常伴有震动。检查时可用螺钉旋具头抵在凸轮轴瓦附近，将耳朵贴在螺钉旋具柄上听，反复变换发动机转速，即可听到异响并感到震动。此响声多属于轴与瓦配合间隙过大或磨损松旷引起的，应当拆检重新配瓦。

配气机构知识拓展

单元 4

诊断和排除冷却系统故障

◎ 客户委托

车主王先生的车辆已经行驶了 12 万公里,最近发现该车辆行驶途中水温偏高,水箱出现"开锅"现象(图 4-1)。经汽车修理厂技术人员检查,确定故障原因是该车的节温器工作不良,且冷却系统长期不按规定时间维护,造成冷却系统内存在大量水垢、散热不佳。

图 4-1　水箱"开锅"

◎ 学习目标

（1）能正确认识冷却系统的功用、组成、结构及大小循环工作原理,通过冷却系统的结构变化,了解我国汽车热管理系统发展概况;

（2）能够正确检测并维修冷却系各零部件;

（3）通过正确维护冷却系统,培养安全意识、环保意识和社会责任意识;

（4）能够正确诊断冷却系统的故障并掌握其排除方法。

◎ 知识点与技能点清单

序号	学习目标	知识点	技能点
1	能够正确描述冷却系统的功用、组成及大小循环工作原理	(1) 冷却系统的功用与传热； (2) 冷却系统的组成； (3) 冷却系统大、小循环线路	(1) 描述冷却系统的功用与组成； (2) 确定并描述冷却系统大、小循环工作原理
2	能够正确识别冷却系统结构及各零部件的结构及工作原理	(1) 冷却液的成分有哪些； (2) 冷却液的功用； (3) 水套的结构与功用； (4) 水堵头的结构； (5) 水泵的结构与工作原理； (6) 风扇的结构及控制原理； (7) 散热器的作用及工作原理； (8) 膨胀水箱的工作原理； (9) 节温器的结构及工作原理	能够正确识别各零部件结构并能够进行拆装
3	能够正确检测并维修冷却系统各零部件	(1) 散热器的常见损伤与维修； (2) 水泵的常见损伤与维修； (3) 节温器和水堵头的常见损伤与维修； (4) 风扇的常见损伤与维修	(1) 检修散热器； (2) 更换节温器； (3) 检修水泵； (4) 检修风扇； (5) 检修水堵头； (6) 检测密封性
4	能够正确维护冷却系统	(1) 冷却系统维护注意事项； (2) 冷却液的检查； (3) 冷却液的更换； (4) 冷却系统的清洗	(1) 制订冷却系统维护计划； (2) 执行冷却系统的维护
5	能够正确诊断冷却系统的故障并掌握其排除方法	(1) 冷却系统的常见故障有哪些； (2) 冷却系统常见故障的原因； (3) 冷却系统故障诊断的思路	(1) 制订冷却系统的故障诊断计划； (2) 执行冷却系统故障诊断

◎ 学习指南

（1）明确学习目标及知识点与技能点清单。

（2）按照学习任务列表完成每一项任务，任务知识部分需在课前提前完成。在完成知识部分任务时，可以参考本单元提供的学习信息，利用网络、厂家提供的维修手册、各类教学资源库等学习资源，也可以在课前或上课时向任课教师寻求帮助。任课教师会在正式上课时展示或共享大家对于知识部分任务完成情况，实现学习者交流。

（3）在任务列表中，涉及实操部分，可以在正式上课前自行完成，也可以由任课教师在课堂上安排完成。

（4）完成任务列表后，自行根据本单元鉴定清单进行自查，并根据不足进行知识与技能的补充学习。

（5）接受任课教师按照鉴定清单进行知识与技能鉴定。注意，鉴定可能是过程鉴定与终结性鉴定,学习者平时对学习任务的学习过程也将作为鉴定的依据,例如学习态度、学习过程中的技能展示、职场安全意识等。

4.1 学习任务

1. 小王最近在开车的时候发现仪表盘上水温报警灯经常出现亮闪(图4-2),到4S店,维修师傅判断是发动机温度过高,冷却系统有故障,所以开始进行冷却系统的检修。

图4-2 水温报警灯亮闪

(1) 发动机温度过高和过低各有什么危害?

_____

_____

(2) 影响冷却液冷却效率的因素有哪些?

_____

_____

2. 在表4-1中填写通过燃油输送的能量(图4-3)在发动机中的分配比例。

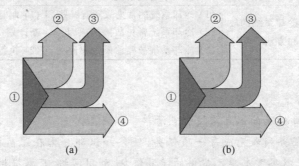

(a)   (b)

图4-3 燃油输送的能量示意图

表4-1 分配比例

序号	能 量	汽油发动机	柴油发动机
①	燃油能量		
②	随着废气排出的能量		
③	传输至冷却系统的能量		
④	传输至曲轴的能量		

3. 识别水冷却系统(图 4-4)的组成,完成表 4-2。

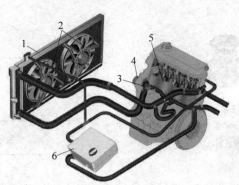

图 4-4　水冷却系统

表 4-2　水冷却系统组成部件的名称和功用

序号	名　　称	功　　用
1		
2		
3		
4		
5		
6		

4. 冷却水在冷却系统内的循环流动路线有两条,一条为大循环,另一条为小循环。通常利用节温器来控制大、小循环的流量。试完成表 4-3。

表 4-3　冷却系统的水路循环

图　　示	名称	节温器是怎么工作的?
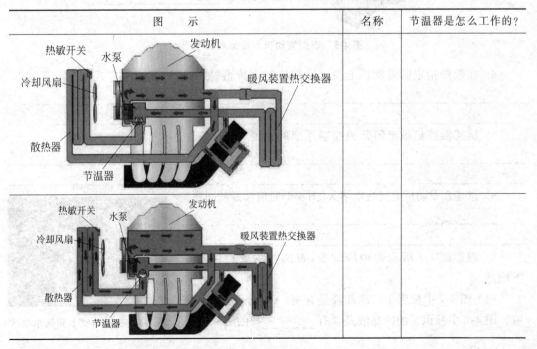		

5. 通过连线的方式识别图 4-5 所示发动机水冷却系统零部件,并简述每个零部件的工作原理。

水套

水泵

风扇

散热器

节温器

图 4-5　识别发动机水冷却系统零部件

6. 在教师指定的发动机上找出冷却液温度传感器,并指出其控制方式。

_____

_____

7. 试述温控热敏电阻开关控制风扇的原理。

_____

_____

8. 试述在发动机上安装水堵头(图 4-6)时应注意的问题。

_____

9. 观察图 4-7 所示两种冷却液,查阅相关资料回答以下问题。

(1)图 4-7 中标识 1 的冷却液是含有_____盐的防冻液。图 4-7 中标识 2 的冷却液是含有_____盐的防冻液。

图 4-6　在发动机上安装水堵头

（2）乙二醇防冻液的特点是什么？

_____

_____

（3）有机酸技术（OAT）防冻液的特点是什么？

_____

_____

（4）不同地区生产的防冻液不能混用的原因是什么？

_____

_____

10. 当检查防冻液液位时，暖机和冷机状态不一样，在图 4-8 中使用不同颜色笔标示出暖机和冷机的正常液面位置。

图 4-7 两种冷却液

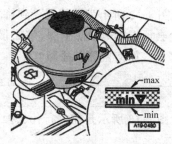

图 4-8 标出暖机和冷机的正常液面位置

11. 冷却系统的维护项目有哪些？

_____

_____

12. 写出排放和加注冷却液的正确步骤。

_____

_____

13. 说出图 4-9 所示的仪器是什么，你还能说出其他冷却系统检测的工具吗？

_____

_____

14. 图 4-10 所示是小王在汽车修理厂拍到的检测节温器过程的一张图片，你知道节温器是怎样检测的吗？

_____

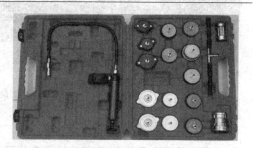

图 4-9 某仪器

_____

15. 图 4-11 所示是小李在做汽车冷却故障维护时拆下的汽车水泵，你能说出汽车水泵是怎么工作的吗？其常见的故障是什么？如何判断其故障？

_____

_____

图 4-10　检测节温器　　　　　　　　　　图 4-11　汽车水泵

16. 图 4-12 所示为散热器受到柳絮的影响,上面附着了许多柳絮和灰尘,这些柳絮夹杂着灰尘会严重影响散热效果,那么散热器由哪些部分组成呢? 它是怎样工作的? 常见损伤有哪些? 如何检测其故障?

_____

_____

17. 图 4-13 所示是在进行什么操作? 操作步骤及指标参数是什么?

_____

_____

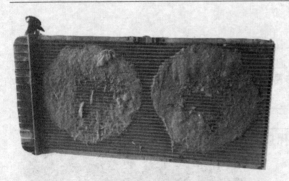

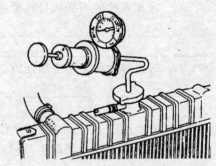

图 4-12　散热器　　　　　　　　　　　　图 4-13　某操作

18. 简述发动机冷却液足但温度过高的原因及故障诊断程序。

_____

_____

19. 简述发动机冷却液不足、温度过高的原因及故障诊断程序。

_____

_____

20. 完成冷却系统检测诊断实操工作页(表 4-4)。

表 4-4 冷却系统检测诊断断实操工作页

测试项目	冰 点	节 温 器	冷却系统压力测试及检漏
车型数据			
测试工具			
测量方法			
数据记录			
标准数据			
结果分析			

鉴定

任课教师可以通过平时教学过程中学习者的学习态度、参与教学活动的积极性、职场安全意识及终结性鉴定结果等确定其最后鉴定结果,每个学习者最多可以鉴定三次,鉴定教师可以把鉴定情况填写在表 4-5 中。

表 4-5 单元 4 鉴定表

序号	学 习 目 标	鉴定 1	鉴定 2	鉴定 3	鉴定结论	鉴定教师签字
1	能够正确描述冷却系统的功用、组成及大小循环工作原理				□通过 □不通过	
2	能够正确识别冷却系统结构及各零部件的结构及工作原理				□通过 □不通过	
3	能够正确检测并维修冷却系统各零部件				□通过 □不通过	
4	能够正确维护冷却系统				□通过 □不通过	
5	能够正确诊断冷却系统的故障并掌握其排除方法				□通过 □不通过	

4.2 认识冷却系统的功用、组成及结构原理

如果发动机未处于正常的工作温度,那么它将不能高效地运行,每升燃油行驶的公里数将降低,发动机部件的磨损将增大,甚至造成发动机损坏。

4.2.1 冷却系统的功用和分类

汽车发动机在所有工况下都需保持在适当的温度范围内。冷却系统既要防止发动机过热,也要防止冬季发动机过冷。

1. 发动机过热、过冷的危害

(1) 发动机过热的危害:气体受热膨胀,充气效率低,温度高易发生早燃和爆燃,发动

机功率会下降；运动机件受热后膨胀，相互运动时因摩擦而造成损坏；润滑油受热黏度减小、润滑油膜易破裂而加剧零件磨损。

（2）发动机过冷的危害：燃烧困难，功率低及油耗高；润滑油黏度增大，易加剧零件磨损；燃油凝结而流入曲轴箱，增加油耗，且机油变稀，从而导致功率下降，磨损增加。

2. 冷却系统的功用及传热

燃烧产生的热量无法全部转化为机械能，一部分继续以热能形式存在。此外还会通过摩擦和压缩产生其他热量，一部分热量随着废气排出，剩余部分由发动机部件和机油吸收。由于材料和机油的耐热性有限，必须排出热量，这就是冷却系统的任务所在。柴油发动机和汽油发动机的热能构成比例不同，如图 4-14 及表 4-6 所示。柴油发动机可使存储在燃油中的能量更多地转化为有效功。即便如此，也只有大约 42％，剩余部分以热量形式损失。

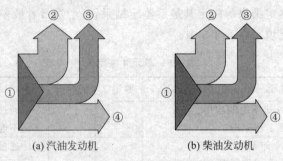

(a) 汽油发动机   (b) 柴油发动机

图 4-14　汽油发动机、柴油发动机能量分配

表 4-6　汽油发动机、柴油发动机能量分配

序号	能　量	汽油发动机	柴油发动机
①	燃油能量	100％	100％
②	随着废气排出的能量	40％	37％
③	传输至冷却系统的能量	25％	21％
④	传输至曲轴的能量	35％	42％

冷却系统的基本功能就是从发动机内部把热量转移到外面的空气中，使发动机得到适度冷却，防止发动机过冷或过热，以保证发动机在正常的温度范围内工作。这要通过冷却液（水和添加剂）在发动机和散热器中的循环来完成。水泵把冷却液从散热器底部抽出来，通过发动机输送到散热器顶部。

热量在发动机的燃烧室中产生，通过气缸壁和气缸盖传递到水套中，然后传递（通过传导）给冷却液。冷却液循环时，将热量从发动机传送到散热器。从上到下流过散热器的冷却液把热量转移到散热器。热量然后被流过散热器片和散热器芯的空气带走。空气流动要靠风扇帮助。当冷却液到达散热器下水箱时，已经足够冷却，可以重新进入发动机带走更多热量。

一部分热量也通过辐射带走。热量从发动机的外部和废气辐射到发动机的其他部件，然后到车身。在现在所使用的发动机上，冷却液泵输送量都是根据最高发动机冷却要求来设定的,而大部分情况下并不需要达到这种要求。因此,多余冷却液大多以不使用的方式通过节温器在一个小循环回路内循环。节温器位于气缸盖出水口。这是一个温度控制阀,在发动机处于冷态时,防止冷却液通过散热器循环,直到发动机完成暖机。现在冷却系统也通过这种方式实现了系统优化,从而避免功率损失。

此外,新型发动机冷却系统还能够根据发动机负荷调节温度范围。

影响冷却效率的因素有:冷却液和空气的温度差;冷却液的流动速度;散热器芯面积;空气流动速度。

3. 冷却系统的分类

汽车发动机常见的冷却方式有风冷却和水冷却两种。

(1) 风冷却系统(直接冷却)。冷却介质是空气,利用气流使散热片的热量散到大气中。由风扇、导流罩、散热片、气缸导流罩、分流板等组成。其气缸体、气缸盖均布置了散热片,深色材料辐射热量优于浅色材料。所以,气缸或散热器上的散热片漆成黑色,热量会更有效地辐射到周围空气中。气缸体、气缸盖都是单独铸造,然后组装到一起,气缸盖最热,采用铝合金铸造,且散热片比较长,为了加强冷却,保证冷却均匀,装有导流罩、分流板。当采用一个风扇时,装在发动机前方中间位置;采用两个风扇时,分别装在左右两列气缸前端。具有结构简单、质量较小、升温较快、经济性好等优点,但也有难以调节,消耗功率大、工作噪声大等缺点。

(2) 水冷却系统(间接冷却)。冷却介质是“冷却液”,通过冷却水的不断循环,从发动机水套中吸收多余的热量,并散发到大气中。由水泵、水套、散热器、百叶窗、风扇、冷却水管、冷却软管、节温器、水温表(水温传感器)等组成。目前,水冷却系统在汽车发动机上应用较为广泛。水冷却系统具有冷却可靠、布置紧凑、噪声小、使用方便等优点。图 4-15 所示为桑塔纳轿车水冷却系统。

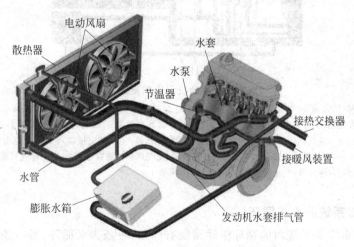

图 4-15　桑塔纳轿车水冷却系统

影响冷却效率的因素有:水和空气的温度差;水的流动速度;散热器芯面积;空气流动速度。

4.2.2　水冷却系统的组成及水路循环

微课——发动机如何冷却

目前,汽车发动机上采用的水冷却系统大多是强制循环式水冷却系统,利用水泵强制冷却液在系统中进行循环流动。

1. 水冷却系统的组成

水冷却系统由散热器、水泵、变速箱冷却器、水套和水堵头、散热器盖、节温器、风扇及整流罩、软管及软管夹头、温度警报灯和温度表、膨胀水箱等组成,如图 4-16 所示。

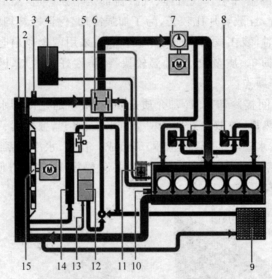

图 4-16　发动机水冷却系统结构

1—散热器(冷却液/空气热交换器);2—变速箱冷却器;3—散热器出口温度传感器;4—发动机油冷却器(发动机油/空气热交换器);5—变速箱油冷却器节温器;6—特性曲线式节温器;7—电动冷却液泵;8—废气涡轮增压器;9—暖风热交换器(冷却液/空气热交换器);10—气缸盖出口温度传感器;11—发动机油冷却器节温器;12—补液罐(受变速箱油温度控制);13—排气管路;14—变速箱油冷却器(冷却液/变速箱油热交换器);15—风扇

2. 水冷却系统的水路循环

冷却水在水冷却系统内的循环流动路线有两条,一条为大循环,另一条为小循环。通常利用节温器来控制大、小循环的流量。节温器装在冷却水循环的通路中(有的装在气缸盖的出水口,有的装在水泵进水口),根据发动机负荷大小和水温的高低自动改变水的循环流动路线,以达到调节冷却系统的冷却强度。

(1) 大循环。当发动机冷却液温度高于 86℃时,节温器主阀门打开,旁通阀关闭,如

图 4-17 所示,冷却液全部由主阀门进入散热器散热,温度迅速降低,然后再由水泵送入气缸体水套。这种循环方式称为大循环。

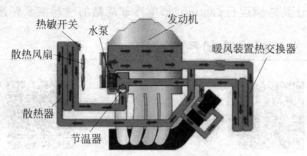

图 4-17　冷却水的大循环

(2) 小循环。当发动机冷却液温度低于 76℃时,节温器主阀门关闭,旁通阀打开,如图 4-18 所示,气缸盖至散热器的冷却水通道被切断。冷却液由气缸盖水套流出,经过节温器旁通阀、旁通管进入水泵,并经水泵送入气缸体水套。由于冷却液不经散热器散热,可使发动机温度迅速提高。这种循环方式称为小循环。

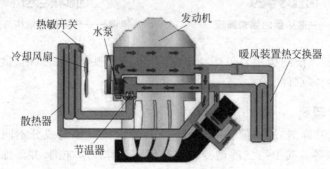

图 4-18　冷却水的小循环

(3) 混合循环。当水温在 76～86℃时,节温器主阀门和旁通阀都处于部分开启状态,此时大、小循环都存在,只有部分冷却水经散热器进行散热。

3. 知识拓展

带有电动冷却液泵的发动机冷却系统,如宝马 N52 发动机冷却系统如图 4-19 所示。

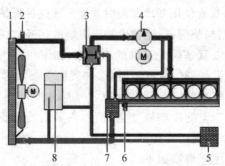

图 4-19　宝马 N52 发动机冷却系统结构示意图

1—散热器；2—散热器输出温度传感器；3—特性曲线式节温器(KFT)；4—电动冷却液泵；5—暖风装置热交换器；6—气缸盖输出温度传感器；7—发动机油水热交换器(MOEWWT)；8—补液罐

使用带有电动冷却液泵的冷却系统时，除了具有传统系统的优点外，还有其他优点：①可通过可变冷却液体积流量调节系统的冷却能力；②在发动机预热期间可停用冷却液泵或在发动机静止期间让其继续运行；③可对影响冷却能量的冷却液泵转速进行独立控制。

4.2.3 发动机水冷却系统结构

微课——水泵的结构

微课——冷却风扇的结构原理

微课——散热器的结构原理

微课——节温器的结构与拆卸

发动机水冷却系统结构主要包括冷却液，水套、水堵头、水泵、风扇、散热器、膨胀水箱以及节温器等结构零部件。

1. 发动机冷却液

冷却液由水、防冻剂、添加剂三部分组成。冷却液按防冻剂成分不同可分为酒精型、甘油型、乙二醇型等。其中乙二醇型冷却液是用乙二醇作防冻剂，并添加少量抗泡沫、防腐蚀等综合添加剂配制而成。由于乙二醇易溶于水，可以任意配成各种冰点的冷却液，其最低冰点可达 -68℃，这种冷却液具有沸点高、泡沫倾向低、粘温性能好、防腐和防垢等特点，是一种较为理想的冷却液，目前国内外发动机所使用的和市场上所出售的冷却液几乎都是这种乙二醇型冷却液。

根据车型调节冷却液，许多发动机都使用含硅酸盐的冷却液，如图 4-20 所示。这种冷却液的颜色为蓝色或绿色。含硅酸盐的冷却液在部件表面形成一层硅酸盐成分保护层，从而对部件提供保护。只有使用新冷却液时才能形成这种保护层结构。更换部件（例如冷却液泵、节温器、气缸盖密封垫等）时通常也需要更新冷却液，以确保形成新的保护层。

其他发动机使用例如以氨基酸为基础的冷却液，如图 4-21 所示。这种冷却液的颜色为粉红色。使用以氨基酸为基础的冷却液时，部件表面受腐蚀形成氧化层，从而起到保护层的作用。如果将含有硅酸盐的冷却液和含有氨基酸的冷却液混合，混合液就会失去防腐特性并变为棕色。如果车上的冷却液变为棕色，需要对冷却循环回路进行多次彻底冲洗以冲出剩余污物，随后添加规定冷却液。

冷却液使用过程中的注意事项如下。

① 选择使用冰点比车辆运行地区最低气温低 10℃ 左右的冷却液产品。

② 选择产品标识齐全的冷却液产品。

图 4-20　含有硅酸盐的冷却液

图 4-21　含有氨基酸的冷却液

③ 选择无异味的冷却液产品,尽量不要选择过于廉价的冷却液。

④ 到正规店购买冷却液产品,并索要发票。

⑤ 稀释冷却液浓缩液时,应使用去离子水、蒸馏水或纯净水。

⑥ 不同品牌、不同配方的冷却液不能混用。补加冷却液时用同一品牌、同一冰点的产品。由于冷却液的添加剂配方不同,混合后会破坏添加剂的配比平衡,从而造成冷却系统的腐蚀。

⑦ 冷却液不仅防冻,还有防沸、防腐蚀和防水垢等性能,因此应四季通用。

2. 水套

气缸体和气缸盖内的一层水套,是气缸体和气缸盖的双层壁所形成的空间,如图 4-22 所示。水套中的分水管,使冷却水能均匀流到各缸。水套中的喷水管,强烈地冷却排气门。

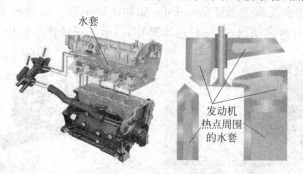

图 4-22　发动机水套

3. 水堵头

在发动机气缸体和气缸盖的浇注中,为了便于清除型砂,在这两个部件中必须留下圆孔。圆孔位于水套的外壁上,因此必须堵塞起来。这个堵塞被称为水堵头或芯堵塞,如图 4-23 所示,位于气缸体和气缸盖上。水堵头被严密地装在对应的孔中并密封,防止冷却液泄漏。水堵头同时也为气缸体提供一个安全阀。当水套中的水冻结时膨胀,水堵头将被挤出气缸体,防止气缸体破裂。

水堵头的类型有：①碟形。这种水堵头稍大于孔径，敲打进去后形成过盈配合。②盘形。这种凸圆形水堵头外径稍小于孔径，放到孔里后膨胀。③螺纹形。柴油发动机和重型发动机中，使用螺纹形水堵头，旋进孔中安装。如图4-24所示。

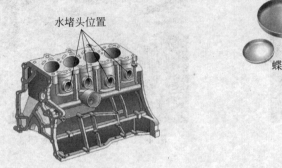

图4-23　水堵头位置

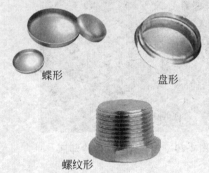

图4-24　水堵头的类型

4．水泵

1）功用与类型

　　水泵对冷却水加压，强制冷却水流动。汽车发动机广泛采用离心式水泵，它具有结构紧凑、泵水量大，以及因故障而停止工作时不妨碍水在冷却系统内部自然循环等优点。

2）水泵结构及工作原理

　　水泵由水泵体、水泵盖、叶轮、水泵轴、轴承、水封等组成，如图4-25所示。发动机运转时，由发动机的曲轴通过带轮带动水泵轴转动，冷却水由进水管到叶轮中心，叶轮转动产生离心力，经出水口挤压到气缸体水套中去，如图4-26所示。叶轮的中心部分形成低压，散热器中的冷却水又从进水管泵入中心，如此循环不息。如果水泵因故停止工作，冷却水仍然能从叶轮叶片之间流过，进行热流循环，不至于很快产生过热。

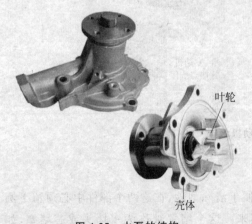

图4-25　水泵的结构

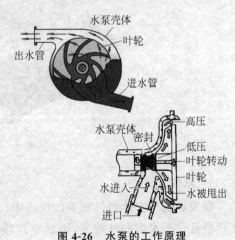

图4-26　水泵的工作原理

　　注意：当节温器关闭时，水从发动机经过旁通管回到水泵进水口，这样就可以防止水泵损坏。当发动机转速增加时，水泵的压力也增加，这将使水流量增加。

5. 风扇及其控制

风扇的功用是促进散热器的通风,提高散热器的热交换能力。风扇与水泵同轴,由叶片和连接板组成。风扇是叶尖前弯、尖窄根宽,一般为尼龙压铸的整体风扇,如图 4-27 所示。

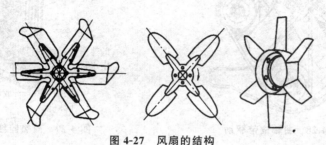

图 4-27　风扇的结构

1) 曲轴皮带驱动

风扇由曲轴带轮驱动,如图 4-28 所示,发电机带轮作为张紧轮。其特点是:发动机低速大负荷时温度高,需要提高风扇转速以加强散热,但风扇转速反而随曲轴转速而降低。不能根据发动机的热状况对冷却强度进行调节。

2) 电风扇控制

电风扇由一个独立电动机进行驱动。使用电风扇后,人们又开发了紧凑型冷却模块,冷却模块作为结构单元可以在所有现代车辆中找到。壳体和风扇自身由塑料制成。电风扇由发动机管理系统进行控制。最初仅使用两级电风扇。随后由两级变为三级以及现在发动机的无级电风扇。通过发动机管理系统控制电风扇可使发动机的热量管理系统得到优化。

电风扇挡位还会受到车辆暖风和空调系统的影响。根据车辆、功率输出级、国家规格(热带或寒带国家)以及配置情况使用功率值不同的相应电风扇。

6. 散热器

1) 散热器的功用、类型

散热器的功用是利用流进散热器芯缝隙中的空气流来带走散热器中冷却液热量,降低冷却液的温度。其类型有管片式、管带式两种。

2) 散热器的结构

散热器结构如图 4-29 所示。上、下水箱储存冷却水,散热器芯(图 4-30)吸收热量,进水口与加水口在上水箱,并用散热器盖封闭,下水箱底部开有出水口和放水开关。水通过散热器水管,它的热量被水管壁和散热器片吸收。空气比冷却水管和散热器片更冷,热量被散发到大气中。温水离开散热器底部进入水泵的进水口。

3) 散热器芯

散热器芯的构造形式有管片式、管带式等,其最终目的就是尽可能提高散热能力。散热器芯一般多用导热性好的黄铜、铝或铝锰合金制造。为了节省铜,近年来铝制散热器有很大发展。

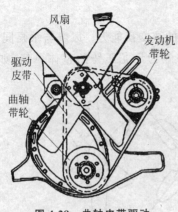

图 4-28　曲轴皮带驱动

图 4-29　散热器结构

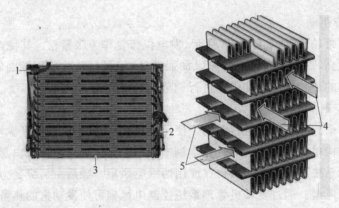

图 4-30　散热器芯工作原理

1—冷却液入口；2—冷却液出口；3—冷却液散热器；4—冷却液；5—空气

　　管片式散热器芯由许多冷却管和散热片组成，如图 4-31(a)所示。冷却管是焊接在上、下储水室之间的直管，是冷却液的通道。当空气吹过冷却管的外表面时，使管内流动的冷却液得到冷却。冷却管大多采用扁圆形断面，因为扁管与圆管相比，在容积相同的情况下具有较大的散热面积；当管内的水冻结膨胀时，扁管可以借其横断面变形而免于破裂。为了进一步提高散热效果，在冷却管外面横向套装了很多金属薄片（散热片）来增加散热面积，同时增加了整个散热器芯的刚度和强度。

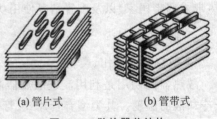

(a)管片式　　　　　(b)管带式

图 4-31　散热器芯结构

　　管带式散热器芯的散热带与冷却管相间排列，如图 4-31(b)所示。散热带呈波纹状，为了提高散热能力，在散热带上开有形似百叶窗的缝孔，用来破坏空气流在散热带表面上附面层。这种散热器芯与管片式相比，具有散热能力较强、制造工艺简单、质量小、成本低等优点，但结构刚度不如管片式好，在使用条件较好的轿车上得到广泛应用。随着我国道路条件的改善，管带式散热器芯在中型货车上也开始应用。

4）散热器盖

在散热器的上水箱上设有散热器盖调节冷却水的工作压力,从而提高水的沸点,使冷却水不易沸腾。水温正常时,空气阀和蒸气阀关闭,上水箱与蒸气排出管隔开。当蒸气压力达到 126～137kPa 时,蒸气阀打开,部分蒸气外泄,如图 4-32（a）所示,防止散热器内温度太高而发生散热器爆炸事故。当蒸气压力降到 87～99kPa 时,空气阀被大气压力压开,部分空气被吸入,如图 4-32（b）所示,减小散热器内的真空度,使冷却液在散热器内能正常流动。

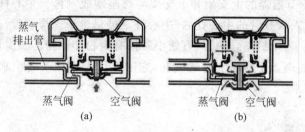

图 4-32   散热器盖结构及工作原理

在发动机热状态下开启散热器盖时,应缓慢旋开,使冷却系统内压力逐渐降低,以免被喷出的热水烫伤。

7. 膨胀水箱

1）膨胀水箱的功用

膨胀水箱（冷却液补偿水箱）建立封闭系统,减少空气对冷却系统内部的氧化,使水、气分离,避免冷却水的流失。

2）膨胀水箱结构及工作原理

膨胀水箱由塑料制造,并用软管与散热器加液口上的溢流管连接。当冷却液受热膨胀后,散热器内多余的冷却液流入冷却液补偿水箱;而当温度降低后,散热器内产生一定的真空度,膨胀水箱中的冷却液又被吸回散热器内,因此冷却液损失很少。如图 4-33 所示,膨胀水箱上印有两条液面高度标记线:DI（低）与 GAO（高）,或者 ADD（添加）与 FULL（充满）。当水温在 50℃ 以下时,膨胀水箱内液面高度应不低于 DI（ADD）线;若低于此线时,需补充冷却液。补充冷却液时,可从膨胀水箱口加入,箱内液面高度不应超过 GAO（FULL）线。

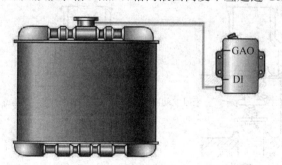

图 4-33   散热器与冷却液补偿水箱

膨胀水箱还可消除水冷却系统中的所有气泡。无论水冷却系统中有空气泡,还是有蒸气泡,都会降低传热效果。当水冷却系统中有空气时,还会增加金属的腐蚀。

8. 节温器

节温器是根据水温的变化,自动调节冷却水的循环路线。其类型有蜡式、折叠式等。

1) 蜡式节温器

汽车发动机多采用蜡式节温器,如图 4-34 所示。

蜡式节温器由上支架、下支架、主阀门、旁通阀、感应体、中心杆、橡胶管和弹簧等组成,如图 4-35 所示。节温器的上支架和下支架与阀座铆成一体。中心杆上端固定在上支架的中心,其下部插入橡胶管的中心孔内,中心杆下端呈锥形。橡胶管与感应体外壳之间的空腔里装有石蜡。为了提高导热性,石蜡中常掺有铜粉和铝粉。感应体外壳上、下部有联动的主阀门和旁通阀。主阀门上有通气孔,它的作用是在加水时使水套内的空气经小孔排出,保证能加满水。

图 4-34　蜡式节温器

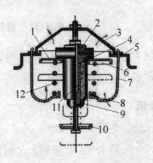

图 4-35　蜡式节温器结构图

1—主阀门;2—密封垫;3—上支架;4—橡胶管;
5—阀座;6—通气孔;7—下支架;8—石蜡;9—感
应体;10—旁通阀;11—中心杆;12—弹簧

2) 蜡式节温器的工作原理

当冷却系统的水温低于 76℃时,感应体内的石蜡是固体,弹簧将主阀门推向上方,使之压在阀座上,主阀门关闭,旁通阀随着主阀门上移,离开阀座,小循环通路打开,如图 4-36(a)所示。

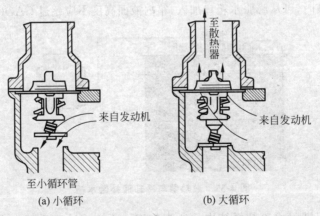

(a) 小循环　　　　　　　　　　　(b) 大循环

图 4-36　蜡式节温器的工作原理图

当冷却系统水温升高,超过 76℃时,石蜡逐渐变成液态,体积随之增大,迫使橡胶管收缩,从而对中心杆下端头产生向上的推力。由于中心杆上端固定,故中心杆对橡胶管、感应体产生向下反推力,打开主阀门,有部分冷却液经主阀门进入散热器。

当冷却液水温达到 86℃时,主阀门全开,而旁通阀刚好关闭了小循环通路,气缸盖出水口的冷却水全部经主阀门流向散热器,进行大循环,如图 4-36(b)所示。

注意:一般地,当节温器发生故障时,回位弹簧保持阀门关闭,导致发动机过热。

 4.2.4　电控冷却系统的组成及原理

电控冷却系统的组成及原理

 4.3　冷却系统的检修及故障诊断

发动机在长期使用过程中,冷却系统会因零件的腐蚀、磨损和积垢等原因,影响发动机的冷却效果,表现为发动机冷却液温度过低或温度过高等,这都将严重影响发动机的正常工作。

 4.3.1　冷却系统的日常维护和调整

冷却系统日常维护的主要检查事项如下。

(1)检查冷却液量,检查曲轴箱润滑油是否混水:抽出机油尺,观察机油颜色,不能是灰色或乳白色;检查是否有水滴、沉淀和过多的锈迹。

(2)检查散热器芯是否有堵塞(脏污、油迹、树叶、昆虫)、弯曲和散热器片损伤。

(3)检查风扇是否松弛、叶片破裂、叶片弯曲,检查风扇皮带。大多数情况下,需要拆下风扇皮带作全面检查。

① 拆下风扇皮带。

② 把风扇皮带里面翻出来。

③ 小心检查风扇皮带以下情况:磨光(图 4-37(a))、在带轮上位置不对(图 4-37(b))、松散的纤维和磨损织物散片、裂缝、浸油。如有以上缺陷,应更换风扇皮带。

④ 装回风扇皮带。

⑤ 调整风扇皮带的松紧度。V 形带松紧度的检查,以 40～50N 的力压下 V 形带,其挠度为 10～15mm 为合适。

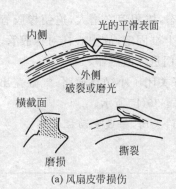

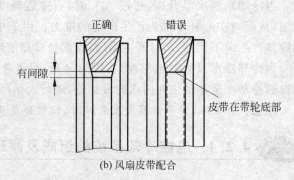

图 4-37　检查风扇皮带

4.3.2　散热器的检查与修理

微课——散热器的拆卸

微课——散热器的装配

　　散热器是发动机水冷却系统中的主要工作部件之一。散热器的常见损伤有：散热器积聚水垢、铁锈等杂质，形成管道淤塞，阻碍水流；芯部冷却管与上、下水箱焊接部位松脱漏水或冷却管破裂漏水；上、下水箱出现腐蚀斑点、小孔或裂缝；因外伤损坏而漏水，如图 4-38 所示。

1. 散热器渗漏和淤塞的检查

1）散热器渗漏的检验

（1）用气压表来检验。先向散热器内注满水，盖上散热器盖，将试验器水管接至放水开关，并打开放水开关，捏动橡皮球，向散热器中的水加压，当散热器泄气管放出空气时，压力表上的读数应在 27kPa～37kPa 的范围内变动。然后关闭放水开关，将试验器皮管接在泄气管上，加压至 50kPa，检查散热器有无渗漏现象。如压力表读数不能稳定地保持在 50kPa 的压力而不降时，则应查明散热器的漏水部位，而后进行修补，如图 4-39 所示。

图 4-38　堵塞的散热器

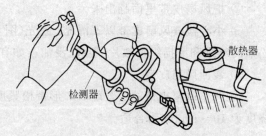

图 4-39　用气压表来检验散热器渗漏

（2）用压缩空气法检查散热器。对于清除水垢的散热器的漏水检验，可以将散热器的进水管用膨胀式橡皮堵塞，然后放入清水池内，再向散热器注入压缩空气。如散热器各处冒气，形成气泡，则说明散热器已严重腐蚀。如冒气地点不多，说明不严重，应在冒气地点找出渗漏位置，做好记号准备修复。

2）检查水容量

检查散热器中水的容量，可以分析水管是否淤塞或堵住（用新旧散热器水容量对比）。

3）散热器芯管堵塞的流动实验

散热器芯管堵塞，可以通过以下步骤进行流动实验，如图 4-40 所示。

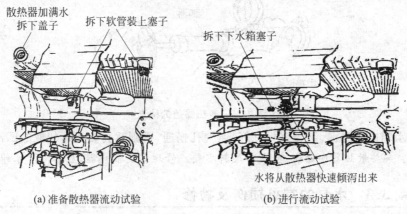

(a) 准备散热器流动试验　　　　　　(b) 进行流动试验

图 4-40　散热器的流动试验

（1）拆下散热器上、下水管。

（2）塞住上、下水管接头。塞子只承受水的压力。

（3）在散热器里充满水，拆下散热器盖。

（4）拿掉下水管塞子，观察水流。水稳定地快速流出。普通尺寸的散热器在两分钟内流空。随着水位降低，水流会减小。当不能满足上面实验时，拆卸、清洗散热器芯管和装配散热器。

注意：如果超过 10％的散热器芯管堵塞，发动机会过热。

2. 散热器的清洗

散热器在使用过程中，会因腐蚀和积垢等原因影响冷却效果。清洗散热器是恢复散热器散热能力的有效方法。去除水垢通常采用化学法，即利用酸或碱类物质与水垢发生化学反应，将水垢变成可溶于水的物质，从而清除。清洗时，最好采用循环法，即先用酸性溶液洗涤，再用碱性溶液冲洗中和。清洗时，除垢剂以一定的压力（一般为 10kPa）在气缸体水套或散热器内循环，一般 3～5min 后即可完成清洗。若散热器内积垢严重，应拆去上、下室，用通条疏通。

3. 散热器的修理

散热器的渗漏大多出现在散热管与上、下水箱间的接触部位。渗漏不严重时，一般可用钎焊修复。散热管出现渗漏时，可采取局部封堵，封堵的散热管的数量不得超过管数总量的10%,切断散热片的面积不得大于迎风总面积的10%。

4. 检查散热器盖与膨胀水箱

现在的汽车发动机都采用密封式冷却系,冷却液能否在沸点以上不汽化,保持良好的导热、冷却能力;冷却系能否防止冷却液过量消耗,从而减轻水垢沉积速度,关键在于散热器盖和膨胀水箱的工作性能。散热器盖可用专用手动气泵检查:压力阀的开启压力应在73.5kPa～103kPa的范围内,真空阀的开启压力应在0.98kPa～11.8kPa,如图4-41所示。否则必须立即更换散热器盖。

图4-41　散热器盖的检查

膨胀水箱应无渗漏、箱盖密封良好、通气孔畅通,否则就会破坏冷却液的回流。

注意:某些散热器由铝制造,或有塑料水箱。修理这类散热器,应参考厂家维修手册。

 4.3.3　水泵的常见损伤及检修

微课——水泵的拆卸

微课——水泵的装配

水泵的常见损伤有:泵壳裂纹、叶轮松脱或损坏、泵轴磨损或变形、水封损坏和轴承磨损等,如图4-42所示。

1. 泵壳的检修

检查泵壳和带轮有无损伤。若泵壳有裂纹,可进行焊接或更换;若壳与盖接合面变形大于0.05mm,应予修平;若轴承座孔由于压入、压出轴承使座孔磨损,可用镶套的方法修复或更换。

图4-42　水泵叶轮开裂

2. 水泵轴的检修

检查水泵轴有无弯曲和轴颈的磨损程度、轴端螺纹有无损坏。若水泵轴弯曲大于0.05mm,应冷压校正;若轴颈磨损严重,应予更换。

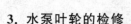

3．水泵叶轮的检修

检查水泵叶轮的叶片有无破损，叶轮上的轴孔与轴的配合是否松旷。若叶片破损，应予焊修或更换；若轴孔磨损过度，可进行镶套修复。

4．水封装置的检修

若水泵泄水孔漏水，则为水封密封不严。若胶质水封磨损或变形，应更换；若水封密封圈磨损，可翻面使用。

5．水泵装合后的检验

水泵装合后，首先用手转动皮带轮，泵轴转动应无卡滞现象，叶轮与泵壳应无碰擦感。然后在试验台上，按原厂规定进行压力/流量试验。例如：解放 CA6102 型发动机水泵转速为 2000r/min 时，水泵流量不少于 140L/min，压力不得低于 0.04MPa；当转速为 3300r/min 时，水泵流量不少于 240L/min，压力不得低于 0.121MPa。

4.3.4 节温器和水堵头的常见损伤及检修

节温器是根据水温的变化，自动调节冷却水的循环路线的重要元件，水堵头则可以作为气缸的安全阀，所以在冷却系统中它们有着重要的作用，必须了解其常见损伤并能进行正确检修。

1．节温器检修

节温器的常见故障为：主阀门开启和全开的温度过高，甚至不能开启；节温器关闭不严。前者将造成冷却水不能有效地进行大循环，致使发动机过热；后者将造成发动机升温缓慢，发动机过冷。此外，随着节温器性能逐渐衰退，主阀门的开度将逐渐减小，造成进入大循环的冷却水流量减少，冷却系统将逐渐过热。

检查时，把节温器放在盛有水的器皿中，然后加热，检查主阀门开始开启和完全开启时的温度，以及全开时主阀门的升程，如图 4-43 所示。以桑塔纳轿车为例，若发动机的节温器主阀门开启温度为 87℃，全开温度为 102℃左右，节温器的主阀门在全开时最大升程为至少 7mm。节温器的性能检验不符合上述要求时，一般应予更换。

蜡式节温器的安全寿命一般为 50 000km。因其失效后无法修复，所以必须按照其安全寿命更换。

2．水堵头

水堵头如图 4-44 所示，如果有泄漏，则须更换。无论发动机是否已从车辆上拆下，更换步骤都是一样的。如果无法拆卸，则须拆下发动机和气缸盖。

（1）拆卸水堵头。准备好车辆，必要时拆卸发动机和气缸盖。在水堵头的中间钻一个小孔，如图 4-45(a)所示。在孔中插入螺钉旋具或金属杆，用一小块木块做支点，然后把水堵头撬出来，如图 4-45(b)所示。

图 4-43 节温器检测

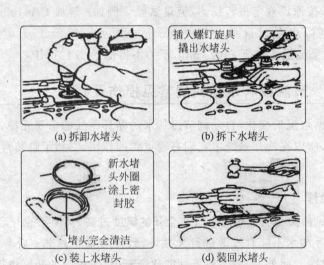

水堵头

图 4-44 水堵头

(a) 拆卸水堵头

插入螺钉旋具撬出水堵头

(b) 拆下水堵头

新水堵头外圈涂上密封胶

堵头完全清洁

(c) 装上水堵头

(d) 装回水堵头

图 4-45 拆卸与装回水堵头

（2）装回水堵头。清理水堵头和水堵头座。确保水堵头座上原来的密封胶被清除干净。用刮刀清理水套座，在新的水堵头周围涂上密封胶，如图 4-45(c) 所示。插入水堵头，用手锤和冲头冲回原来的位置，如图 4-45(d) 所示。有不同规格的冲头以适应各种规格的水堵头。冲头只能冲击杯形水堵头的上边缘，而不能冲击底面，否则会造成水堵头变形，影响过盈配合。避免尖锐的冲头冲击膨胀型水堵头，这将减小膨胀量而影响水堵头密封效果。

4.3.5 风扇的常见损伤及检修

微课——冷却风扇的运行模拟

175

发动机冷却风扇的功用是增强流经散热器的空气流速和流量,以提高散热器的散热效果。风扇作为发动机冷却系统中的一个重要部件,其工作的好坏不但直接影响到散热器的散热效率,而且影响到发动机的正常使用和可靠性。

1. 风扇叶片的检修

当风扇叶片出现破损、弯曲、变形后,应及时更换,如图 4-46 所示。风扇连接板强度不足或受到撞击会使风扇叶片弯曲或扭曲变形,破坏风扇叶片的角度,丧失平衡性能,不但影响通过散热器的空气流速和流量,降低散热器的冷却能力,甚至打坏散热器,加速水泵轴承、水封的损坏,会大幅度地增加风扇的噪声。

2. 风扇电动机的检修

(1) 以桑塔纳轿车发动机为例,检查风扇电动机应在冷却液温度低于 84℃ 的状态下进行。将点火开关转至 ON,风扇电动机应不工作。当拆下散热器上的温控开关线束插头并使其搭铁时,风扇电动机应转动;接上温控开关线束插头时,风扇电动机应停止工作。若不符合上述要求,说明风扇电动机或其电路有故障。

(2) 拔下风扇电动机接插件,用一根导线将接地端接地,再用 12V 电源分别触碰低速端和高速端,电动机应分别作低速运转和高速运转。

(3) 进一步检查风扇电动机,如图 4-47 所示,在电路中串联万用表检查风扇电动机的工作电流。如果风扇能够平稳运转且工作电流为 5～8A,说明风扇电动机良好。

图 4-46　叶片破损

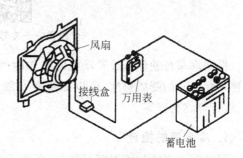

图 4-47　风扇的检查

(4) 温控开关的检修。发动机若已熄火,风扇仍可能转动。如果冷却液温度很高但风扇不转,应检查熔断器。若熔断器完好,则应停机检查温控开关,必要时检查电动机的功能或更换有关部件。

以桑塔纳轿车发动机为例检查电动风扇热敏开关。将电动风扇热敏开关放入加热的水中(增压锅加热),用万用表测量第一挡,当水温达到 93～98℃ 时,应能导通;当水温到 88～93℃ 时,应断开;而测量第二挡时,当水温为 105℃ 时,应导通;当水温为 93～98℃ 时,应断开。否则,应更换电动风扇热敏开关。

4.3.6　冷却系统的压力检测

可以使用专用的冷却系统测漏仪对冷却系统的压力进行简单快速的检测。将散热器

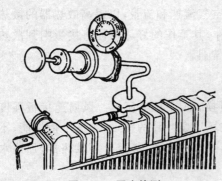

图 4-48　压力检测

压力盖拆掉（发动机处于冷态），把测试器装在压力盖的位置，通过手压泵对整个冷却系统进行加压。主要查看冷却系统下列部件是否泄漏：水管及连接部位、散热器、节温器、气缸盖、气缸体和堵头。在发现零部件泄漏或怀疑有泄漏时，都必须进行压力测试。冷却系统测漏仪同样可以测试散热器盖，检测时使用一个适配器将手压泵与散热器盖连接起来，如图 4-48 所示。

保持稳定：如果指针维持稳定达到 2min，说明系统不存在严重的冷却液泄漏。

缓慢下降：说明正发生小的泄漏或渗漏。用手电筒对所有连接处进行渗漏或轻微渗漏的检查。

快速下降：说明正在发生严重的泄漏。对系统进行外部泄漏检查。如果看不到泄漏，则查看内部泄漏。

 4.3.7　冷却液的更换和冷却系统的清洗

微课——冷却液冰点的测试

根据汽车行驶里程或发动机的工作时间，要定期更换发动机冷却液。因为难以通过目视来判断它的变质程度，所以如果冷却液发生变质，其内在防锈品质降低，散热器、管路、软管等将会损坏。

1. 冷却液的检查

当车辆出现冷却液温度过高时，车辆不允许继续行驶。否则，会使发动机产生较大的损伤。乙二醇型防冻冷却液的牌号是按冰点来划分的，应根据车辆使用地区冬季的最低气温来选择合适的牌号。为防意外，选用的防冻冷却液冰点应比最低气温低 10℃ 左右。

1）冷却液检查

（1）掀开盖板用柔软绒布将盖板及棱镜表面擦拭干净。

（2）将待测液体用吸管滴于棱镜表面，合上盖板轻轻按压，将冰点测试仪对向明亮处，旋转目镜使视场内刻线清晰，读出明暗分界线在分划板上相应标尺上的数值即可，如图 4-49 所示。

（3）测试完毕，用柔软绒布将盖板及棱镜表面擦拭干净，清洗吸管，将仪器收藏于包装盒内。

图 4-49　冰点测试仪

（4）在测量电池液时，注意不要撒在皮肤和眼睛上，以防烧伤，测试后仔细擦净仪器。

2）冷却液更换注意事项

（1）车辆首次使用乙二醇型防冻冷却液时，应将散热器中原有的水放尽，最好能用散热器清洗剂将其中的水垢和沉淀物清除，其加入量一般为散热器容量的 95%。

（2）用防冻浓缩液配制时，不能使用河水、井水、自来水等。

（3）防冻冷却液和添加剂均为有毒物质，使用中应注意安全。

（4）定期检查冷却液液面高度，并适时补充冷却液。补充冷却液时，应在发动机关闭后处于冷却状态时进行，否则热水喷出会伤人。

（5）因为难以通过目视来判断冷却液的变质程度，所以应根据行驶里程或时间长短来更换发动机冷却液，更换周期一般为每 40 000km 或 1～2 年。

（6）不同牌号的防冻冷却液不可混合使用。

2. 冷却液的更换

冷却液的更换步骤如下。

（1）车辆停放在举升工位，准备好实训操作时的工具和耗材。

（2）安装翼子板三件套，如图 4-50 所示。

（3）打开车辆发动机盖，观察膨胀水箱液位，储液罐液位应在 min 与 max 刻度线之间，如图 4-51 所示，如冷却液不足，判断冷却系统是否存在泄漏。

图 4-50　安装翼子板三件套

图 4-51　观察冷却液液位

（4）将仪表盘上的暖风开关拨至右端，打开暖风控制水阀。启动发动机，车辆怠速运转，直至散热风扇旋转，用手握住水箱上、下水管。如图 4-52 所示，判断水箱上、下水管温度是否相近，以此确定节温器是否已全开。

（5）发动机熄火，慢慢旋下膨胀水箱盖，如图 4-53 所示。

（6）在发动机下方，放置冷却液收集箱，并拧开放水口，排空冷却液，如图 4-54 和图 4-55 所示。

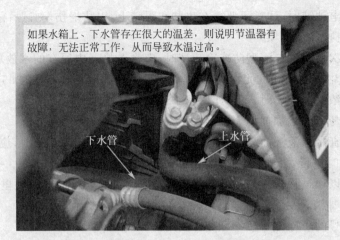

如果水箱上、下水管存在很大的温差，则说明节温器有故障，无法正常工作，从而导致水温过高。

下水管　上水管

图 4-52　水箱上、下水管

图 4-53　打开膨胀水箱盖

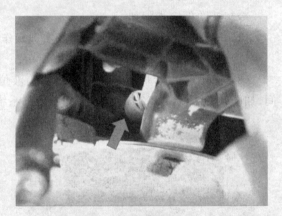

图 4-54　拧开放水口

（7）拧开冷却液排空口，加注冷却液，直到排空口流出冷却液，拧紧排空口，如图 4-56～图 4-58 所示。

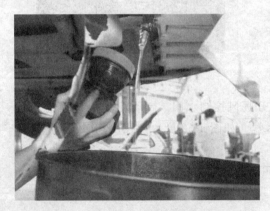

图 4-55　放出冷却液

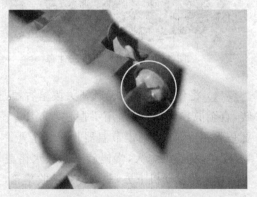

图 4-56　拧开冷却液排空口

图 4-57 加注冷却液

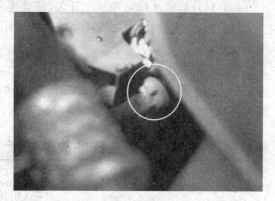

图 4-58 拧紧排空口

（8）启动发动机，观察水温表有无异样，如图 4-59 所示。

（9）着车怠速运转，期间请勿启动空调系统，加速至发动机 2500r/min 达正常工作温度至风扇运转，此时节温器完全打开，如图 4-60 所示。然后，观察膨胀水箱水位，若不足应添加，同时观察发动机冷却系统有无泄漏。

（10）收拾、整理工具，清理场地，把车辆复位。

图 4-59 查看水温表

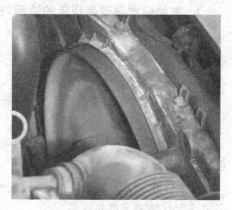

图 4-60 风扇运转

3. 冷却系统的清洗

发动机冷却系统的冷却液中含有钙、镁等盐类物质，当盐浓度达到饱和状态时，就会从水中析出，一部分形成沉淀渣，另一部分沉积在冷却系统的内表面形成水垢，即硫酸钙、碳酸钙等物质。

防冻液和冷却液中都含有硅盐酸，当冷却液温度从高至低发生变化时，硅盐酸容易产生"扩散"现象，在冷却液中形成青苔状的物质。此物质的形成将降低冷却液的流速，从而导致冷却系统散热功能的减退。

冷却系统的清洁是保障散热器稳定发挥性能，减少发动机爆缸故障发生概率的主要方法，冷却系统清洗方法步骤如下。

（1）先将发动机升温至 40～50℃再熄火。

（2）打开膨胀水箱盖和放水开关（或螺塞），放净系统中的冷却液。

（3）然后向发动机内加满清洁的水或专用水箱清洗剂，再使发动机急速运转5min，放出清洗水。

（4）最后关上放水开关（或螺塞）。

（5）加入新的冷却液，启动发动机至发动机有大循环，观察发动机冷却液是否泄露，同时补加至冷却液液面达规定要求后熄火。

 ## 4.3.8　冷却系统的故障诊断

微课——水温报警灯亮故障诊断

冷却系统的主要功用是保证发动机在最适宜的温度状态下工作，所以其主要故障一般是水温过高、水温过低以及冷却液消耗异常等现象。

1. 发动机水温过高现象的诊断与排除

1）故障现象

（1）水温表指针在100℃以上，散热器"开锅"。

（2）发动机爆燃，不易熄火。

（3）活塞膨胀，发动机熄火后，不易启动。

2）故障原因与分析

（1）冷却液不足。检查冷却水箱或膨胀水箱的水是否充足，加水或疏通膨胀水箱的通气孔。

（2）百叶窗关闭或开度不足，使流经散热器的通风量受到影响；散热器通风不良，如泥浆或絮状物进入散热片等。

（3）水温表指示过高。观察散热器水温是否过热或开锅，如水温正常，即为感应塞或水温表故障，应更换感应塞，若仍然过高，则是水温表已损坏。

（4）散热器风扇皮带打滑或风扇叶片损坏、角度不当等；风罩脱落、损坏等。

（5）散热器盖损坏，或散热器回水管被吸瘪变形，严重影响了冷却系统工作时的回水量；橡胶管使用过久或安装了质量不良的水管，最容易造成散热器回水不畅的故障。

（6）散热器芯管阻塞或散热片歪斜过多，使冷却液流通不畅或通风不畅；发动机水套内以及散热器内水垢过多。

（7）节温器故障。若发动机温度过高，而散热器温度并不高，或散热器上储水箱温度高，下储水箱却较冷时，可能是节温器阀门没打开或开度小，应检修节温器。

（8）风扇不转，或电子控制风扇的温度控制开关工作不良，从而使风扇不能旋转或风扇电动机启动过晚。

（9）风扇离合器不能正常工作，使散热器的冷却效率大大降低。

（10）水泵损坏。可将水箱盖打开，突然加油门，从加水口观察冷却水面有无变化，若无搅动现象，则是水泵损坏。

除此之外，汽油发动机的点火时间过迟和柴油发动机的喷油时刻过缓也会影响冷却系统的温度，并且将伴随其他故障现象，应视具体情况进行诊断与排除。

3）诊断与排除方法

（1）先检查冷却液是否足够。若冷却液不足，找出冷却液不足的原因，是泄漏了还是烧坏了。可以先检查油底壳里的机油量是否有增加或泡沫状变质，若机油量增加且呈泡沫状，则应拆检发动机。若机油量或质没变化，则检查是否有泄漏点。若冷却液足，则检查水温表是否失效。再检查百叶窗是否关闭和开度不足。若开度足够，再检查风扇皮带的松紧度。用大拇指以一定的力压皮带，其挠度应在 10～15mm。若压下的距离过大，则说明风扇皮带太松，应松开发电机活动支架进行调整。

（2）若皮带不松却仍然打滑，说明皮带及皮带轮磨损或沾有油污，应予以更换。若风扇不转，检查风扇继电器和保险。短接风扇，看是否转动，若不转，则是风扇本身故障（电动机问题）；若转动，则是线路问题。

若风扇转动正常，但发动机仍过热，则应检查风扇工作时的扇风量及风扇离合器是否工作正常。

方法是在发动机运转时，将一张薄纸敷在散热器前，若能被牢牢地吸住，则说明风量足够；否则应检查风扇离合器是否正常及风扇叶片方向是否正确，或者风扇叶片有无变形、折断或角度是否正确。如果叶片已经变形，可用专用工具夹住叶片头部适当折弯矫正，以减少叶片涡流，必要时需更换风扇。

（3）若风扇运转正常，则需检查水泵和节温器的工作效能。用手触摸发动机上水管和下水管的温度，若上、下水管温差很大，则冷却液没有在散热器里流动循环，应先拆下节温器检查节温器的工作情况。若节温器是正常的，可将水箱盖打开，突然加油门，从加水口观察冷却水面有无变化，若无搅动现象，则是水泵损坏，拆下水泵检查水泵的工作效能。

（4）若上述各部分均工作正常，再检查散热器和发动机各部位的温度是否均匀。如果散热器冷热不均，则说明其中冷却液管有堵塞或散热片倾倒过多。如果是发动机前端的温度低于后端，则表明分水管已经损坏或堵塞，应予以更换。若非上述原因，则可能是水套积垢过多，应予以清洗。

2. 发动机水温过低现象的诊断与排除

1）故障现象

水温上升缓慢（冬季）并且发动机温度在未达到正常工作温度之前便不再继续增长。

2）故障原因与分析

（1）百叶窗不能关闭或汽车的保温防护措施过差，使发动机温度难以得到提高。

（2）节温器损坏，使小循环阀门不能按要求打开，大循环阀门也一直处于不能打开状态，破坏了发动机原有的设计要求。

（3）电子控制风扇的温度控制开关工作不良，从而使风扇在未达到正常温度时过早旋转。

（4）风扇离合器不能正常工作，风扇高速旋转使冷却风量过大。

3）诊断与排除方法

（1）检查保温防护措施是否可靠。

（2）风扇转速是否过高。

（3）节温器工作是否正常。

3．冷却液消耗量异常

1）故障现象及原因

（1）冷却系统出现外渗漏，一般是散热器、水管接头、水泵漏水或滴水；气缸垫损坏和气缸体损坏漏水。

（2）冷却系统出现内渗漏，表现为油水相通、水套漏水、缸套漏水等。其现象是水箱水减少，但是不见水外漏，而在油底壳，拔出机油尺检查就知道了。

（3）散热器盖有故障。

（4）冷却系统水垢过多或堵塞，系统循环不良。

2）诊断与排除

（1）检查冷却系统各个部件及连接部分有无渗漏。

（2）检查散热器是否密封。

（3）检查系统有无内渗漏。

（4）检查水垢。

单元 5

诊断和排除润滑系统故障

◎ **客户委托**

　　周先生有一辆私家车,已经行驶了 12 万公里,最近发现车在行驶途中,低速时机油报警灯会亮起,高速时熄灭,经汽车维修师傅了解,再实车检查,最终找出故障原因:由于该车长期不按照规定时间保养,造成发动机内部润滑油道堵塞、机油泵故障及滤网堵塞等,如图 5-1 所示,因此引起了上述故障。

长期没有做深化保养的车辆内部

定期做深化保养的车辆内部

图 5-1　长期没有做深化保养与定期做深化保养的区别

◎ **学习目标**

　　(1)能正确认识润滑油和润滑系统;

　　(2)能正确认识润滑系统的主要部件;

　　(3)能正确检测并维修润滑系统的主要部件;

　　(4)能正确维护润滑系统,并通过废旧润滑油的回收,培养环保意识、社会责任意识;

　　(5)能正确诊断并排除润滑油常见故障。

◎ 知识点与技能点清单

序号	学习目标	知 识 点	技 能 点
1	能够正确认识润滑油和润滑系统	(1) 润滑油分类; (2) 润滑油选择; (3) 润滑系统的功用; (4) 润滑系统的组成; (5) 润滑方式; (6) 润滑油路	(1) 能够正确选用润滑油; (2) 能够正确识别发动机零部件的润滑方式; (3) 能够正确描述润滑油路
2	能够正确认识润滑系统的主要部件	(1) 机油泵的结构与工作原理; (2) 机油滤清器结构与工作原理; (3) 机油散热器的结构与工作原理; (4) 油底壳和油尺的作用、结构; (5) 曲轴箱通风装置的结构与工作原理	(1) 能够正确拆装机油泵; (2) 能够正确识别机油滤清方式; (3) 能够确认 PCV 连通管路
3	能够正确检测并维修润滑系统的主要部件	(1) 机油泵的常见损伤及检修; (2) 机油散热器常见损伤及检修; (3) 曲轴箱通风系统常见损伤及检修	(1) 能够正确检测并维修机油泵; (2) 能够正确检测并维修机油散热器; (3) 能够正确检测并维修曲轴箱通风系统
4	能够正确维护润滑系统	(1) 检查机油质量; (2) 更换机油和机油滤清器; (3) 维护润滑系统的注意事项; (4) 检查机油压力	(1) 制订润滑系统维护计划; (2) 执行润滑系统的维护
5	能够正确诊断并排除润滑油常见故障	(1) 机油压力过高故障诊断; (2) 机油压力过低故障诊断; (3) 机油消耗量过多故障诊断	(1) 制订润滑系统的故障诊断计划 (2) 执行润滑系故障诊断

◎ 学习指南

(1) 明确学习目标及知识点与技能点清单。

(2) 按照学习任务列表完成每一项任务,任务知识部分需在课前提前完成。在完成知识部分任务时,可以参考本单元提供的学习信息,利用网络、厂家提供的维修手册、各类教学资源库等学习资源,也可以在课前或上课时向任课教师寻求帮助。任课教师会在正式上课时展示或共享大家对于知识部分任务完成情况,实现学习者之间的交流。

(3) 在任务列表中,涉及实操部分,可以在正式上课前自行完成,也可以由任课教师在课堂上安排完成。

(4) 完成任务列表后,自行根据本单元鉴定清单进行自查,并根据不足进行知识与技能的补充学习。

(5) 接受任课教师按照鉴定清单进行知识与技能鉴定。注意,鉴定可能是过程鉴定与终结性鉴定,学习者平时对学习任务的学习过程也将作为鉴定的依据,例如学习态度、学习过程中的技能展示、职场安全意识等。

5.1　学习任务

1. 在图 5-2 中,通过连线的方式确定润滑油的分类,并说出图标中 10W/40 代表什么意思? 是依据什么进行分类的? 我们应该如何选择润滑油呢?

汽油发动机润滑油

柴油发动机润滑油

图 5-2　确定润滑油的分类

2. 请结合图 5-3 在表 5-1 中写出润滑系统有哪些零部件,其功用是什么? 并写出润滑油路。

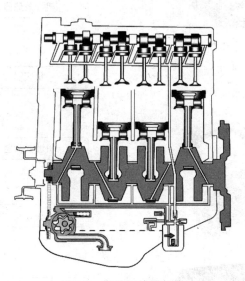

图 5-3　润滑系统零部件

表 5-1   润滑系统零部件的名称和功用

名　　称	功　　用

润滑油路：

　　3. 通过连线的方式确定发动机具体零部件常用的润滑方式,除此之外还有哪几种润滑方式?

主轴承、连杆轴承表面	飞溅润滑
EQ6100发动机的正时齿轮	压力润滑
气缸壁、活塞	喷射润滑

　　4. 识别图 5-4 中润滑系统零部件的结构,并说出每个零部件的功用,其中机油滤清器多采用哪种类型的滤芯,为什么?

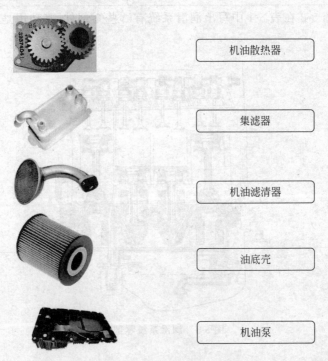

	机油散热器
	集滤器
	机油滤清器
	油底壳
	机油泵

图 5-4   润滑系统零部件实物图

5. 试述曲轴箱强制通风装置的功用是什么，PCV 阀开启的条件是什么。

6. 润滑系统的安全阀、旁通阀和单向阀各有何功用？

7. 张师傅在为客户进行润滑系统检修的时候，拆下的机油泵组件如图 5-5 所示，请回答以下问题。

（1）润滑系统的检测专用工具有哪些？

（2）区分图 5-6 所示机油泵的类型，并填在横线上。

图 5-5　机油泵组件

图 5-6　区分机油泵的类型

（3）拆卸分解机油泵，对照表 5-2 中图示，写出机油泵的检测内容及操作要领。

（4）在机油泵性能试验中，简述简易试验法和试验台试验法各自的操作要领。

（5）机油泵压力的调整，可以通过增减_____的调整垫片来调整。

表5-2　机油泵的检测内容及操作要领

图　　示	检测内容	检测操作及要领

8. 图5-7所示为张师傅在维修车辆时,拆下的机油散热器,请说出机油散热器的常见损伤是什么? 什么原因造成的,如何进行维修?

_____

_____

9. 图5-8所示为一位汽车维修经验丰富的师傅为初学者指出的关于"烧机油"的问题所在,你认为他的分析对吗? 查阅相关资料我们知道,"烧机油"是曲轴箱强制通风系统故障之一,你还知道其他常见故障吗? 原因和解决措施是什么?

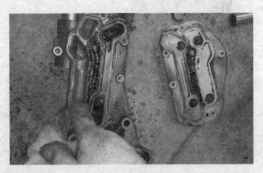

图5-7　机油散热器

图5-8　"烧机油"的问题所在

_____

_____

10. 润滑系统的维护很大程度与机油有关，那么如何辨别机油质量的好坏呢？不同地区、不同季节润滑油选用的依据是什么？润滑油更换的一般周期是多少？

_____

11. 写出排放和加注机油的正确步骤。

_____

_____

12. 写出检测机油压力的正确步骤。

_____

_____

13. 检查机油压力，完成表 5-3。

表 5-3　检查机油压力记录

发动机型号：	
检测机油压力应使用的专用工具名称：	
(1) 说明检测机油压力时，应如何将机油压力表和发动机的润滑油道连接： _____	 油压表 油压测试孔
(2) 按图所示方法，将机油压力表和发动机连接，测量机油压力，记录并说明是否正常： 怠速运转时的机油压力＝＿＿＿＿＿＿＿ 转速为 2000r/min 时机油压力＝＿＿＿＿＿ 结论：＿＿＿＿＿＿＿＿＿＿＿＿＿＿＿	

14. 请根据设置的教学情景，完成发动机机油压力异常的故障诊断任务工作单(表 5-4)。

表 5-4　发动机机油压力异常的故障诊断任务工作单

工作任务单			
学习情景：机油压力过低的故障诊断与排除 学习内容：润滑系统检修	班级： 日期：	姓名：	
车型：	发动机型号：	喷油泵类型：	生产日期：
使用工具			
使用材料			
完成任务 机油压力过低的故障诊断 (1) 故障现象：＿＿＿＿＿＿＿＿＿＿＿＿＿＿＿＿＿＿＿＿＿＿＿＿＿＿＿＿＿＿＿ (2) 故障原因：＿＿＿＿＿＿＿＿＿＿＿＿＿＿＿＿＿＿＿＿＿＿＿＿＿＿＿＿＿＿＿ (3) 诊断程序：＿＿＿＿＿＿＿＿＿＿＿＿＿＿＿＿＿＿＿＿＿＿＿＿＿＿＿＿＿＿＿			

鉴定

任课教师可以通过平时教学过程中学习者的学习态度、参与教学活动的积极性、职场安全意识及终结性鉴定结果等确定其最后鉴定结果,每个学习者最多可以鉴定三次,鉴定教师可以把鉴定情况填写在表 5-5 中。

表 5-5　单元 5 鉴定表

序号	学 习 目 标	鉴定 1	鉴定 2	鉴定 3	鉴定结论	鉴定教师签字
1	能够正确认识润滑油和润滑系统				□通过 □不通过	
2	能够正确认识润滑系统的主要部件				□通过 □不通过	
3	能够正确检测并维修润滑系统主要部件				□通过 □不通过	
4	能够正确维护润滑系统				□通过 □不通过	
5	能够正确诊断并排除润滑油常见故障				□通过 □不通过	

5.2　认识润滑系统的功用、组成及结构

发动机在工作时,机件表面之间以很高的速度做相对运动。这种摩擦不仅增大发动机内部的功率消耗,使零部件工作表面迅速磨损,而且摩擦所产生的热量还可能使某些工作零件表面熔化,导致发动机无法正常运转。因此,为保证发动机的正常工作,必须对发动机内相对运动部件表面进行润滑,以减轻磨损,延长发动机的使用寿命。

5.2.1　认识润滑油

汽车发动机润滑油简称机油,是车用润滑油中用量最大的,并且性能要求较高,品种要求繁多,工作条件非常苛刻。

1. 润滑油的分类

目前,国际上许多国家机油采用 API 质量分类法和 SAE 黏度分类法。

API 质量分类法:根据机油的用途和使用性能的高低,分为汽油发动机润滑油的 S 系列,具体有 SA、SB、SC、SD、SE、SF、SG、SH、SJ 9 个等级;柴油发动机润滑油的 C 系列,具体有 CA、CB、CC、CD、CE、CF-4、CG-4 7 个系列。

SAE 黏度分类法:按机油黏度大小,将机油分为 0W、5W、10W、15W、20W、25W、20、30、40、50、60 共 11 个等级。

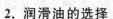
2. 润滑油的选择

机油的选择应兼顾使用性能级别的选择和黏度级别的选择两个方面。

1）使用性能级别的选择

发动机使用性能级别的选择主要根据发动机性能、结构、工作条件和燃料品质。柴油发动机机油使用性能级别的选择主要根据发动机的平均有效压力、活塞平均速度、机油负荷、使用条件和轻柴油的硫含量。

2）黏度级别的选择

机油黏度级别的选择主要是根据气温、工况和发动机的技术状况。机油的黏度要保证发动机低温易于启动，而走热后又能维持足够黏度，保证正常润滑。

常用发动机润滑油黏度等级与其适用温度范围请参照表5-6。

表 5-6　发动机润滑油黏度等级与适用温度范围

SAE 黏度级别	适用气温/℃
5W/30	−30～30
10W/30	−25～30
15W/30	−20～30
15W/40	−20～40
20W/20	−15～20
30	−10～30
40	−5～40

如今的汽车发动机均采用压力润滑和飞溅润滑相结合的复合润滑方式，而对一些分散的部位，如发动机水泵轴承、发电机和启动机等总成的润滑，采用定期加入润滑脂的方式进行润滑。

 5.2.2　润滑系统的功用、组成及润滑机理

微课——润滑系统的基本组成

润滑系统的主要作用就是对发动机中相对运动的零件的摩擦表面进行润滑，除了润滑作用外，还具有散热、清洗、保护和密封等作用。

（1）润滑作用：润滑运动零件表面，减小摩擦阻力和磨损，减小发动机的功率消耗。

（2）冷却作用：润滑油流经各零件表面时还可带走摩擦产生的热量，起冷却作用。

（3）清洗作用：机油在润滑系统内不断循环，清除零件表面的金属磨屑，带走磨屑以及空气带入的尘土及燃烧产生的碳粒等杂质。

（4）防锈蚀作用：在零件表面形成油膜，对零件表面起保护作用，防止腐蚀生锈。

（5）密封作用：在运动零件之间形成油膜，提高它们的密封性，有利于防止漏气或漏油。

（6）液压作用：润滑油还可用作液压油，起液压作用，如液压挺柱。

（7）减振缓冲作用：在运动零件表面形成油膜，吸收冲击并减小振动，起减振缓冲作用。

1．润滑系统的组成

汽车发动机润滑系统的组成大体相同，如图5-9所示，主要由下列零部件组成。

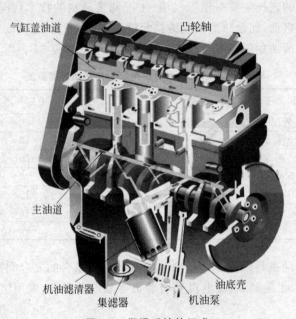

气缸盖油道　　凸轮轴

主油道

机油滤清器　集滤器　机油泵　油底壳

图5-9　润滑系统的组成

（1）储油、输送装置。它包括油底壳、机油泵、油管和油道等，作用是储存机油，并使其以一定压力在发动机中循环流动。

（2）机油滤清装置。它包括集滤器、机油滤清器等，用来过滤机油中的杂质、磨屑、油泥和水分等杂物，将干净清洁的机油输送到各润滑部位。

（3）检测报警装置。它主要包括机油压力表、机油标尺、机油温度表和报警器，用以检测发动机润滑系统的工作情况，当油位（或油压）超过允许值时报警。

（4）辅助装置。它包括机油冷却器（机油散热器）、限压阀、安全阀和回油阀等。这些辅助装置可以使润滑系统的使用性能更加完善。

2．润滑机理

润滑的实质就是在运动零件的摩擦表面之间形成一层润滑油膜，实现液体摩擦，从而减小摩擦阻力。

润滑油膜形成的基本条件是：运动件之间存在油楔及相对运动，并且有足够的润滑油供给。旋转零件，润滑油膜形成的原理如图5-10所示，静止时，轴与轴承在最低处接触,这时润滑油从轴和轴承中被挤出;当轴转动时,黏附在轴表面的油便随轴一起转动,由于轴与轴承间的间隙成楔形,使润滑油产生一定的压力。在此压力作用下,轴被推向一侧,轴的转速越高,单位时间被带动的油也越多,油压力就越大。当轴的转速升高到一定高度时,轴便被油压抬起。这样,油膜将轴与轴承完全隔开,使之变为液体摩擦。

同理,做直线运动的零件,其前端制有倒角时,润滑油也可压入运动表面而形成油膜,如图 5-11 所示。

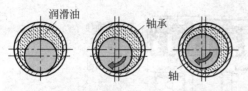
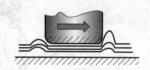

图 5-10 旋转零件润滑油膜的形成原理示意图   图 5-11 滑动零件润滑油膜的形成

5.2.3 润滑方式及润滑油路

微课——认识发动机润滑系统总成和油路

发动机各零件的润滑强度取决于该零件的工作环境、相对运动速度、热负荷的大小。

1. 润滑系统的润滑方式

(1)飞溅润滑:利用运动零件激溅或喷溅起来的油滴、油雾润滑摩擦面。适于摩擦面露在外面、载荷轻、运动速度小的零件的润滑,如气缸壁、活塞、活塞环、活塞销以及配气机构的凸轮、挺杆等零件。

(2)压力润滑:利用机油泵使润滑油产生压力,强制送到各表面。适用于摩擦面没有外露,载荷和运动速度大的摩擦表面,如主轴承、连杆轴承表面。

(3)复合润滑:飞溅与压力润滑相结合的润滑方式。汽车发动机上采用以压力润滑为主,飞溅润滑为辅的复合润滑方式。

(4)注油润滑:定期加注润滑脂,如水泵、启动机、发电机等部件的轴承。

(5)自润滑:用自润滑轴承代替普通轴承,如尼龙、二硫化钼等。

(6)喷射润滑:用专门的润滑油喷管将压力油喷射到摩擦表面进行润滑的润滑方式。如 EQ6100 发动机的正时齿轮的润滑。

2. 润滑系统的油路

现在的汽车发动机润滑系统的油路布置方案大致相似,仅因润滑系统的工作条件和某些具体结构的不同而稍微有差别。

1）轿车的润滑油路

桑塔纳轿车发动机的润滑系统的润滑油路如图 5-12 所示。即发动机工作时,机油经集滤器—机油泵—机油滤清器到:

① 主油道—主轴瓦—连杆轴瓦—活塞销—喷溅至活塞底部(部分车型)。

② 主油道—垂直油道—气缸盖油道—凸轮轴轴颈(和液压挺柱)—气缸盖回油孔—曲轴箱。

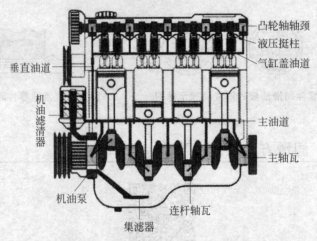

图 5-12　桑塔纳轿车发动机的基本润滑油路

2）载货汽车的润滑油路

东风某载货汽车发动机的润滑油路如图 5-13 所示。发动机工作时,机油经集滤器,大部分机油经粗滤器滤去较大的机械杂质,流入纵向主油道执行压力润滑任务;小部分机油(10%～15%)经机油细滤器滤去较细的杂质和胶质后流回油底壳。

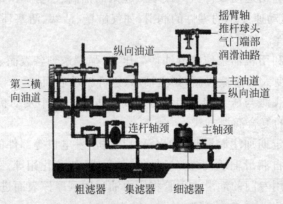

图 5-13　东风某载货汽车发动机基本润滑油路

主要机油流向如下。

(1) 进入主油道的机油,通过七条并联的纵向油道分别润滑主轴颈和凸轮轴轴颈。经主轴颈机油从曲轴中的斜向油道润滑连杆轴颈。

(2) 机油从凸轮轴的第二、第四轴颈处,经两个纵向油道流向摇臂支座、润滑摇臂轴、推杆球头和气门端部。

（3）第三横向油道通向机油泵传动轴，第一条横向油道通过喷油嘴喷射机油来润滑正时齿轮副。

（4）在第一、第二横向油道之间接出的油管通到空气压缩机曲轴中心的油道，对其连杆润滑后的机油由回油管回到油底壳中。

 ## 5.2.4　润滑系统主要部件的结构

微课——机油泵结构

微课——集滤器

微课——机油滤清器的结构原理

微课——油底壳的结构原理

1. 机油泵

1）功用与类型

机油泵的功用是提高油压，强制将润滑油送到各机件摩擦表面，以保证发动机的良好润滑。其常见的类型有：齿轮式机油泵、转子式机油泵、叶片式机油泵，其中齿轮式机油泵又分为外啮合齿轮式机油泵和内啮合齿轮式机油泵两种，如图 5-14 所示。

(a) 转子泵

(b) 内啮合式齿轮泵

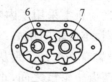
(c) 外啮合式齿轮泵

图 5-14　机油泵的类型

1—外转子；2—内转子；3—内齿圈；4—小齿轮；5—月牙形块；6—主动齿轮；7—从动齿轮

2）外啮合齿轮式机油泵

齿轮式机油泵由泵壳、主动轴、从动轴、主动齿轮、从动齿轮、油泵盖等组成，如图 5-15 所示。主动轴下端用半圆键固装着主动齿轮，上端制有长槽与分电器传动轴连接。分电器轴通过齿轮由凸轮轴驱动。泵盖与壳体之间的密封衬垫做得很薄，衬垫既可防止漏油，又可调整齿轮端隙。因齿轮与壳体内壁及泵盖间的间隙很小，以保证产生必要的油压。

泵盖上有限压阀组件,以维持主油道内的正常压力(150kPa~600kPa)。它是在试验台上通过调整垫片来改变弹簧预紧力而实现的。泵盖上有卸压槽:当齿轮进入啮合,啮合齿间的润滑油产生很高的压力,给齿轮的运动带来阻力,并通过齿轮作用在主、从动轴上,加剧了轴与齿轮孔间的磨损。因此,通常在泵盖上铣卸压槽,使啮合齿隙与出油腔连通,以降低其油压。

齿轮式机油泵工作时,机油泵进油腔齿轮的轮齿脱开啮合,其容积增大,产生真空吸力,润滑油便经进油口被吸入进油腔。机油泵齿轮的轮齿将润滑油带到出油腔,出油腔齿轮的轮齿进入啮合,其容积减小,油压增大,润滑油便经出油口压入发动机中,如图5-16所示。

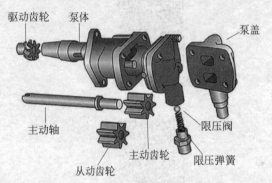

图 5-15　外啮合齿轮式机油泵结构

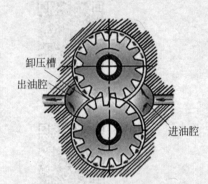

图 5-16　外啮合齿轮式机油泵工作原理

机油泵传动轴的安装注意事项:由于外啮合齿轮式机油泵和分电器共用一根传动轴,由凸轮轴驱动,所以机油泵的转速与凸轮轴的转速相同。再者,传动轴的螺旋齿轮在凸轮轴的外侧,分电器分火头顺时针转动。在安装传动轴时,需使第一缸活塞处于压缩终了位置,用长螺钉旋具将机油泵主动轴上的扁槽转至垂直于曲轴中心线位置(传动轴的上扁槽与下扁舌相互垂直),如图5-17所示,再将传动轴装入曲轴箱内。此时传动轴上扁槽应平行于曲轴中心线,且扁槽大面朝外,以保证点火正时的准确性。

3) 内啮合齿轮式机油泵

在一些汽车发动机上采用了内啮合齿轮式机油泵,如图5-18所示。这种机油泵的机体内腔装有内齿圈,小齿轮的中心线与内齿圈的中心线不同心,啮合后留有一月牙形空腔,在该空腔处设置有一个月牙形块,将内、外齿分开。小齿轮为主动齿轮,工作时,润滑油从进油口吸入两齿轮轮齿之间,小齿轮各齿之间带入的润滑油被推向出油口,并随着内、外齿间啮合间隙的逐渐减小,使润滑油加压流入油道。若出油口处机油压力超出正常范围,限压阀开启,部分机油经此阀门泄入油底壳以减小出油压力。

4) 转子式机油泵

(1) 工作原理:转子式机油泵工作原理如图5-19所示,主动的内转子有四个凸齿,从动的外转子有五个内齿,外转子在泵壳内可自由转动,内外转子间有一定的偏心距。当内转子旋转时,带动外转子一起旋转,无论转子转到任何角度,内、外转子每个齿的齿形轮廓线上总有接触点,于是内外转子间便形成了 4 个工作腔。由于内、外转子的转速比大于1 ($i=1.25$),所以外转子总是慢于内转子,且由于偏心距的存在,使工作腔的容积产生较大变化。当某一工作腔从进油腔转过时，容积增大，产生真空，机油便经进油孔被吸入。当该工作腔与出油腔相通时，腔内容积减小，油压升高，机油经出油孔压出去。

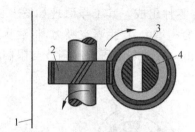

图 5-17　机油泵传动轴的安装

1—曲轴中心线；2—凸轮轴；

3—传动轴螺旋齿轮；4—传动轴上的扁槽

图 5-18　内啮合齿轮式机油泵

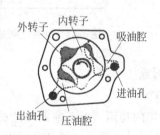

图 5-19　转子式机油泵工作原理

（2）特点：转子式机油泵结构紧凑，吸油真空度高，泵油量大，对安装位置无特殊要求，可布置在曲轴箱外或吸油位置较高的地方。

（3）构造：如图 5-20 所示，转子式机油泵的主动轴通过轴套和卡环安装在机油泵壳体和盖板上。内转子用半圆键固装在主动轴上。外转子装在泵壳内自由转动，内外转子均由粉末冶金压制。

为了保证内、外转子之间以及外转子与泵壳之间安装的正确性，油泵壳体与泵盖之间用两个定位销定位，并用螺栓紧固。泵盖与壳体之间有纸质衬垫，用以密封和调整转子与泵壳端面间隙。主动轴前端通过半圆键固装着传动齿轮，由曲轴经中间齿轮驱动。

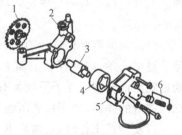

图 5-20　转子式机油泵的结构

1—链轮；2—壳体；3—内转子；

4—外转子；5—泵盖；6—限压阀

注意:

（1）机油泵的出油量与它的尺寸、转速及润滑系统的阻力有关,出油量是用油量的多倍,所以限压阀一直溢油。当发动机磨损增大,回油量减少。当回油停止时,发动机就接近大修了。

（2）机油泵出油压力的大小,随发动机转速、机油黏度、润滑油路中的阻力及配合间隙的变化而改变,出油压力和出油量成反比。

5）叶片式机油泵

叶片式机油泵由偏心转子、叶片、弹簧及泵壳等零件组成。其工作原理如图 5-21 所示,转子转动,叶片跟着转子转动,叶片转至进油口,容积增大,产生真空吸力,将油从进油口吸进,带至出油口,出油口容积减小,将润滑油压出。机油泵限压阀起调节与限制机油泵润滑油压力稳定的作用。

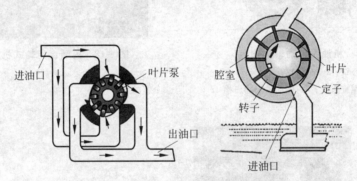

图 5-21　叶片式机油泵的工作原理示意图

2. 机油滤清器

1）功用与类型

机油滤清装置的功用是对不断循环的机油进行过滤,清除机油中的各种杂质,清洁润滑油。有机油集滤器、机油滤清器两种类型。

2）机油集滤器

集滤器一般为金属丝滤网,装在机油泵之前的进油管上,串联在油路中。主要是用于防止机油中一些颗粒较大的杂质进入机油泵。集滤器分为固定式集滤器和浮式集滤器两种。大多数汽车都采用固定式滤网式结构,如图 5-22 所示,且位于油面下面吸油,这样可以防止泡沫。

浮式集滤器的构造如图 5-23 所示,它由浮子、滤网、罩及焊在浮子上的吸油管组成。浮子是空心的,以便浮在油面上。固定管连通机油泵,安装后固定不动,吸油管浮子能自动地随油面升降。浮子下面装有金属丝制成的滤网。滤网有弹性,中央有环口,平时依靠滤网本身的弹性,使环口紧压在罩上。罩边缘有缺口,与浮子装合后便形成狭缝。

当发动机工作时,机油从罩与浮子之间的狭缝吸入,经滤网滤去粗大的杂质后,通过油管进入机油泵。当滤网堵塞时,滤网上方的真空度增大,滤网便上升而环口离开罩,此时机油不经滤网而直接从环口进入吸油管内,以保证机油的供给不会中断。

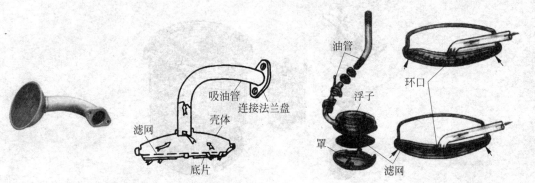

图 5-22　固定式机油滤清器的构造　　　图 5-23　浮式集滤器的构造

　　浮式集滤器浮于机油表面，能吸入油面上较为清洁的机油，但当油面上的泡沫被吸入时，油道中机油压力降低，润滑欠可靠。固定式集滤器处于机油下面，吸入的机油清洁度较差，但可防止泡沫吸入，润滑可靠，结构简单。

　　3）机油滤清器

　　粗滤器安装于缸体外面，滤去机油中粒度较大杂质（直径为 0.05～0.1mm），一般串联在机油泵和主油道之间，属于全流过滤式滤清器，如图 5-24(a)所示，即机油全经过滤清器过滤后流入主油道，设有旁通阀。货车用的粗滤器由外壳、端盖和滤芯组成。滤芯通过密封圈、滤芯压紧弹簧，压靠在外壳滤芯底座与端盖之间，外壳与端盖由密封垫圈、螺杆连接，端盖通过螺栓固定于缸体，并和缸体上相应的油孔对齐。

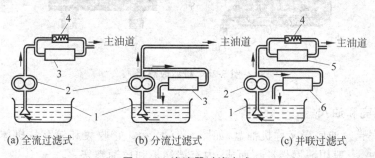

图 5-24　滤清器过滤方式

1—油底壳；2—机油泵；3—机油滤清器；4—旁通阀；5—机油粗滤器；6—机油细滤器

　　从机油泵输出的压力油经端盖上的进油孔进入粗滤器与滤芯之间，经滤芯过滤后，进入滤芯筒并经端盖上的出油孔进入主油道。旁通阀装于端盖上，当滤芯发生堵塞而阻力增加时，旁通阀打开，外壳内的机油经旁通阀和端盖出油孔进入主油道。当滤芯阻力增大使油压超过规定值时，指示器将驾驶室仪表上的指示灯接通，指示灯闪亮，表明需要更换滤芯或者对粗滤器进行维护。发动机冷启动时，由于机油黏度大，使滤芯阻力增加，指示灯也闪亮，但当发动机温度升高机油变热时，该灯熄灭。

　　目前，越来越多的发动机为维护方便，采用旋装式滤芯结构。滤芯为纸质折叠式结构，如图 5-25 所示，封闭式外壳，定期更换，直接旋装于滤清器盖上。

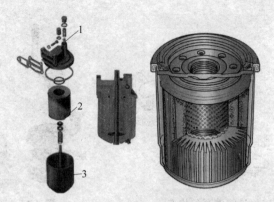

图 5-25　纸质滤芯式粗滤器结构
1—旁通阀；2—纸质滤芯；3—壳体

3. 机油散热器

一些热负荷较大的发动机，如大功率柴油发动机、大排量汽油发动机等，除利用油底壳对机油进行散热外，还设有专门的机油散热装置。这些装置分成空气冷却式机油散热器、水冷却式机油散热器，如图 5-26 所示。

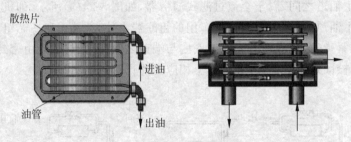

散热片
进油
油管
出油

图 5-26　机油散热器

4. 油底壳和油尺

（1）油底壳。油底壳又称机油盘，如图 5-27 所示。它收集和储存从机体内各机件上流回的润滑油，一般用薄钢板冲压而成，内有挡油板和放油螺塞。

（2）油尺。油尺可以检查发动机机油量的多少。检查发动机机油量应在发动机启动之前或停止运转 30min 以后，其油量应保持在油尺的上、下限之间，如图 5-28 所示。

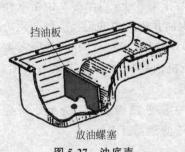

挡油板
放油螺塞

图 5-27　油底壳

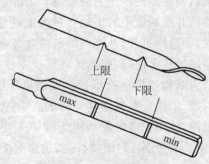

上限
下限
max
min

图 5-28　机油尺

5．曲轴箱通风装置

在发动机工作时,燃烧室的高压可燃混合气和已燃气体,或多或少会通过活塞组与气缸之间的间隙漏入曲轴箱内,造成窜气。窜气的成分为未燃的燃油气、水蒸气和废气等,这会稀释机油,降低机油的使用性能,加速机油的氧化、变质。水汽凝结在机油中,会形成油泥,阻塞油路;废气中的酸性气体混入润滑系统,会导致发动机零件的腐蚀和加速磨损;窜气还会使曲轴箱的压力过高而破坏曲轴箱的密封,使机油渗漏流失。

为防止曲轴箱压力过高,延长机油使用期限,减少零件磨损和腐蚀,防止发动机漏油,必须实行曲轴箱通风。此外,为满足日益严格的排放要求和提高经济性,在汽车发动机设计过程中也必须进行曲轴箱通风系统设计。

1) 作用

发动机曲轴箱通风装置的作用有:

(1) 防止油蒸气稀释机油而变质。

(2) 防止曲轴箱内气压过高,机油渗漏。

(3) 把渗入曲轴箱油蒸气引入气缸内燃烧,提高了燃油的经济性。

2) 曲轴箱通风的形式与特点

曲轴箱通风的方式有自然通风和强制通风两种。

(1) 自然通风。柴油发动机的曲轴箱一般采用自然通风方式,如图 5-29 所示。它利用一根出气管接通曲轴箱,出气管的一端制成斜切口,切口背向汽车行驶方向。汽车行驶时,冷却系统风扇所吹起的气流,在曲轴箱的出气管口处形成一定的负压,产生吸力,从而将曲轴箱内的气体抽出,并直接排入大气中;新鲜空气则从空气滤清器经加机油管进入,以形成对流。

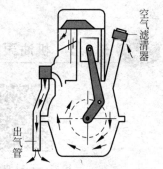

图 5-29　自然通风

(2) 强制通风。汽油发动机的曲轴箱一般采用强制通风方式,如图 5-30 所示。强制式曲轴箱通风是利用发动机进气系统的抽吸作用抽吸曲轴箱内的气体,这种通风方式结构有些复杂,但可以将窜入曲轴箱内的可燃混合气和废气回收使用,不仅有利于提高发动机的经济性,而且可以减轻发动机的排放污染,因此在现在的汽车发动机上广泛使用。

图 5-31 为 PCV(曲轴箱强制通风)阀,是一个计量控制阀,也是一个单向阀,主要由阀、阀体、阀座和弹簧组成。PCV 阀的作用是防止发动机在低速小负荷时进气管的真空度太大而将机油从曲轴箱内吸出。

发动机在怠速时进气管内真空度大,PCV 阀被吸在阀座上,曲轴箱内废气经阀上小孔进入进气管;随发动机负荷增大,进气管的真空度下降,阀在弹簧力的作用下向外顶开,这时通气量逐渐加大;发动机大负荷时,阀完全打开,通风量最大,因而起到更新曲轴箱内空气的作用。因此,PCV 阀由真空度来控制,调节曲轴箱通风系统产生的油烟进入进气系统的流量。发动机高速运转时的流量要比低速时要高,同时当发动机发生回火时,PCV 阀应能切断通风防止曲轴箱爆炸。

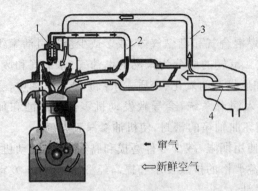

图 5-30　曲轴箱通风装置
1—PCV 阀；2—气门室罩通风软管；3—进气道通风软管；4—空气滤清器

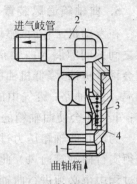

图 5-31　曲轴箱通风单向阀
1—阀体；2—阀座；3—弹簧；4—阀

5.3　润滑系统的检修

　　润滑系统常见的故障一般为系统零部件的损伤，一般为机油泵、机油散热器和曲轴箱通风装置的损伤引起的，由于润滑系统对于发动机的重要性，所以掌握其检修方法很有必要。

5.3.1　机油泵常见损伤及检修

微课——机油泵检测

微课——机油泵的拆卸

微课——机油泵的装配

微课——安装机油泵到发动机总成

　　机油泵的寿命通常比发动机长，但有时也会出现问题，而且常常是由其他机件失效后引起的。

1. 机油泵常见的损伤

　　（1）充气。是指油泵使空气泡和机油一起在发动机中通过。机油充气后，其润滑性能下降，从而会引起故障。机油充气后发生的一个现象是所有的液压气门挺杆均有噪声。

（2）铸件破裂。泵的铸件破裂，通常是由于泵安装不平而造成的。安装人员应阅读所购油泵附带的注意事项单，以掌握正确安装油泵必需的知识。

（3）中间轴损坏。异物的颗粒（气门挺杆密封上掉下的异物，轴承的碎块，气门挺杆的锁环以及塑料凸轮、链轮上掉下的部分）会通过吸入筛进入泵腔内。如果有大颗粒留在齿轮或者叶轮之间，泵就会被卡住。这时，中间轴就可能会扭曲而断。

（4）减压阀卡住。机油泵减压阀的配合公差是非常严格的。如果有异物进入泵内，会使减压阀卡住。如果减压阀被卡住在开启位置，会使油压很低或无油压。如果减压阀被卡住在闭合位置，常常会造成机油滤清器的损坏。

当汽车越野行驶时，如吉普车的 V-6 发动机上的减压阀常会被卡住在关闭的位置上。这是由于前轴罩使装有机油泵总成的铝正时箱盖鼓起或下凹所致，结果使机油滤清器毁坏。

（5）齿轮或叶轮磨损。磨粒（脏物、铸渣、加工留下的残渣和磨损粒子）会将叶轮或齿轮划伤。

（6）内部间隙过大。油泵间隙增大会造成油压下降。

2．机油泵的检修

1）机油泵性能试验

（1）简易试验法：径向和轴向推拉、晃动主动轴，有间隙但不松旷，表明磨损不严重。然后把集滤器浸入清洁的机油中，用手按工作时的转向转动机油泵主动轴，机油应从出油口流出。用手堵住出油口，继续转动机油泵，手指应有压力感，同时感到转动主动轴的阻力明显增大，直至转不动或机油被压出，则表明机油泵技术状况良好，可以继续使用。否则应拆检修理或更换总成。

（2）试验台试验法：将机油泵装复后应在试验台上试验。检测泵油量及泵油压力，机油泵压力的调整，可以通过增减限压阀弹簧座处的垫片来调整。

2）齿轮式机油泵的检修

机油泵主要损伤形式是由零件的磨损所造成的泄漏，使泵油压力降低和泵油量减少。机油泵的端面间隙、齿顶间隙、齿轮啮合间隙、轴与轴承间隙的增大，各处密封性和限压阀的调整都将影响泵油量和泵油压力。由于机油泵工作时，润滑条件好，零件磨损速度慢，使用寿命长，故可以根据它的工作性能确定是否需拆检和修理。

（1）用直尺和厚薄规检查齿轮端面到泵盖端面的距离，即检验端面间隙，如图 5-32 所示。

（2）用厚薄规测量齿轮的啮合间隙，同时在相邻的 120°的三点上进行测量，其齿隙相差不应超过 0.1mm，如图 5-33 所示。

3）转子式机油泵的检修

转子式机油泵应检查端面间隙和外转子与泵壳之间的间隙。转子式机油泵的端面间隙检查如图 5-34 所示。

外转子与泵壳内圆间隙的检查如图 5-35 所示。

机油泵磨损后，各部分之间的间隙大于使用限度应更换零件或更换总成。机油泵各部间隙的使用极限见表 5-7。

204

图 5-32　用直尺和厚薄规检查端面间隙

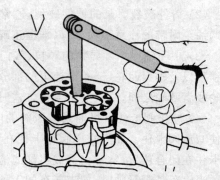

图 5-33　用厚薄规测量机油泵齿轮的啮合间隙

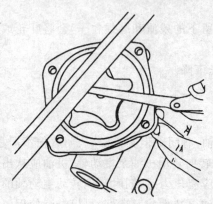

图 5-34　端面间隙的检查

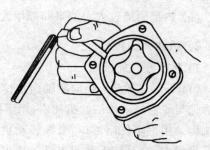

图 5-35　外转子与泵壳内圆间隙的检查

表 5-7　机油泵间隙　　　　　　　　　　　　　　单位：mm

结构类型	使 用 限 度			
	泵体间隙	转子或齿轮啮合间隙	端面间隙	泵轴间隙
外齿轮式	0.20	0.25	0.15	0.15
内齿轮式	0.20	0.20	0.20	0.15

 ## 5.3.2　机油散热器的常见损伤及检修

1. 机油散热器常见损伤

（1）机油散热器出现堵塞。如果润滑系统中机油杂质太多，机油散热器中会产生堵塞，机油的温度会升高，加快机油的氧化变质，会影响到机油的使用寿命和润滑效果。堵塞严重时发动机关键的部件得不到足够机油润滑，时间长了汽车发动机会出现严重故障，最终影响到汽车发动机的使用寿命。

（2）机油散热器机油泄漏。机油散热器中的机油泄漏一般是由于下面这两种情况造成的。第一种就是机油散热器自身的问题，机油散热器散热管的破裂，焊点的脱焊和开焊造成的机油泄漏。第二种就是在进行机油散热器安装或更换的过程中操作不规范导致机

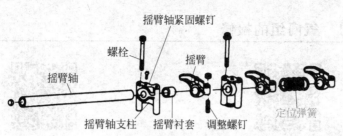

摇臂轴紧固螺钉
螺栓
摇臂
摇臂轴
定位弹簧
摇臂轴支柱　摇臂衬套　调整螺钉

图 3-45　摇臂组组成

3.3.3　气门组的拆装

气门组的拆装

微课——安装气门

3.3.4　气门传动组的拆装

微课——发动机进气凸轮轴拆卸

微课——发动机进气凸轮轴安装

微课——发动机排气凸轮轴拆卸

微课——发动机排气凸轮轴安装

气门传动组的拆装

3.4　配气机构零部件检修

　　配气机构是进、排气管道的控制机构,它按照气缸的工作顺序和工作过程的要求,准时地开闭进、排气门、向气缸供给可燃混合气(汽油发动机)或新鲜空气(柴油发动机)并及时排出废气。另外,当进、排气门关闭时,保证气缸密封。因此,在使用中要定期地对配气机构进行检查维护,以保证发动机的充气效率达到规定标准。

（2）油气分离器回油孔的单向阀膜片破裂，发动机曲轴箱与油气分离器分离后的腔体连通，油雾未经油气分离单元直接进入进气系统，造成"烧机油"，需要更换单向阀膜片。

（3）单向阀弹簧力过硬使单向阀未正常开启，过量气体被从曲轴箱内吸出，导致很低的曲轴箱负压；未按方向安装单向阀使气体反向流动，异常气体进入曲轴箱，导致很高的曲轴箱正压。

（4）极寒条件，冷热空气将在呼吸管出口处汇合，热空气遇到冷空气会有水凝结，进而不断汇聚形成冰块，长时间运行后冰不断增多，最终堵塞呼吸管，导致很高的曲轴箱正压。

3. 强制通风系统的检修

1）检查管路情况

（1）拆下曲轴箱通风装置的出气软管和回流软管，拆下有关部件（呼吸器，或单向阀，或油气分离器）。

（2）检查管路有无压扁、坏、漏等情况，然后清洗干净，并用压缩空气吹净。

（3）按拆卸时相反的顺序装回。

2）检查单向阀情况

在装有单向阀的强制曲轴箱通风装置，要重点检查单向阀。如果单向阀黏着而一直打开或阻塞，就不能保证曲轴箱的正常通风。当阀黏着阻塞时，发动机大负荷通风不足，箱内的油气将窜入大气，污染环境；当阀门一直打开时，就会使发动机的机油消耗量过大。

（1）检查阀的真空情况。在发动机上拧下单向阀，然后接好通风软管，怠速运转发动机，把手指放在单向阀的开口端，这时手指应有真空感，若抬起手指，阀口应有"啪、啪"的吸力响声。如果手指没有真空感或没有响声，应用清洗溶液清洗单向阀和通风软管再检查，如仍不行，应更换单向阀。

（2）检查阀的运动情况。在发动机上拧下单向阀，用木质细杆插入单向阀，这时阀的柱塞应前后运动自如。如果阀的柱塞不动，应清洗或更换单向阀。

 ## 5.4 润滑系统的维护与故障诊断

随着汽车工业的发展，现代高温化发动机对润滑油的功能要求越来越高。我们经常会发现，汽车使用一段时间后，润滑系统中会沉积大量的油泥，影响润滑系统的正常工作，甚至出现严重的机械故障，必须定期维护润滑系统。

 ### 5.4.1 润滑系统的维护

微课——更换机油和机油滤清器　　　　微课——机油压力检测

207

必须定期检查机油液面,液面过高不仅会增加发动机运转时的阻力,造成不必要的功率损失,还会造成机油泄漏;液面过低,会因润滑不良而损坏发动机。

发动机油面过低应检查发动机机油有无泄漏或不正常的机油消耗。启动发动机前,打开点火开关,机油平面指示灯和机油压力指示灯亮,启动发动机后应熄灭。如有异常现象,必须停车检查。

使用适当黏度的机油,若机油黏度过低,则油膜容易损坏而产生零件卡住现象;若黏度过高,则将产生零件移动的附加阻力,致使发动机启动困难,功率损失增加。

更换机油时,应参阅驾驶车辆手册上厂商建议使用的黏度。润滑油主要有两个技术指标:黏度指标和等级指标。黏度的这种组合式表达方式表明这种润滑油为多级黏度的润滑油,即润滑油能适应不同温度条件下的应用。如果错误选用单级黏度的润滑油,则润滑油消耗会显著增加。

1. 机油的选择方法

(1)根据气候选用机油。环境温度较低时,选用黏度较小的机油,便于发动机启动;环境温度较高时,选用黏度较高的机油,便于行驶中保持油膜。

(2)根据车况选用机油。车况较好的发动机,配合间隙较小,可选用黏度较小的机油;车况较差的发动机,配合间隙较大,可选用黏度较大的机油。

(3)由于柴油发动机有较高的燃烧压力,加上柴油含硫燃烧后产生亚硫酸稀释机油,因此柴油发动机应选用能中和亚硫酸的柴油发动机专用机油。

定期更换发动机机油,最好不要添加机油。如果长期添加机油,会使发动机内部油污积炭越积越多,堵塞机油集滤器,造成发动机运动部件得不到润滑而严重损坏发动机机件。对于汽车发动机润滑系统,做好定期维护工作,不仅可以延长发动机的使用寿命,还可以减少不必要的经济损失。

2. 检查机油质量

(1)搓捻鉴别法。用机油标尺取出油底壳中的少许机油,放在手指上搓捻。搓捻时,若有黏稠感觉,并有拉丝现象,说明机油未变质,仍可继续使用,否则应进行更换,如图5-36所示。

(2)机油标尺鉴别法。抽出机油标尺对着光亮处观察刻度线是否清晰,当透过机油看不清机油标尺上的刻线时,说明机油过脏,需立即更换,如图5-37所示。

(3)油滴鉴别法。在滤纸上滴一滴油底壳中的机油,若油滴中心沉积环很大,呈黑褐色且均匀无颗粒,周围黄色浸润很小,说明机油变质应更换。若油滴中心沉积环小且颜色较浅,周围的黄色浸润痕迹较大,表明机油还可使用,如图5-38所示。

图 5-36　搓捻鉴别法

图 5-37　油尺鉴别法　　　　　　　　　　图 5-38　油滴鉴别法

3. 更换机油和机油滤清器

更换机油和机油滤清器的具体步骤

4. 维护润滑系统注意事项

（1）润滑油的储存容器必须清洁、密封，防止水分混入，润滑油最好存放在室内，避免高温、阳光直射而氧化；不同品牌的机油，不要混合储存。

（2）定期换油。任何质量等级的润滑油，在使用过程中都会发生变化，到一定行驶里程后，其性能恶化，会给发动机带来种种故障，为了避免故障的发生，应按汽车说明书中规定的换油周期或结合使用条件定期换油。

（3）要经常检查油底壳的油面高度及油质，保证油面高度正常。检查时，车辆停在平直路面上，冷车或发动机停转半小时以上进行检查。如润滑油有变质、变色、金属磨削多或呈泡沫状，就应更换润滑油。

（4）在运转中，应注意观察油压和油温，发现不良现象时应及时找出原因并排除故障。

（5）注意观察并记载机油消耗量，当出现不正常消耗时应及时找出原因并排除故障。

（6）保持曲轴箱通风良好。由于燃烧室窜出的气体有腐蚀性，能导致机油的氧化变质并污染发动机，因此必须保持良好的通风。

（7）发动机熄火时，切不可连续轰油门，否则缸内残存的燃气冲刷缸壁油膜加速磨损，或漏入曲轴箱内使润滑油稀释污染。

（8）经常清洗润滑系统机件。如果油污将润滑系统机件堵塞，则不能保证润滑系统油路畅通，而影响发动机正常工作和加剧润滑油的污染。机油滤清器应按原厂的规定定期清洗、调整或更换，以保证润滑油的清洁，减少发动机的磨损。①集滤器的维护。其损坏形式有油管和滤网堵塞，应用柴油或煤油清洗后用压缩空气吹干。浮式集滤器的浮子若有破损，应进行焊修。②粗滤器的维护。汽车每行驶 12 000km 左右时，应拆洗壳体，更换滤芯。检查各密封圈,若有老化、损坏,应予以更换。无特殊情况,不必拆卸和调整旁通阀,而装配时应先充满润滑油。

5. 检查机油压力

1) 机油压力报警灯工作原理

当探测到发动机机油压力降至异常低值时,机油压力报警灯即向驾驶员报警。机油压力开关安装在油底壳内或气缸体上,探测主油道中的压力。

(1) 当发动机停机时或油压低于规定值时,机油压力开关内的触点闭合,机油压力报警灯即点亮,如图 5-39(a)所示。

(2) 当发动机启动时,或油压高于规定值时,油压推动机油压力开关内的膜片。其结果是使触点断开,机油压力报警灯熄灭如图 5-39(b)所示。

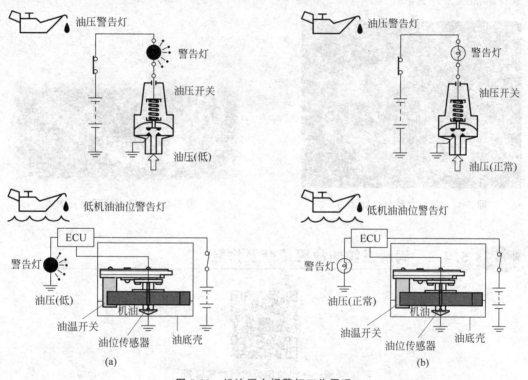

图 5-39　机油压力报警灯工作原理

2) 检查机油压力的操作步骤

(1) 断开机油压力开关的线束插头,并拆下机油压力开关,如图 5-40 所示。

图 5-40　拆卸机油压力开关

（2）将机油压力检查仪（油压表），如图 5-41 所示，旋入空出来的螺纹孔内。

（3）启动发动机并预热到正常工作温度（80℃）。

（4）查看发动机机油压力。如图 5-42 所示，急速时，发动机油压应超过 60kPa；提速至 2000r/min 时，油压应超过 260kPa。

（5）重新安装机油压力开关前，记住在开关螺纹处缠上密封胶带，并按规定的力矩拧紧开关，如图 5-43 所示。

（6）启动发动机并检查机油压力开关是否漏油。

（7）关闭发动机，将端子与压力开关端子相连并用保护罩将机油压力开关罩好。

图 5-41　机油压力表

图 5-42　检查发动机机油压力

图 5-43　安装机油压力开关

 ## 5.4.2　润滑系统的故障诊断及排除

微课——机油压力过低故障诊断

润滑系统的常见故障有机油压力过低、机油压力过高、机油量消耗过多等。

1. 机油压力过低的故障诊断

机油压力过低将使各零件表面润滑不良，增大摩擦阻力，加剧零件的磨损。严重的润滑不良将会造成发动机过热，并导致主要运动零件的恶性机械故障，影响发动机寿命，甚至使其报废。机油压力过低能在短时间内使发动机受到严重破坏，如气缸壁长时间润滑不良可能形成拉缸；曲轴主轴承、连杆轴承润滑不良，严重时会出现烧瓦、抱轴。因此，当机油压力表显示机油压力过低（甚至为 0）、机油压力报警灯（或蜂鸣器）报警时，必须停车检查，及时排除故障。

1）故障现象

发动机启动后机油压力迅速降至 0 左右，或发动机在正常温度和转速下运转时，机油压力始终过低、机油压力警告灯不断闪亮或蜂鸣器报警。

2）故障原因

（1）机油量过少。

（2）机油黏度过小。

（3）机油压力表、传感器失效，或线路断路、短路。

（4）燃油或冷却液进入油底壳导致机油变质。

（5）机油滤清器或集滤器堵塞。

（6）机油泵工作不良。

（7）机油限压阀弹簧力下降或弹簧折断、卡滞。

（8）油管破裂或接头泄漏。

（9）曲轴主轴侧、连杆轴承、凸轮轴轴承间隙过大。

3）故障诊断与排除

（1）当机油压力警告灯报警或机油压力表显示机油压力过低时，应立即停车检查。首先检查机油液面高度、黏度及品质，同时注意机油是否被燃油或冷却液污染。

（2）检查油压指示装置，区分是机油压力过低，还是指示装置失效造成的虚假报警。打开点火开关，将机油压力表传感器的导线搭铁到缸体，若机油压力表指示最高压力，或指示灯点亮，表面机油压力良好，故障发生在机油压力传感器或润滑系统机械部分。

（3）在机油压力传感器的位置安装机油压力表，检测机油压力，通常在转速为 1000r/min 时不得低于 69kPa，注意拆卸机油压力传感器时要用专用套筒，同时应检查热车怠速和中高速时的机油压力。

（4）拆下油底壳，检查集滤器、机油管路等有无堵塞和泄漏，并拆检机油泵，检查机油泵的工作性能。

（5）检查曲轴主轴承、连杆轴承、凸轮轴轴承的配合间隙是否过大。机油压力过低的故障诊断流程如图 5-44 所示。

2. 机油压力过高的故障诊断

1）故障现象

（1）发动机在正常温度和转速下，机油压力表读数高于规定值。

（2）发动机在运转中，机油压力表读数突然升高。

（3）机油压力表读数低，但高压机油冲裂机油压力传感器或机油滤清器盖等。

2）故障原因

（1）机油黏度过大。

（2）限压阀调整不当或失效。

（3）气缸体的油道堵塞。

（4）机油粗滤器滤芯堵塞且旁通阀开启困难。

（5）机油压力表或其传感器工作不良。

（6）曲轴主轴承、连杆轴承或凸轮轴轴承的间隙过小。

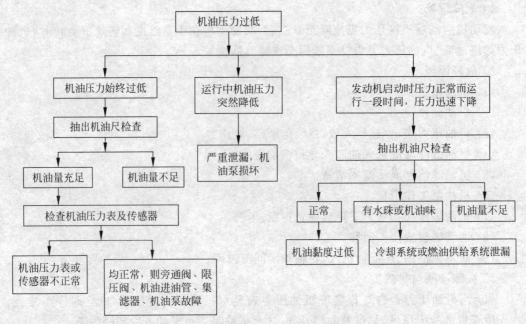

图 5-44　机油压力过低的故障诊断流程

3）故障诊断与排除

发动机油压力过高,应熄火排除故障,否则容易冲裂机油滤清器盖或机油传感器。

(1) 首先检查机油黏度是否过大,限压阀是否调整不当(弹簧是否过硬),对于新装发动机,应检查主轴承、连杆轴承或凸轮轴轴承是否间隙过小。

(2) 若机油压力突然升高,而未见其他异常现象,应检查机油压力传感器及导线是否有搭铁故障。

(3) 接通点火开关,机油泵即有压力指示,则应检查机油压力表、传感器是否完好。机油压力过高的故障诊断流程如图 5-45 所示。

3. 机油量消耗过多的故障诊断

1）故障现象

(1) 机油消耗量逐渐增多(机油消耗率超过 0.5L/100km)。

(2) 排气管冒蓝烟。

2）故障原因

(1) 活塞与缸壁间隙过大。

(2) 扭曲活塞环方向装反。

(3) 活塞环抱死,或其开口转到一起。

(4) 活塞环磨损过甚,或其弹力不足。

(5) 活塞环短隙、边隙或背隙过大。

(6) 气门杆油封损坏(尤其是进气门杆油封)。

(7) 进气门导管磨损过甚。

(8) 正时齿轮室密封不良。

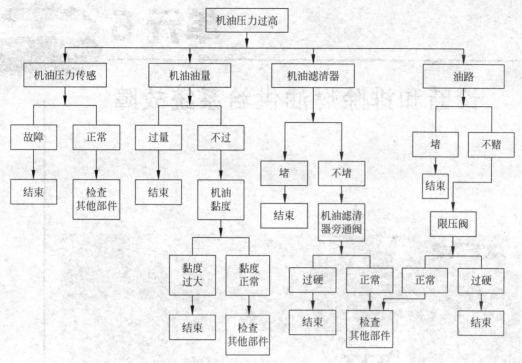

图 5-45　机油压力过高的故障诊断流程

（9）曲轴后油封密封不良。

（10）凸轮轴后油堵漏油。

（11）油底壳或气门室盖漏油。

（12）润滑系统各零部件向外渗漏。

（13）曲轴箱通风不良。

3）故障诊断与排除

（1）首先检查外部是否有漏油，应特别注意曲轴前端和后端、凸轮轴后端油堵是否漏油。

（2）若发动机气缸盖罩、气门室盖、油底壳衬垫和发动机前、后油封等多处有机油渗漏，应检查曲轴箱通风设置。清理曲轴箱管道，尤其是通风流量控制阀处的积炭和结胶。若通风受阻，就会引起曲轴箱内压力升高，出现机油渗漏现象。

（3）若排气管明显冒蓝烟，则为烧机油造成的。当发动机大负荷、高速运转时，排气管大量冒蓝烟，同时机油加注口（设在下曲轴箱上）也向外冒蓝烟，则为活塞、活塞环与气缸壁磨损过甚，活塞环的端隙、边隙或背隙过大，多个活塞环端隙口转到一起，扭转环装反等，使机油窜入燃烧室。

（4）若发动机大负荷运转时，排气管冒蓝烟，但机油加注口无烟，则为气门杆油封损坏，气门导管磨损过甚（尤其是进气门），使机油被吸入燃烧室。若一段时间冒蓝烟后停止，而油底壳的机油未见减少，则是湿式空气滤清器内的油面过高所致。

（5）对于采用气压制动的汽车，若从储气筒的放污螺塞处放出较多的机油，则为空气压缩机的活塞、活塞坏与气缸壁磨损过甚。

诊断和排除燃油供给系统故障

◎ 客户委托

车主刘先生有辆私家车已经行驶了 20 万公里，最近经常出现加速迟缓情况，怠速却正常。汽车修理厂技术人员对燃油供给系统(图 6-1)进行检查，最终发现该车汽油箱长期不清洗，造成燃油泵内部磨损。

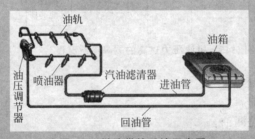

图 6-1　燃油供给系统示意图

◎ 学习目标

(1) 能正确认识汽油发动机可燃混合气对发动机所产生的影响，增强节约意识、环保意识和社会责任意识；

(2) 能正确维护汽油发动机燃油供给系统；

(3) 能正确认识柴油发动机混合气并能识别柴油发动机的燃油供给系统；

(4) 能正确检修柴油发动机供给系统的主要零部件；

(5) 能正确诊断柴油发动机供给系统的故障，并掌握其排除方法。

◎ 知识点与技能点清单

序号	学习目标	知 识 点	技 能 点
1	能够正确认识汽油发动机可燃混合气及其燃油供给系统	(1) 汽油发动机燃油供给系统的功用及组成； (2) 汽油发动机可燃混合气的形成； (3) 汽油发动机的燃烧过程； (4) 汽油发动机各种工况对可燃混合气浓度的要求	(1) 能够正确识别汽油发动机燃油供给系统的组成； (2) 描述汽油发动机各种工况对可燃混合气浓度的要求

序号	学习目标	知识点	技能点
2	能够正确维护汽油发动机燃油供给系统	(1) 空气滤清器结构及更换方法； (2) 燃油滤清器结构及更换方法	能够正确更换空气滤清器、燃油滤清器
3	能够正确认识柴油及混合气并能识别柴油发动机燃油供给系统	(1) 柴油的定义、分类； (2) 柴油的规格和选择； (3) 混合气的燃烧过程； (4) 燃烧室的结构类型； (5) 燃油供给系统的功用； (6) 燃油供给系统的组成； (7) 燃油供给路线	(1) 能够正确选用柴油； (2) 能够正确识别不同结构类型的燃烧室； (3) 能够正确识别低压油路和高压油路
4	能够正确检修柴油发动机燃油供给系统主要零部件	(1) 柴油滤清器的功用、类型及工作原理； (2) 输油泵的功用； (3) 活塞式输油泵的机构及工作原理； (4) 喷油泵的功用和分类； (5) A 型喷油泵的结构及工作原理； (6) VE 型分配式喷油泵的结构及工作原理； (7) 喷油器的功用、类型及结构； (8) 两级式调速器的结构及工作原理； (9) 全程调速器的结构及工作原理	(1) 更换纸质柴油滤清器； (2) 能够正确拆装输油泵； (3) 能够正确拆装、检查并调整喷油泵； (4) 拆装喷油器； (5) 能够正确检测并维修喷油器； (6) 能够正确检测并维修调速器
5	能够正确诊断柴油发动机燃油供给系统的故障并掌握其排除方法	(1) 启动困难； (2) 功率不足； (3) 排气颜色不正常：①排黑烟；②排白烟；③排蓝烟； (4) 飞车	制订计划并执行常见故障诊断

◎ 学习指南

（1）明确学习目标及知识点与技能点清单。

（2）按照学习任务列表完成每一项任务，任务知识部分需在课前提前完成。在完成知识部分任务时，可以参考本单元提供的学习信息，利用网络、厂家提供的维修手册、各类教学资源库等学习资源，也可以在课前或上课时向任课教师寻求帮助。任课老师会在正式上课时展示或共享大家对于知识部分任务完成情况，实现学习者之间的交流。

（3）在任务列表中，涉及实操部分，可以在正式上课前自行完成，也可以由任课教师在课堂上安排完成。

（4）完成任务列表后，自行根据本单元鉴定清单进行自查，并根据不足进行知识与技能的补充学习。

（5）接受任课教师按照鉴定清单进行知识与技能鉴定。注意，鉴定可能是过程鉴定与终结性鉴定，学习者平时对学习任务的学习过程也将作为鉴定的依据，例如学习态度、学习过程中的技能展示、职场安全意识等。

6.1 学习任务

1. 查阅汽油发动机燃油供给系统相关资料，识别图 6-2 中编号的名称及功用，完成表 6-1，然后简述汽油发动机燃油供给系统的工作原理。

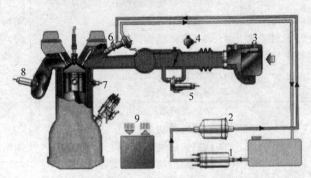

图 6-2 识别汽油发动机燃油供给系统零部件

表 6-1 汽油发动机燃油供给系统零部件的名称和功用

序号	名　称	功　用
1		
2		
3		
4		
5		
6		
7		
8		
9		

2. 当汽油发动机不完全燃烧时，可能会出现如图 6-3 所示的现象。

（1）什么是可燃混合气？什么是可燃混合气的浓度？

_____

_____

（2）可燃混合气浓度的表示方法有哪些？什么是过量空气系数？什么是空燃比？

_____

_____

图 6-3 汽油发动机不完全燃烧产生的现象

（3）汽油发动机的正常燃烧过程有几个阶段？汽油发动机的不正常燃烧现象有哪些？

_____

_____

（4）什么叫爆燃？爆燃的危害有哪些？如何减少爆燃的发生？

_____

_____

（5）什么叫表面点火？早火有什么危害？如何防止表面点火的发生？

_____

_____

（6）什么叫怠速？为什么怠速时需要少而浓的混合气？

_____

_____

3. 查阅相关资料，了解发动机各种工况对混合气浓度的要求，完成表6-2。

表6-2　各种工况对混合气浓度的要求

工　　况	对混合气浓度的要求
稳定工况对混合气成分的要求	怠速工况
	小负荷工况
	中等负荷工况
	大负荷及全负荷工况
过渡工况对混合气成分的要求	冷启动工况
	暖机工况
	加速工况

4. 查阅柴油发动机柴油及混合气燃烧过程，完成表6-3，并说明为了改进混合气形成条件（图6-4），不致出现太长的着火准备期，应采取什么样的措施？

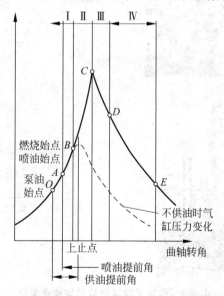

图6-4　柴油发动机柴油及混合气燃烧过程示意图

表 6-3　柴油发动机柴油及混合气燃烧阶段和特点

序号	燃 烧 阶 段	特　　点
Ⅰ		
Ⅱ		
Ⅲ		
Ⅳ		

5. 通过连线的方式确定图 6-5 中柴油发动机的燃烧室类别,并简要说明每种燃烧室的特点。

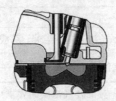

涡流室燃烧室

喷油器

燃烧室

ω型燃烧室

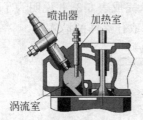

喷油器　加热室

涡流室

分隔式燃烧室

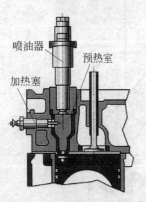

喷油器　预热室

加热塞

球型燃烧室

图 6-5　确定柴油发动机的燃烧室类别

6. 请根据柴油发动机燃油供给系统结构图(图 6-6),完成下列内容。

(1) 将图 6-7 中标注数字的部件名称填入表 6-4,并说明功用。

表 6-4　柴油发动机燃油供给系统部件名称

序　号	名　　称	功　　用
①		
②		
③		
④		

(2) 用箭头表示各油管中燃油的流动方向。

(3) 在教师提供的柴油发动机维修资料中查找以下技术参数。

① 低压油路压力:

② 高压油路压力:

③ 柴油滤清器类型:

7. 图 6-7 所示为汽车修理厂刚拆下的输油泵,试着说明其是如何根据发动机的需求量来调节供油量的?

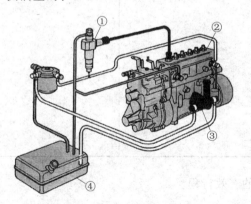

图 6-6　柴油发动机燃油供给系统结构图

图 6-7　拆下的输油泵

8. 查阅喷油泵的相关资料，完成下列问题。

（1）表 6-5 是柱塞式喷油泵的工作过程，试确定其对应工作过程及每个过程的特点。

表 6-5　柱塞式喷油泵的工作过程

图　　示	工 作 过 程	特　　点

（2）什么是柱塞式喷油泵的柱塞的有效行程？

（3）柱塞式喷油泵出油阀的减压环带起什么作用？

（4）喷油泵供油时间过早会对发动机造成什么危害？

（5）VE 型分配式喷油泵相对柱塞式喷油泵有什么优点？

9. 柴油发动机燃油供给系统是如何控制供油量的？方法有哪些？

10. 喷油器一般有孔式喷油器和轴针式喷油器，试着确定表 6-6 中对应图形及工作过程。

表 6-6　确定对应喷油器图形及工作过程

图　　示	名　　称	工作过程
调压螺钉 调压弹簧 回油管 进油嘗接头 顶杆 喷油器体 针阀 针阀体		
进油道 针阀体 针阀 高压油腔 轴针		

11. 试着比较两级式调速器和全程调速器工作原理的区别。

12. 如果柴油发动机的燃油供给系统平时不注重维护保养，无论哪个环节出现故障，都会导致供油不畅或发动机不能正常启动，出现功率下降，油耗增大，冒黑烟等状况。

(1) 根据气温变化的规律,请说出你所在地区的柴油车应选择什么牌号的柴油?

(2) 根据表 6-7 中图示,请用步骤序号排列出更换柴油滤清器的正确步骤。

表 6-7　用步骤序号排列出更换柴油滤清器的正确步骤

步骤序号	图　示	操　作	注意事项
1		拆下柴油滤清器总成	
2		拧出滤清器的拉杆螺栓,取出壳体、弹簧、托盘、各密封圈和旧滤芯等	(1) 加用正规柴油,以保证油品清洁度和柴油滤清器滤芯的正常使用寿命。 (2) 柴油滤清器安装时,必须在 O 形圈上涂抹一层柴油
3		排出滤清器里残留的脏油	
4		更换新纸质滤芯	
5	图略	按拆卸相反的顺序装配滤清器	

13. 燃油供给系统检测专用工具有哪些?

14. 喷油器的检查与调整

（1）从发动机台架上拆下喷油器。

（2）用图 6-8 所示的喷油器试验台检查喷油器性能，必要时给予调整。检查内容有：

① 喷雾质量的检查；

② 喷油器压力的检查；

③ 喷油干脆程度的检查；

④ 密封性能的检查。

（3）请对图 6-9 中孔式喷油器的三种喷油雾化情况是否正常作出判断，其中正确的为_____。

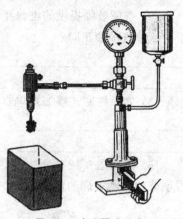

图 6-8　喷油器试验台

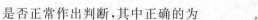

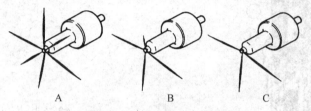

图 6-9　孔式喷油器的三种喷油雾化情况

（4）请对图 6-10 中轴针式喷油器的四种喷油雾化情况是否正常作出判断，其中正确的为_____。

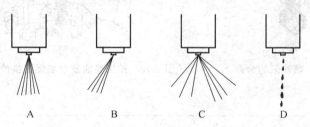

图 6-10　轴针式喷油器的四种喷油雾化情况

15. 喷油泵的检查及调整

（1）拆卸喷油泵的分泵。对照图 6-11，将图 6-11 中相应的零件号或名称填在表 6-8 中，找到的在"认识"一栏中打√，未找到的打×。

表 6-8　图 6-11 相应的零件名称

序号	名　　称	认　识	考　核
1			
2			
3			
4	出油阀弹簧		
5	出油阀压紧座		
6	进、出油孔		

（2）查阅教师提供的维修手册，请写出该型号柴油发动机喷油正时的步骤。什么时候应该检查喷油正时？

_____

_____

（3）如果柱塞式喷油泵单缸供油量不一致时，应如何调整？

_____

_____

16．按照图 6-12 所示方法，在实训台架上排出柴油发动机燃油供给系统中的空气，并说明柴油发动机燃油供给系统中有空气会造成什么后果？什么情况下应进行空气排放？

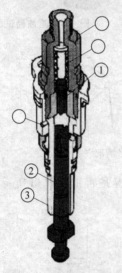

图 6-11　喷油泵的分泵

图 6-12　排出柴油发动机燃油供给系统中的空气

_____

_____

_____

17．列出柴油发动机的常见故障及诊断思路。

_____

_____

_____

18．如果柴油发动机启动时排气管冒蓝烟，请给出可能的故障原因及诊断方法。

_____

_____

_____

19. 请根据设置的教学情景，完成发动机运转无力的故障诊断工作任务单（表 6-9）。

表 6-9　发动机运转无力的故障诊断工作任务单

工作任务单				
学习情景：发动机运转无力		班级：		姓名：
学习内容：诊断柴油发动机燃油供给系统常见故障		日期：		
车型：	发动机型号：	喷油泵类型：		生产日期：
使用工具				
使用材料				

一、故障诊断的常规方法有哪些？

二、发动机运转无力故障诊断

1. 故障现象：

2. 故障原因：

3. 故障诊断与故障排除：

✎ **鉴定**

　　任课教师可以通过平时教学过程中学习者的学习态度、参与教学活动的积极性、职场安全意识及终结性鉴定结果等确定其最后鉴定结果，每个学习者最多可以鉴定三次，鉴定教师可以把鉴定情况填写在表 6-10 中。

表 6-10　单元 6 鉴定表

序号	学习目标	鉴定 1	鉴定 2	鉴定 3	鉴定结论	鉴定教师签字
1	能够正确认识汽油发动机可燃混合气及其燃油供给系统				□通过 □不通过	
2	能够正确维护汽油发动机燃油供给系统				□通过 □不通过	
3	能够正确认识柴油及混合气并能识别柴油发动机燃油供给系统				□通过 □不通过	
4	能够正确检修柴油发动机燃油供给系统主要零部件				□通过 □不通过	
5	能够正确诊断柴油发动机燃油供给系统的故障并掌握其排除方法				□通过 □不通过	

 6.2　认识汽油发动机燃油供给系统的结构及工作原理

汽油发动机燃油供给系统的作用是储存、输送、清洁燃料,根据发动机不同工况的要求,配制一定数量和浓度的可燃混合气进入气缸,并在燃烧做功后,将燃烧产生的废气排至大气中。

 6.2.1　汽油发动机燃油供给系统的组成

微课——汽油发动机喷油器的结构、安装及拆卸

汽油发动机燃油供给系统有化油器式燃油供给系统和电控喷射式燃油供给系统两大类。2001 年 9 月 1 日,我国明令禁止生产和销售以化油器式汽油发动机作为动力的汽车,目前汽车发动机广泛采用电控喷射式燃油供给系统。

汽油发动机燃油供给系统如图 6-13 所示,其中机械部分由以下装置组成。

(1) 燃油供给装置:包括汽油箱、燃油滤清器、汽油泵、喷油器、油压调节器和油管等,完成汽油的储存、输送、滤清任务。

(2) 空气供给装置:即空气滤清器、空气流量计、节气门体(某些发动机上还装有进气预热装置)。

(3) 可燃混合气配制装置:进气道和气缸。

(4) 可燃混合气供给和废气排出装置:包括进气管、排气管和排气消声器。

汽油在汽油泵的泵吸作用下,从汽油箱经燃油滤清器滤清以后,泵入燃油分配管中。空气则经空气滤清器滤去所含灰尘后,进入进气道。缸外喷射式燃油系统,安装在进气歧

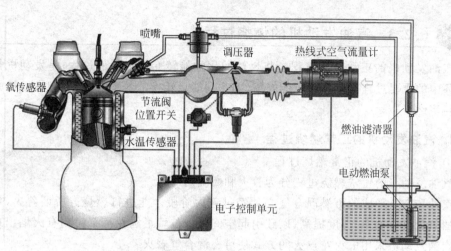

图 6-13　汽油发动机燃油供给系统示意图

管上的喷油器在控制单元控制下适时打开,有压力的燃油喷入进气道,与空气混合开始雾化,经进气管进一步蒸发,初步形成可燃混合气,被吸入各个气缸。混合气燃烧产生的废气,经排气管和消声器被排入大气中。

 ### 6.2.2　汽油发动机可燃混合气的形成

汽油在燃烧前必须与空气形成可燃混合气。可燃混合气是按一定比例混合的汽油与空气的混合物。可燃混合气中燃料含量的多少称为可燃混合气浓度。

可燃混合气浓度有两种表示方法:过量空气系数 α 和空燃比 R。

过量空气系数 α 是理论上燃烧 1kg 燃料实际供给的空气质量与理论上完全燃烧时所需要的空气质量之比。即:

$$\alpha = \frac{\text{燃烧 1kg 燃料所实际供给的空气质量}}{\text{完全燃烧 1kg 燃料所需的理论空气质量}}$$

由此可知,$\alpha = 1$ 的可燃混合气称为标准混合气;$\alpha < 1$ 的可燃混合气称为浓混合气;$\alpha > 1$ 的可燃混合气称为稀混合气。

空燃比 R 是燃烧时空气质量与燃料质量之比,即 $R = A$(混合气中的空气质量)$\div F$(混合气中的燃油质量)。

理论上,1kg 汽油完全燃烧需要 14.7kg 空气,故空燃比 $A/F = 14.7$ 的可燃混合气称为标准混合气;$A/F < 14.7$ 的可燃混合气称为浓混合气;$A/F > 14.7$ 的可燃混合气称为稀混合气。

当发动机工作时,进气行程中活塞由上止点下行,气缸容积增大,压力下降,产生吸力。进气门开启,气缸中的吸力将空气经空气滤清器吸入进气道,进气歧管上喷油器喷出的燃油,随即被高速空气流冲散,成为大小不等的雾状颗粒(雾化)。雾化的汽油在进气歧管中开始与空气混合,经进气管进入气缸形成混合气。在此期间,汽油与空气不停地进行吸热、蒸发气化与混合,直至压缩行程接近终了,形成良好的可燃混合气。

6.2.3 汽油发动机的燃烧过程

汽油发动机的正常燃烧过程是将燃油的化学能转变为热能的过程,是发动机整个工作循环中的主要过程。燃烧进行的好坏,关系到能量转换的效率,直接影响发动机的动力性和经济性。

1. 汽油发动机的正常燃烧过程

1)汽油发动机的正常燃烧过程

汽油发动机的正常燃烧过程分为着火和燃烧两部分。

汽油和空气形成的可燃混合气必须经过着火阶段才能进行燃烧。所谓着火,是指混合气的氧化反应加速、温度提高,以致引起空间某一位置最终在某个时刻有火焰出现的过程。汽油发动机采用电火花点火的方式使可燃混合气着火。

电火花点燃可燃混合气,形成火焰中心后,火焰按一定的速率(30～60m/s)朝整个燃烧室呈球面状向外传播,燃烧室内有明显的火焰前锋向前推进,使未燃混合气受到压缩和热辐射,压力、温度急剧上升,当火焰前锋到达时将其点燃,直到燃烧完毕。这种燃烧过程称为汽油发动机的正常燃烧过程。

2)汽油发动机的燃烧过程的三个阶段(图6-14)

(1)着火延迟期Ⅰ。从电火花跳火到火焰中心形成的时段。

(2)急燃期Ⅱ。从火焰中心形成至火焰传播到整个燃烧室,气缸内压力达到最大值的时段。

单位曲轴转角 $\Delta\varphi$ 的气缸压力升高量 Δp,其比值称为压力升高率。即:

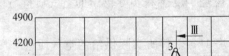

$$压力升高率 = \Delta p / \Delta \varphi$$

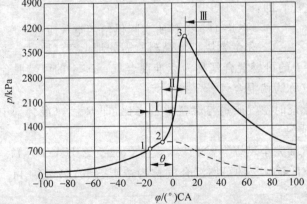

图6-14 汽油发动机的燃烧过程

Ⅰ—着火延迟期;Ⅱ—急燃期;Ⅲ—补燃期;θ—点火提前角
1—开始点火;2—形成火焰中心;3—最高压力点

$\Delta p / \Delta \varphi$ 与火焰传播速度有关。当火焰传播速度增大时,燃烧速度增大,$\Delta p / \Delta \varphi$ 也随之增大。但 $\Delta p / \Delta \varphi$ 过大会产生较大的噪声、振动,发动机工作粗暴。一般火焰中心形成在上止点前 12°～15°,最高压力出现在上止点后 12°～15°,$\Delta p / \Delta \varphi = 170～240$kPa/度时,发动机的动力性、经济性好，工作柔和且排气污染少。

（3）补燃期Ⅲ。从最高燃烧压力点到燃料基本上燃烧完全的时段。补燃期过长会导致排气温度上升，热效率下降。因此，应尽量减少补燃期。

2. 汽油发动机的不正常燃烧：爆燃和表面点火

1）爆燃

燃烧室内末端（相对于火花塞的位置而言）混合气在火焰前锋尚未到达之前产生自燃，在其内部最适宜发火的部位产生一个或数个火焰中心，引发爆炸式的燃烧反应，伴随着爆燃的发生，可听到尖锐的类似金属的敲击声。

当仅有轻微爆燃发生，比如汽车加速行驶和上坡时，火焰传播速度为 $100\sim300\text{m/s}$，膨胀功得到充分利用，功率和热效率都有所提高，这是允许的。

当发生剧烈爆燃时，自燃形成的火焰中心传播速度高达 1000m/s 以上，使末端混合气在瞬间燃烧，气体的容积来不及膨胀，造成燃烧室局部温度和压力急剧上升，产生 3kHz 以上的高频压力波，以超音速向周围传播，撞击燃烧室壁而发出类似金属的敲击声。由于产生高频压力波，破坏了燃烧室壁的激冷层，导致散热量增大，冷却系统过热，各受热部位的温度过高，会引起活塞烧结、活塞环黏着、轴承损坏和气门烧蚀等。此外，由于局部温度高达 4273K 以上，燃烧产物更易分解为 CO、H_2、O_2 及游离碳，游离碳因不能再燃烧而随废气排出，形成排气冒烟现象。而 CO、H_2、O_2 等在膨胀过程中再燃烧，使补燃增加，排气温度上升，发动机过热，功率、热效率下降，油耗率增加，发动机磨损增大。有实验表明，严重爆燃时发动机的磨损比正常燃烧时大 27 倍，这是一种危害较大的燃烧现象。

根据以上分析可知，①任何促进末端混合气温度升高的因素，比如增大压缩比、提高进气温度等；②任何缩短末端混合气反应时间的因素，或点火时间过早时；③由于上止点附近的压力升高率增大，使末端混合气的压缩压力上升及汽油的牌号过低等都将导致爆燃更容易发生。

2）表面点火

在火花点火式发动机中，凡是不依靠电火花点火，而是由于炽热表面（如排气门头部、过热的火花塞绝缘体、电极与炽热的积炭等）点燃混合气而引起的不正常燃烧现象，称为表面点火。

（1）非爆燃性表面点火。产生在正常火花之后的称为后火，产生在正常火花之前的称为早火。单缸机早火导致停车。

后火现象可以在发动机断火后被发现，这时发动机仍像有电火花点火一样，继续运转，直到炽烈点温度下降以后，发动机才停车。后火现象对发动机影响不大。

由于混合气在进气及压缩行程中已长时间受到炽热表面的加热，故早火燃的区域也比较大，一经着火，火焰的传播速度非常高，压力升高率也较大，使压缩行程末期的负功很大，从而导致功率损失和向气缸壁的散热增加，又进一步促使炽热点的温度升高，更早点燃混合气。这样，在单缸汽油发动机上的早火往往导致停车。在多缸汽油发动机上，一个气缸的早火，虽不至于停车，但由于压缩行程末期的高温、高压往往会引起活塞连杆组机械损伤事故，也是气门、火花塞、活塞等零件过热的原因。

发动机以高转速、高负荷长时间运转之后，火花塞的绝缘体、电极和排气门高温是引起爆燃性表面点火的原因。

（2）爆燃性表面点火。爆燃性表面点火是由燃烧室沉积物引起的多点点燃的早火现象，是一种危害最大的表面点火现象。一般在怠速或小负荷时发生。压力升高率及最大压力均很大，气缸内的高温、高压又促使强烈爆燃的产生，发出强烈的噪声。

爆燃与表面点火是两种完全不同的不正常燃烧现象，其压力变化如图6-15所示。爆燃是在电火花点火之后，混合气未燃部分的自燃现象；而表面点火则是炽热物点燃混合气所致。但两者之间存在着相互促进的内在关系：强烈的爆燃必然增加向气缸壁的传热，促成燃烧室炽热点的形成，导致表面点火；早火又使气缸压力升高率和最高燃烧压力增大，使未燃混合气受到较大的压缩和传热，促使爆燃产生。

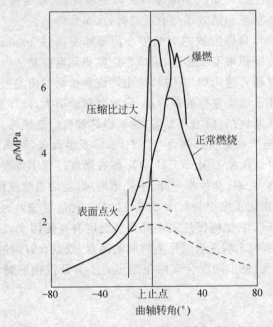

图 6-15　正常燃烧与非正常燃烧压力变化曲线图

防止表面点火的措施如下：
① 避免长时间的小负荷运转及频繁的减速和加速行驶；
② 在汽油中加磷添加剂，可使沉积物减少，使炭的着火温度提高；
③ 注意清除燃烧室积炭的冷却水道内的水垢，确保冷却。

3. 可燃混合气浓度对燃烧过程和发动机性能的影响

可燃混合气的浓度对燃烧过程以及发动机的动力性和经济性有很大的影响，见表6-11。

（1）理论混合气（$\alpha=1$）。它是理论上推算的完全燃烧的混合气浓度。实际上，由于时间和空间条件的限制，汽油不可能及时与空气绝对均匀混合，实现完全燃烧。

（2）稀混合气（$\alpha>1$）。它可以保证所有的汽油分子获得足够的空气而实现完全燃烧，因为经济性好，故称为经济混合气。常用经济混合气的α值多在$1.05\sim1.15$范围内。若混合气过稀（$\alpha>1.15$），因空气量过多，燃烧速度减慢，热量损失加大，将导致发动机过

表 6-11 可燃混合气浓度对发动机性能的影响

混合气的种类	过量空气系数	发动机的功率	耗油率	备 注
火焰传播上限	0.4	—	—	混合气不燃烧,发动机不工作
过浓混合气	0.43～0.87	减小	显著增大	燃烧室积炭,排气管冒黑烟,消声器有拍击声
功率混合气	0.88	最大	增大 18%	
理论混合气	1.0	减小 2%	增大 4%	
经济混合气	1.11	减小 8%	最小	
过稀混合气	1.13～1.33	显著减小	显著增大	进气管有回火和拍击声,发动机过热,加速性变坏
火焰传播下限	1.4	—	—	混合气不燃烧,发动机不工作

热、动力性和经济性变差,化油器发生回火等不正常现象。当混合气稀到 $\alpha = 1.3 \sim 1.4$ 时火焰无法传播,称为火焰传播下限。

(3) 浓混合气($\alpha < 1$)。由于汽油分子相对较多,混合气燃烧速度快、压力大、热损失小,发动机输出功率大,因此称其为功率混合气,其 α 值多在 0.85～0.95 范围内。功率混合气中空气相对较少,不能完全燃烧,因此经济性较差。若混合气过浓($\alpha > 0.88$),则燃烧很不完全,产生大量的 CO,并在高温高压的作用下析出游离的碳,导致发动机排气冒黑烟、放炮、燃烧室积炭、动力性和经济性变差、排放污染加剧。当混合气浓到 $\alpha = 0.4 \sim 0.5$ 时,火焰将无法传播,发动机熄火,此值称为火焰传播上限。

综上所述,如要获得发动机较高的动力性,就得以牺牲其经济性为代价,反之亦然。当混合气浓度 α 在 0.88～1.11 的范围内,可使发动机的动力性和经济性有较好的折中。

 ## 6.2.4 汽油发动机各种工况对可燃混合气浓度的要求

汽车在实际应用中,若发动机工况发生变化,可燃混合气浓度必须随之变化。如汽车起步前和短暂停车时,发动机应处于怠速状态,此时节气门开度最小,转速最低;汽车在一般道路上行驶时,行驶阻力不大,此时发动机处于中等负荷状态,此时节气门部分开启,车速和汽油发动机转速不一定很高;汽车在满载爬坡或者全速行驶时,发动机应处于全负荷状态,此时节气门全开,但是转速不一定最高。

1. 稳定工况对混合气成分的要求

(1) 怠速工况。怠速是指发动机对外无功率输出,作功行程产生的动力只用以克服发动机的内部阻力,使发动机保持最低转速稳定运转。汽油发动机怠速转速一般为 400～800r/min,转速很低,进气道内空气流速也较低,使得汽油雾化不良,与空气的混合非常不均匀。另一方面,节气门开度很小,吸入气缸内的可燃混合气量很少,同时又受到气缸内残余废气的冲淡作用,使混合气的燃烧速度变慢,因此发动机动力不足、燃烧不良甚至熄火。因此要求提供较浓的混合气 $\alpha = 0.6 \sim 0.8$。

(2) 小负荷工况。发动机负荷在 25% 以下称为小负荷。小负荷时,节气门开度较小,进入气缸内的可燃混合气较少,而上一循环残留在气缸中的废气在气缸内气体中所占的比例相对较多,不利于燃烧,因此必须供给较浓的可燃混合气 $\alpha=0.7\sim0.9$。

（3）中等负荷工况。发动机负荷在 $25\%\sim85\%$ 之间称为中等负荷。发动机大部分工作时间处于中等负荷工况,故应以经济性要求为主。中等负荷时,节气门开度中等,故应供给接近于相应耗油率最小的 α 值的混合气,即经济混合气成分 $\alpha=0.9\sim1.1$,这样,功率损失不多,节油效果却很显著。

（4）大负荷及全负荷工况。发动机负荷在 $85\%\sim100\%$ 之间称为大负荷及全负荷。此时应以动力性为主,要求发出最大功率 P_{emax},故要求供给 P_{emax} 时的混合气成分 $\alpha=0.85\sim0.95$。

2. 过渡工况对混合气成分的要求

（1）冷启动工况。发动机冷启动时,混合气得不到足够的预热,汽油蒸发困难。同时,发动机曲轴转速低,因此被吸入进气道内的空气流速较低,从歧管处喷油器喷出的汽油,不能受到强烈气流的冲击而雾化,绝大部分呈油粒状态。混合气中的油粒会因为与冷金属接触而凝结在进气管壁上,不能随气流进入气缸,所以气缸内的混合气过稀,无法引燃。因此,要求供给极浓的混合气进行补偿,从而使进入气缸的混合气有足够的汽油蒸气,以保证发动机得以启动。冷启动工况要求供给的混合气成分为 $\alpha=0.2\sim0.6$。

（2）暖机工况。暖机是指发动机冷启动后,各气缸开始依次点火而自行继续运转,使发动机的温度逐渐升高到正常值,发动机能稳定地进行怠速运转的过程。在此期间,混合气的浓度随温度升高而减小,从启动时的极浓减小到稳定怠速运转所要求的浓度为止。

（3）加速工况。发动机的加速是指负荷突然迅速增加的过程。当驾驶员猛踩踏板时,节气门开度突然加大,此时空气流量和流速以及进气道内真空度均随之增大,汽油供油量也有所增大。但由于汽油的惯性大于空气的惯性,汽油来不及足量地从喷口喷出,瞬时汽油流量的增加比空气的增加要小得多,致使混合气过稀。另外,在节气门急开时,进气管内压力骤然升高,同时由于冷空气来不及预热,使进气管内温度降低,不利于汽油的蒸发,致使汽油的蒸发量减少,造成混合气过稀,从而导致发动机不能实现立即加速,甚至有时还会发生熄火现象。

为了避免这种情况发生,必须在节气门突然开大时,强制多供油,额外增加供油量,及时使混合气浓度达到要求。

 ## 6.2.5　汽油发动机燃油供给系统的保养

汽油发动机燃油供给系统的维修主要是零部件的保养,其中重要的部件为汽油滤清器和空气滤清器。

1. 汽油滤清器

汽油滤清器的作用是除去燃油中的水分和杂质,防止油路堵塞,减轻气缸磨损,减少汽油泵等部件的故障。汽油滤清器分为可拆式和不可拆式两种。

1）可拆式汽油滤清器

可拆式汽油滤清器主要由盖、滤芯、沉淀杯等组成,如图 6-16 所示。滤清器盖上有进油管接头和出油管接头,滤芯用螺栓固定在滤清器盖上。滤芯与滤清器盖间有密封垫。

沉淀杯与滤清器盖之间也有密封垫,并由螺钉压紧在滤清器盖上。沉淀杯底部有放油螺塞。滤芯多用多孔陶瓷或微孔滤纸制造。

当发动机工作时,在汽油泵的作用下,汽油经进油管接头进入沉淀杯。水及较重的杂质沉淀于杯底部,较轻的杂质在随着汽油流向滤芯时被阻隔在滤芯外面,清洁的汽油进入滤芯内腔,再从油管接头流出。

2) 不可拆式汽油滤清器

不可拆式汽油滤清器采用密封式的薄外壳,以及用化纤或经酚醛树脂处理后而具有良好抗水性能的微孔滤纸制成的滤芯,如图 6-17 所示。

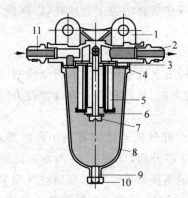

图 6-16 可拆式汽油滤清器的组成

1—滤清器盖;2—出油管接头;3—密封圈;
4—沉淀杯密封垫;5—纸滤芯;6—滤芯密封垫;
7—滤芯螺栓;8—沉淀杯;9—放油螺塞;
10—放油螺塞密封垫;11—进油管接头

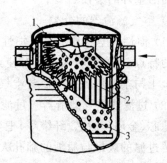

图 6-17 不可拆式汽油滤清器的组成

1—中央多孔筒;2—纸质滤芯;
3—多孔滤纸外筒

3) 汽油滤清器的维护

不可拆式汽油滤清器无须清洗,应按车辆使用说明书规定的使用周期更换新的滤清器总成,一般每行驶 15 000km 需要更换一次。

对可拆式汽油滤清器,在使用中要经常从放油螺塞处放掉沉淀杯底部的积水,尤其冬季使用时更应注意,以防积水结冰,引起供油中断;应严格按汽车制造商规定的行驶里程清洗或更换滤清器,清洗时,应用清洁的汽油清洗滤芯、各部位的通道及沉淀杯,并用压缩空气吹干净;滤芯有破损时,必须随时更换;如果燃油箱的燃油受到污染,需在规定的行驶里程之前更换或清洗滤清器;装合滤清器时,要确保各密封垫密封可靠。若滤清器泄漏或滤芯堵塞,则会导致燃油系统内压力下降。

安装滤清器时应注意确保油流方向正确。许多汽油滤清器的进油管接头和出油管接头形状相同,在滤清器外壳上标有安装方向箭头,指示了燃油流经滤清器时的方向。

4) 更换汽油滤清器

(1) 设备、工具、耗材要求。

① 设备:别克凯越轿车。

② 工具及耗材:汽油滤清器、抹布、十字螺钉旋具、接油盆。

(2) 更换汽油滤清器步骤。

更换汽油滤清器具体步骤

2. 空气滤清器

1）空气滤清器的功能

空气滤清器用于清除进入发动机气缸内部的空气中所含的尘土和沙粒,以减少气缸、活塞和活塞环的磨损。

2）空气滤清器的分类

(1) 惯性式空气滤清器。惯性式空气滤清器是利用空气中所含尘土与杂质密度比空气大的特点,在空气吸入气缸时使其急速旋转或改变方向,从而在离心力或惯性力的作用下将尘土与杂质甩到外围而与空气分离。

(2) 过滤式空气滤清器。过滤式空气滤清器是引导气流通过带有细小孔的滤芯(如纸质滤芯,金属丝滤芯、纤维等)把尘土与杂质挡在滤芯外面,如图 6-18 所示。此种空气滤清器过滤的效果与滤纸的筛孔大小有关。滤清器的更换周期可根据当地空气质量适当缩短。纸质滤芯的寿命取决于纸面大小及空气本身的清洁程度。纸质滤芯不能清洁,可用适当压力的压缩空气从内向外吹去积灰,不可用压缩空气从外向内吹扫。

(3) 油浴式空气滤清器。油浴式空气滤清器利用油浴把空气流在转折时甩出的尘土与杂质粘住,避免二次尘土与杂质吸入,如图 6-19 所示。

图 6-18　过滤式空气滤清器

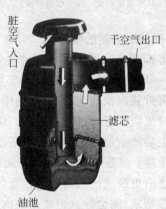

图 6-19　油浴式空气滤清器

3）更换空气滤清器

更换空气滤清器具体步骤

6.3　认识柴油发动机燃油供给系统的结构及工作原理

柴油发动机与汽油发动机具有相似的基本结构和系统,两者之间最大的不同在于燃料供给系统。柴油发动机使用的燃料是柴油,吸入气缸的是经过过滤的新鲜空气。

柴油经过过滤除去其中的水分和杂质,经过高压油泵加压,以相当高的压力在发动机压缩行程上止点前的适当时刻,从喷油器的喷嘴呈雾状直接或间接喷入气缸,与气缸中的高温空气混合。细小的油滴吸收空气中的热量,同时与空气中的氧接触,经过一个复杂的物理化学过程自行着火燃烧,其中,燃油雾化及其与空气混合的质量对燃油燃烧以及排放具有极大的影响。

6.3.1　柴油及混合气

1. 柴油

1) 柴油的定义和分类

柴油是在石油蒸馏过程中,温度在 $200\sim350℃$ 之间的馏分,有轻柴油(用于高速柴油发动机)和重柴油(用于中低速柴油发动机)两种。

2) 柴油的规格和选择

柴油的规格按凝点可划分为 10、5、0、-10、-20、-35 和 -50 共七个牌号。凝点是指油品在规定的试验条件下,被冷却的试样油面不再移动时的最高温度,以℃表示。我国轻柴油的国家标准《普通柴油》(GB 252—2015)规定有$+10$ 号、0 号、-10 号、-20 号和-35 号五个牌号,其号数的大小表示柴油凝点温度的高低。如-20 号柴油,表示其凝点为$-20℃$。

选用柴油时应根据不同季节和当地气温条件进行,一般选用柴油的凝点应低于当地季节最低温度 $3\sim5℃$。如果选用柴油的凝点高于当地季节最低温度,不仅使柴油的流动性变差,影响正常供油,而且会因柴油的雾化性能不良,造成柴油发动机工作粗暴。

2. 柴油发动机混合气

1) 柴油发动机混合气的形成

柴油发动机混合气的形成是在燃烧室内进行的,形成时间极短;形成与燃烧过程是重叠进行的,即边喷油、边混合、边燃烧,没有明显的界线,形成方式与燃烧室的形式密切相关。

2) 柴油发动机混合气的燃烧过程

柴油黏度大,不易挥发,必须用高压以雾状喷入,在燃烧室内经压缩而自燃,其燃烧过程分四个阶段,如图 6-20 所示。其中供油提前角是指泵油始点 O 开始到活塞到达压缩行程上止点为止。喷油提前角是指喷油始点 A 开始至活塞到达压缩行程上止点为止的曲轴转角。

(1) 备燃期(AB——Ⅰ阶段):指由喷油始点到燃烧始点之间的曲轴转角。在此期间,喷入气缸的雾状柴油从气缸内的高温空气吸收热量,逐渐蒸发、扩散,与空气混合,并进行燃烧前的化学准备。备燃期不宜过长,否则会使发动机工作粗暴。

（2）速燃期（*BC*——Ⅱ阶段）：指从燃烧始点到气缸内的最大压力点之间的曲轴转角。从燃烧始点开始，火焰自火源迅速向各处传播，使燃烧速度迅速增加，急剧放热，导致燃烧室中温度和压力迅速上升，直至压力达到最大点为止。在此期间，早已喷入或燃烧开始后陆续喷入的柴油在已燃气体的高温作用下，迅速蒸发、落混合和燃烧。

（3）缓燃期（*CD*——Ⅲ阶段）：从最高压力点起到最高温度点的曲轴转角。在此阶段，开始燃烧很快，但由于氧气减少，废气增多，燃烧条件不利，故燃烧越来越慢，但燃气温度却能继续升高到 1973～2273K。缓燃期内，通常喷油已结束。

（4）后燃期（*DE*——Ⅳ阶段）：从最高温度点开始，燃烧在逐渐恶化的条件下于膨胀行程中缓慢进行直到停止。在此期间，压力和温度均降低。

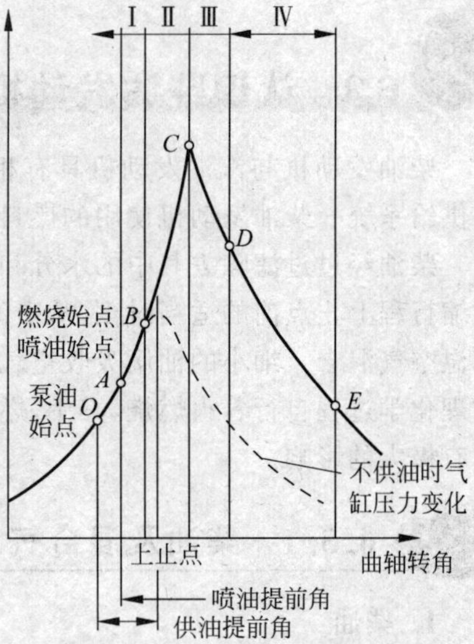

图 6-20　柴油发动机混合气的燃烧过程

为了改进混合气形成条件，不致出现太长的着火准备期，保证柴油发动机工作柔和，可采用以下措施：

（1）选用十六烷值较高且发火性较好的柴油，以使可燃混合气迅速燃烧；

（2）采用较高的压缩比，以提高气缸内的温度，使柴油尽快挥发；

（3）提高喷油压力，一般在 10MPa 以上，以利于柴油雾化；

（4）采用各式促进气体运动的燃烧室和进气道，以保证柴油与空气的均匀混合；

（5）采用较大过量空气系数（1.3～1.5）的可燃混合气，以使柴油完全燃烧；

（6）采用适当的喷油提前角。

3．柴油发动机燃烧室

1）直喷式燃烧室（又称统一式燃烧室）

燃烧室容积集中在活塞顶上的燃烧室凹坑内。

（1）ω形燃烧室。如图 6-21 所示，ω形燃烧室结构简单，燃烧室位于活塞顶，喷油器采用孔式喷油器，混合气的形成以空间雾化为主。

（2）球形燃烧室。燃烧室位于活塞顶部的深坑内，采用单孔或双孔喷油器，混合气的形成以油膜蒸发为主。采用螺旋进气道形成强烈的进气涡流，如图 6-22 所示。

图 6-21　ω形燃烧室

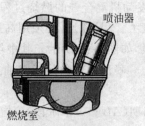

图 6-22　球形燃烧室

237

2）分隔式燃烧室

分隔式燃烧室分为两个部分,主燃烧室位于活塞顶,副燃烧室位于缸盖上,主副燃烧室通过通道相通,喷油嘴位于副燃烧室内。

（1）涡流室燃烧室。主副燃烧室之间通过狭窄的切向通道相通,其副燃烧室是球形或圆柱形,容积约占燃烧室总容积的 50％～80％,借与其内壁相切的孔道与主燃烧室相通,如图 6-23 所示。在压缩行程中,空气从气缸被挤入涡流室形成强烈的有规则涡流运动,大部分柴油在涡流室内燃烧,形成二次涡流混合燃烧。

（2）预燃室燃烧室。副燃烧室容积约占燃烧室总容积的 25％～40％,并用一个或几个小孔与主燃烧室相通。空气被挤入预燃室产生无规则紊流,小部分柴油在预燃室内燃烧,产生二次紊流混合完全燃烧,如图 6-24 所示。

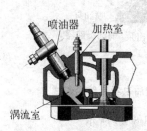

图 6-23　涡流室燃烧室

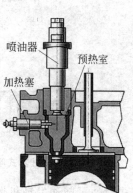

图 6-24　分隔式燃烧室

 ### 6.3.2　柴油发动机燃油供给系统

微课——认识柴油发动机燃油供给系统

柴油发动机燃油供给系统的功用是能够向气缸内供给清洁的空气;按柴油发动机的工况的要求,定时、定量地以一定的油压将柴油以雾状喷入气缸,与空气形成可燃混合气,并将燃烧后的废气排入大气。

柴油发动机对燃油供给系统的要求:各缸的喷油定时和喷油量相同且与柴油发动机运行工况相适应;喷油压力、喷注雾化质量及其在燃烧室内的分布需与燃烧室类型相适应;在每一个工作循环内,各气缸均喷油一次,喷油次序与气缸工作顺序一致;根据柴油发动机负荷的变化自动调节循环供油量,以保证柴油发动机稳定运转,尤其是稳定怠速,限制超速;能储存一定数量的燃油,保证汽车的最大续驶里程。

1. 燃油供给系统的组成

（1）燃油供给装置：由喷油泵、喷油器和调速器、燃油箱、输油泵、油水分离器、燃油滤清器、喷油提前器和高、低压油管等组成。

（2）空气供给装置：由空气滤清器、进气管、进气道、增压器等组成。

（3）混合气形成装置：由燃烧室组成。

（4）废气排出装置：由排气道、排气管、消声器等组成。

柱塞式喷油泵柴油发动机燃油供给系统如图 6-25 所示。

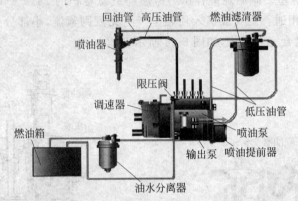

图 6-25　柱塞式喷油泵柴油发动机燃油供给系统的组成

VE 分配式喷油泵柴油发动机燃油供给系统如图 6-26 所示。

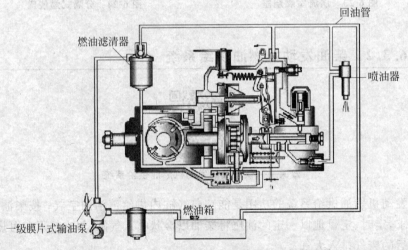

图 6-26　VE 分配式喷油泵柴油发动机燃油供给系统

2. 燃油供给路线

图 6-27 所示为燃油供给路线，包含了低压油路、高压油路和回油油路。

低压油路：从燃油箱经粗滤器到喷油泵入口这一段油路，其油压由输油泵建立，一般为 150kPa～300kPa，故称低压油路。主要完成柴油储存、输送和滤清等任务。

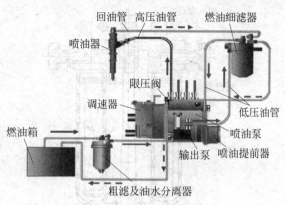

图 6-27 燃油供给路线

高压油路：从喷油泵到喷油器这一段油路，其油压由喷油泵建立，一般在 10MPa 以上，故称高压油路。柴油供给任务主要由它完成。

回油油路：由于输油泵供油量是喷油泵出油量的 3～4 倍，所以滤清器、喷油器和喷油泵上都装有溢流阀，使多余燃油经溢流阀和回油管流回输油泵进口或直接流回油箱。

 ### 6.3.3 柴油滤清器和柴油箱的结构与检修

1. 柴油滤清器的功用

柴油滤清器常常串联于输油泵和喷油泵之间，用来滤除柴油中的机械杂质和水分，保证供油系统正常工作，延长零部件的使用寿命。

2. 柴油滤清器的类型

柴油滤清器多采用纸质滤芯，其结构与汽油发动机的汽油滤清器类似。在柴油发动机中通常设有粗、细两级滤清器，也有的柴油发动机只有单级滤清器。柴油滤清器的滤芯有棉布、绸布、毛毡、金属网和纸质等。其中纸质滤芯具有流量大、阻力小、滤清效果好和成本低等优点，目前被广泛采用。

3. 柴油滤清器工作过程

1）纸质单级式滤清器

图 6-28 所示是纸质单级式滤清器，纸质滤芯装在滤清器盖和壳体底部的弹簧座之间，并用橡胶圈密封。输油泵输出的油经进油管接头进入壳体，渗透穿过滤芯进入内腔，再经过油管接头输至喷油泵。柴油中的机械杂质和尘土被滤去，水分沉淀在壳体内。

当滤清器内油压超过溢流阀的开启压力（0.1MPa～0.15MPa）时，溢流阀打开，多余的柴油回流入油箱，从而保证滤清器内一定的油压。

2）纸质双级式滤清器

图 6-29 所示是纸质双级式滤清器，由输油泵流入的柴油先进入第一级滤清器的外腔，穿过滤芯后进入内腔，再经过盖内油道流向第二级滤清器过滤，从而保证更好的过滤效果。

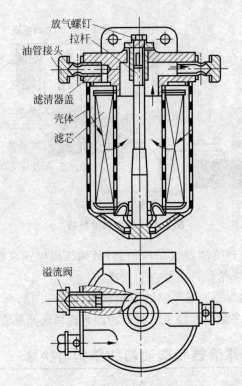

放气螺钉
拉杆
油管接头
滤清器盖
壳体
滤芯

溢流阀

图 6-28　纸质单级式滤清器

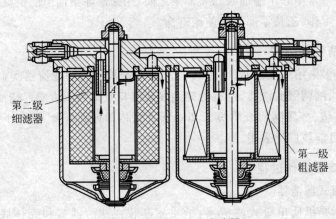

第二级
细滤器

A

B

第一级
粗滤器

图 6-29　纸质双级式滤清器

4．更换柴油滤清器

一般汽车运行 3000km 时柴油滤清器应清除沉积在壳体内的杂质和水分,必要时更换滤芯。如果更换不及时,容易导致滤芯堵塞,燃油数量减少,发动机输出功率下降等。

1）不可拆式滤清器

对于不可拆式滤清器,只能整体更换。

2）可拆式滤清器

对于可拆式滤清器,更换流程如下:

（1）旋下滤清器下端的排污螺塞，放出污垢，对滤清器外壳进行清洗。

（2）拧出滤清器的拉杆螺栓，取出壳体、弹簧、托盘、各密封圈和滤芯等进行清洗。如果是纸质滤芯则更换新品，如果是金属陶瓷滤芯则可用干净的煤油或者柴油进行清洗。

（3）按与拆卸相反的顺序装配滤清器。

注意：

（1）不可拆卸式滤清器安装时应先在 O 形圈上涂抹一层机油，然后用手将滤清器在支座上旋紧，最后套上专用工具按规定旋紧即可。

（2）可拆卸式滤清器在安装滤芯时，应注意沉淀杯与外壳位置要正确，必要时还要在两者之间的接合处涂上密封胶。

5. 柴油箱漏油的应急处理方法

汽车在行驶途中，驾驶人如发现柴油发动机柴油箱出现渗漏现象，应及时焊修。若受条件限制无能力焊修，可用以下简单有效的方法进行补救。

先将肥皂压入裂缝处堵住漏油（可不放出油箱里的油），再把肥皂切成小碎片，加少量的水和棉纱，用手锤敲打均匀，使其具有较大的拉力和黏性，然后擦净破漏处周边，把肥皂棉纱粘贴其上并压紧，等其表面稍干后，即可继续行驶。注意行驶一段路程后应停车检查，以防粘贴处松动脱落。

如果漏洞较大。可用一个比漏眼略粗的自攻螺钉，并找一小块胶布垫穿在自攻螺钉上，拧入漏眼紧固，再抹上肥皂即可。

 6.3.4 输油泵的结构与检修

微课——手油泵的安装与拆卸

输油泵的功用是保证有足够数量的柴油自燃油箱输送到喷油泵，并维持一定的供油压力以克服管路及燃油滤清器的阻力，使柴油在低压管路中循环。输油泵的泵油量一般为柴油发动机全负荷需要量的 3～4 倍，它有活塞式、膜片式、滑片式和齿轮式四种形式，其中活塞式输油泵应用最为广泛。

1. 活塞式输油泵的结构

活塞式输油泵安装在柱塞式喷油泵的侧面，并由喷油泵凸轮轴上的偏心轮驱动。由泵体、机械油泵总成、手油泵总成、止回阀和油道等组成，如图 6-30 所示。

2. 活塞式输油泵的工作原理

如图 6-31 所示，输油泵工作包括三个过程。

（1）准备过程。偏心轮通过推杆顶活塞下行，活塞下方工作腔容积减小。此时进油阀关闭，出油阀打开，活塞上方压力腔容积增大，产生真空，柴油经出油阀进入压力腔。

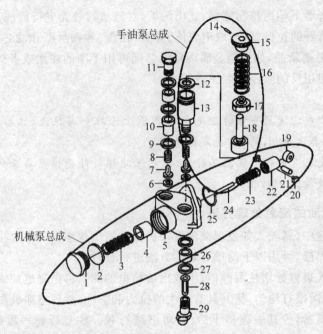

图 6-30　活塞式输油泵解体图

1—螺塞；2—垫圈；3—活塞弹簧；4—活塞；5—泵体；6—止回阀座；7—止回阀；8—止回阀弹簧；9—垫圈；10—出油管接头；11—出油管连接螺栓；12—O形圈；13—手泵体；14—销；15—手泵拉钮；16—手泵弹簧；17—手泵盖；18—手泵活塞部件；19—滚轮；20—滑块；21—滚轮销；22—滚轮体；23—滚轮弹簧；24—顶杆；25—弹性挡圈；26—防污圈；27—垫圈；28—滤网；29—进油管连接螺栓

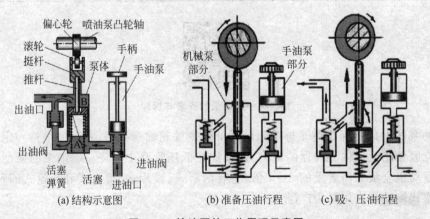

(a) 结构示意图　　　　(b) 准备压油行程　　　(c) 吸、压油行程

图 6-31　输油泵的工作原理示意图

(2) 进油、出油过程。偏心轮转过，活塞在其弹簧作用下上行，活塞下方工作腔产生负压，此时关闭出油阀打开进油阀进油，同时活塞上行使压力腔容积变小，腔内柴油增压，向外供油，其油压由弹簧预紧力控制。

(3) 供油量的控制。当输油泵的供油量大于喷油泵的需要量时，油路和压力腔的油压升高至大于或等于弹簧预紧力。此时，活塞不能回到上止点，活塞的行程减小，从而减少了输油量，并限制油压的进一步升高，实现输油量和供油压力的自动调节。

3．输油泵的检修

（1）壳体。如果输油泵泵体出现裂纹或泵体各零件配合间隙磨损严重，应更换新件。油阀座出现磨损凹痕或腐蚀斑点，可修磨或更换。

（2）活塞弹簧和油阀弹簧。如果活塞弹簧和油阀弹簧发生变形、弹力明显下降或折断，应更换。油阀端面轻微磨损，可用细研磨膏在平板上研磨修复，磨损严重需更换。

（3）密封性。拉紧手泵拉钮，堵住输油泵出油口，然后将输油泵浸没在清洁的柴油中，从进油口输入 200kPa～300kPa 的压缩空气，输油泵各连接处应无气泡冒出。

（4）排除低压油路空气。经过维修或长时间停止工作的柴油发动机，其燃油供给系统一般内部会混有空气。在启动前应先将柴油滤清器和喷油泵的放气螺钉拧松，再将手泵拉钮旋出，上下反复拉动手压泵活塞，可见柴油从放气螺塞中流出，直至流出的柴油中无气泡为止，然后拧紧放气螺钉，旋紧手泵拉钮，再启动柴油发动机。

6.3.5　喷油泵的结构与检修

微课——VE 型转子分配式喷油泵总成的结构

微课——VE 型转子分配式喷油泵总成的装配

微课——VE 型转子分配式泵供油提前角的调整

1．喷油泵概述

1）功用

按照柴油发动机的运行工况和气缸工作顺序，以一定的规律适时、定量地向喷油器输送高压柴油。

2）使用要求

各缸供油量相等；各缸供油提前角相同，误差为 0.5°～1°曲轴转角；各缸供油持续角一致；能迅速停止供油，以防止喷油器发生滴漏现象。

3）分类与系列

（1）喷油泵的分类。喷油泵的结构形式较多，车用柴油发动机的喷油泵按作用原理不同，可分为以下三类。

① 柱塞式喷油泵：这种喷油泵应用的历史较长，性能良好，工作可靠，为目前大多数汽车、柴油发动机所采用。

② 转子分配式喷油泵：这种喷油泵只有一对柱塞副，依靠转子的转动实现燃油的增压与分配。它具有体积小、质量轻、成本低、使用方便等优点。

③ 喷油泵—喷油器：将喷油泵和喷油器合为一体，直接安装在发动机气缸盖上，可以消除高压油管带来的不利影响。但要求在发动机上另加驱动机构。PT 燃油供给系统即属此类。

（2）国产系列喷油泵。喷油泵的系列化是以柱塞行程、泵缸中心距和结构形式为基础，再分别配以不同尺寸的柱塞，组成若干种在一个工作循环内供油量不等的喷油泵，形成几个系列，以满足各种柴油发动机的需要。喷油泵的系列化有利于制造和维修。国产喷油泵分为Ⅰ、Ⅱ、Ⅲ和 A、B、P、Z 等系列。

2. 认识 A 型喷油泵

1）喷油泵结构

喷油泵由泵油机构、供油量调节机构、驱动机构及喷油泵体组成，如图 6-32 所示。泵油机构是由若干个柱塞分泵组成，柱塞分泵主要包括柱塞偶件、出油阀偶件等。供油量调节机构为齿条式油量调节机构或拨叉式油量调节机构。驱动机构包括凸轮轴和挺柱组件等。喷油泵体是泵油机构、供油量调节机构、驱动机构的安装基体，要求有足够的强度、刚度和良好的密封性，便于拆装、调整和维修。

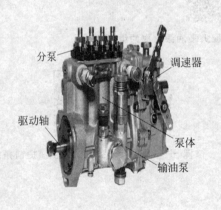
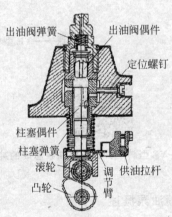

图 6-32　A 型喷油泵的组成

2）柱塞分泵

（1）柱塞偶件由柱塞套和柱塞组成，在使用中不可互换。柱塞偶件实现对燃油的增压。其工作原理如下。

① 吸油过程（图 6-33（a））：柱塞由凸轮轴的凸轮驱动，当凸轮的凸起部分离开柱塞时，柱塞在柱塞弹簧的作用下下移，分泵油腔容积增大，压力减小；当柱塞套上的径向进油孔露出时，低压油腔中的燃油顺着进油孔流入泵腔。

② 泵油过程（图 6-33（b））：当凸轮的凸起部分将柱塞顶起时，泵腔内的容积减小，压力增大，燃油顺着柱塞套上的径向油孔流回低压油腔；当柱塞上行到将柱塞套上的径向油孔完全堵上时，泵腔上的压力迅速增加；当此压力克服出油阀弹簧的预紧力时，出油阀上移；当出油阀上的减压环带离开阀座时，高压柴油便泵到高压油管中，经喷油器喷入气

缸中。

③ 回油过程(图 6-33(c))：随着柱塞的继续上移，当柱塞上的斜槽与柱塞套上的径向油孔相通时，泵腔中的燃油便通过柱塞上的轴向油道、斜油道及柱塞套上的油孔流回低压油腔，泵油停止。

④ 停止供油(图 6-33(d))：当柱塞转至竖槽与回油孔相通时，即使柱塞在凸轮的凸起部位的带动下向上行，但由于柱塞在上行的过程中斜槽与回油孔始终相通，故柱塞上腔不能形成高压，即柱塞整个上行过程中均不供油，处于停止供油状态。

由此可见，柱塞不是在整个上行的过程中都泵油，只有当柱塞上行到将柱塞套上的径向油孔完全堵上时才开始泵油，而当柱塞上行至斜槽与柱塞套上的径向油孔相通时，泵油就停止，如图 6-33(e)所示。也就是说，柱塞泵油的有效行程小于柱塞上行的总行程。

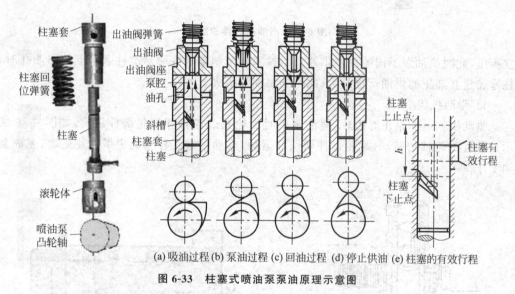

(a)吸油过程 (b)泵油过程 (c)回油过程 (d)停止供油 (e)柱塞的有效行程

图 6-33　柱塞式喷油泵泵油原理示意图

(2) 出油阀偶件由出油阀和出油阀座组成。

出油阀偶件位于柱塞偶件的上方，通过拧紧出油阀压紧座使两者的接触面保持密合。同时，出油阀弹簧将出油阀压紧在出油阀座上，如图 6-34 所示。

出油阀减压环带：在出油阀被高压柴油顶起的过程中，当减压环带离开阀座的导向孔时，高压柴油才进入高压油管中，此时出油阀上方的空间被减压环带及部分密封锥面的实体占去一部分空间。当出油阀落座后，上部空间容积增大，高压油管压力迅速降低，喷油立即停止，并且不产生滴漏。

3) 供油量调节机构

(1) 供油量调节机构的功用。根据柴油发动机负荷的变化，通过转动柱塞改变循环供油量。供油量调节机构或由驾驶员直接操纵，或由调速器自动控制。

(2) 齿条式油量调节机构。齿条式油量调节机构的结构如图 6-35 所示。拉动调节齿杆，通过调节齿圈、控制套筒带动柱塞相对于柱塞套旋转，从而改变了柱塞相对于柱塞套筒回位孔的位置，改变了供油量。当柱塞上的直槽对准柱塞套上的油孔时，柱塞腔不能建

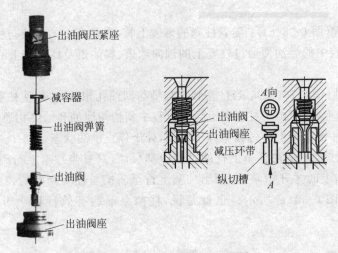

出油阀压紧座

减容器

出油阀弹簧

出油阀

出油阀座

出油阀

出油阀座

减压环带

纵切槽

A向

A

图 6-34　出油阀偶件的组成

立高压,此时喷油泵不向喷油器供油。当柱塞转至斜槽最底端对准柱塞套上的回油孔时,柱塞腔建立高压的供油行程最大,此时的供油量最大。

4）驱动机构

驱动机构由曲轴正时齿轮、喷油泵正时齿轮及凸轮轴和滚轮部件组成,如图 6-36 所示。随着凸轮轴的转动,滚轮部件做往复运动,推动柱塞在柱塞套中做往复运动,完成泵油工作。

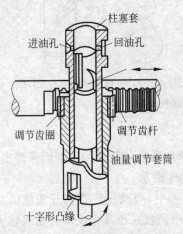

柱塞套

进油孔

回油孔

调节齿圈

调节齿杆

油量调节套筒

十字形凸缘

图 6-35　齿条式油量调节机构的组成

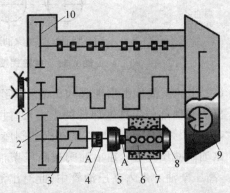

图 6-36　喷油泵的驱动与供油正时的组成

A—各处标记位置；1—曲轴正时齿轮；2—喷油泵驱动齿轮；3—空气压缩机曲轴；4—联轴器；5—供油提前角自动调节器；6—喷油泵；7—托板；8—调速器；9—飞轮上的喷油正时标记；10—配气机构驱动齿轮

注意：柴油发动机燃油供给系统的耦合件都是精密加工的,在拆装操作时注意不要用手直接接触耦合件的耦合面。

3. 认识 VE 型分配泵

1）VE 型分配泵特点

分配式喷油泵简称分配泵，是一种较为新颖的柴油发动机燃油喷射泵。与直列式柱塞喷油泵相比，VE 分配泵具有以下特点：

（1）分配泵仅用一对柱塞偶件就可以向 2～6 个气缸供油；

（2）结构简单，零件少，体积小，重量轻，使用中故障少，容易维修；

（3）精密偶件加工精度高，供油均匀性好，不需要进行各缸供油量和供油定时的调节；

（4）运动件靠喷油泵体内的柴油进行润滑和冷却。

VE 型分配泵对柴油的清洁度要求较高；分配泵凸轮的升程小，有利于提高柴油发动机转速。

2）VE 型分配泵结构

德国 Bosch 公司的 VE 型分配泵为单柱塞式，又称轴向压缩式分配泵，其组成如图 6-37 所示。

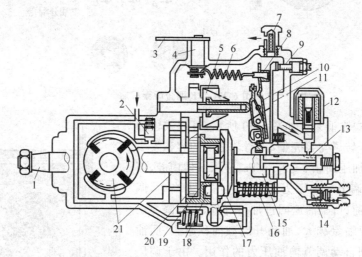

图 6-37 轴向压缩式 VE 型分配泵的结构

1—驱动轴；2—压力控制阀；3—操纵杆；4—操纵轴；5—飞块；6—调速弹簧；7—放气阀；8—怠速弹簧；
9—全负荷油量调节螺钉；10—张力杠杆；11—预调杠杆；12—电磁阀；13—柱塞；14—出油阀；15—柱塞套筒；
16—柱塞弹簧；17—凸轮盘；18—凸轮机构；19—联轴器；20—调速器驱动齿轮；21—滑片式输油泵

（1）组成。由驱动机构、滑片式输油泵、高压分配泵头、电磁式断油阀、机械式调速器、液压式喷油提前器等组成。其中驱动机构由传动轴、传动齿轮、滚轮、联轴器及平面凸轮等组成。

（2）滚轮、联轴器及平面凸轮。滚轮、联轴器及平面凸轮的结构如 6-38 所示，四缸柴油发动机有四个滚轮，平面凸轮上有四个凸起，联轴节连接传动轴和平面凸轮盘，将传动轴的动力传给平面凸轮盘，平面凸轮盘再将此动力传给柱塞。

（3）柱塞结构。如图 6-39 所示，柱塞中心油孔右端与柱塞腔相通，左端则与泄油孔相通。柱塞上有燃油分配孔、压力平衡槽和数目与气缸相同的进油槽。柱塞套上有一个进油孔及数目与气缸相同的分配油道，每个分配油道都连接一个出油阀和一个喷油器。

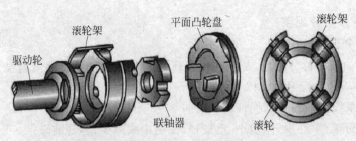

图 6-38　滚轮、联轴器及平面凸轮的结构

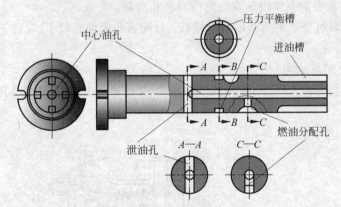

图 6-39　VE 型分配泵柱塞

（4）滑片式输油泵。如图 6-40 所示，滑片式输油泵旋转时，由于转子与泵壳偏心，滑片之间的容积发生变化而将柴油加压到 0.6～0.8MPa，进入泵体内腔，而调压阀则用来调节柴油压力。当柴油压力太高时，调压活塞打开回油口，柴油返回进油口，使压力下降。压力越高，弹簧压缩量越大，油孔开启截面积越大，回油量就越多，起到自动调节输油压力的作用。由于调压阀的作用，输油泵产生的油压随着油泵转速（即发动机转速）增加而成正比提高，使供油提前角随转速提高而线性加大，从而满足柴油发动机高效燃烧的要求。

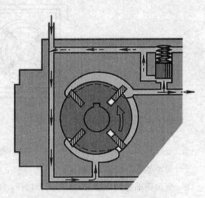

图 6-40　滑片式输油泵

3）VE 型喷油泵的工作原理

柴油发动机运行时，由曲轴齿轮带动分配泵的传动轴。其前端的滑片式输油泵将柴油从油箱中抽出，经过柴油滤清器和油水分离器，滤掉柴油中的杂质和水分后进入输油泵，使柴油压力升高。进入分配泵泵体内，再经过电磁阀进入柱塞腔。当柱塞向压油方向运动时，压缩柴油产生高压，经柱塞中的油道和出油孔，分配到泵体上相应气缸的油道，再经过出油阀、高压油管和喷油器喷入对应的气缸。泵体内多余的柴油从顶盖上的溢流阀返回油箱。柴油如此循环流动既可带走油路中的气泡和零件摩擦产生的热量，又可润滑各个运动零件。与此同时，泵体内的柴油压力控制提前器，相应改变喷油提前角。

对于四缸柴油发动机而言，分配泵的平面凸轮盘上有四段凸轮型线，相互间隔 90°；

滚轮座中装有四个滚轮,相互间隔也是90°。柱塞顶端有四条进油槽,圆周上有一条出油槽,相应的分配套筒上有一个进油孔和四个出油孔。油泵传动轴每转过90°,在凸轮和柱塞弹簧的配合作用下,拉推柱塞左右往复运动一次的同时转动90°,柱塞就相应完成一次进油、压油和分配的供油过程。这样的供油过程重复四次,分别向四个气缸喷油。在柴油发动机的一个工作循环中,分配泵传动轴旋转一周。

具体工作过程如下。

(1)进油过程。如图6-41(a)所示,当平面凸轮盘的凹下部分转至与滚轮接触时,柱塞弹簧将分配柱塞由右向左推移至柱塞下止点位置,这时分配柱塞上的进油槽与柱塞套上的进油孔连通,柴油自喷油泵体的内腔经进油道进入柱塞腔和中心油孔内。

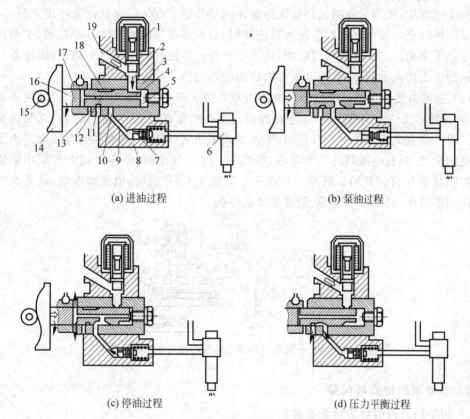

(a)进油过程 　　　　(b)泵油过程

(c)停油过程 　　　　(d)压力平衡过程

图6-41　VE型喷油泵的工作过程

1—断油阀;2—进油孔;3—柱塞套;4—进油槽;5—柱塞腔;6—喷油器;7—出油道;8—喷油泵体;9—分配油道;10—出油孔;11—压力平衡孔;12—中心油孔;13—泄油孔;14—平面凸轮盘;15—滚轮;16—分配柱塞;17—油量调节套筒;18—压力平衡槽;19—进油道

(2)泵油过程。如图6-41(b)所示,当平面凸轮盘由凹下部分转至凸起部分与滚轮接触时,分配柱塞在凸轮盘的推动下由左向右移动。在进油槽转过进迪孔的同时,分配柱塞将进油孔封闭,这时柱塞腔内的柴油开始增压。与此同时,分配柱塞上的燃油分配孔转至与柱塞套上的一个出油孔相通,高压柴油从柱塞腔经中心油孔、燃油分配孔、出油孔进入分配油道,再经出油阀和喷油器喷入燃烧。

（3）停油过程。如图 6-41（c）所示，分配柱塞在平面凸轮盘的推动下继续右移，当柱塞上的泄油孔移出油量调节套筒并与喷油泵体内腔相通时，高压柴油从柱塞腔经中心油孔和泄油孔流进喷油泵体内腔，柴油压力立即下降，供油停止。

（4）供油量的调节。从柱塞上的燃油分配孔与柱塞套上的出油孔相通的时刻起，至泄油孔移出油量调节套筒的时刻止，这期间分配柱塞所移动的距离为柱塞有效供油行程。有效供油行程越大，供油量越多。移动油量调节套筒可改变有效供油行程，向左移动油量调节套筒，停油时刻提前，有效供油行程缩短，供油量减少；反之，向右移动油量调节套筒，供油量增加。油量调节套筒的移动由调速器控制。

（5）压力平衡过程。如图 6-41（d）所示，分配柱塞上设有压力平衡槽，在分配柱塞旋转和移动过程中，压力平衡槽始终与喷油泵体内腔相通。在某一气缸供油停止之后，且当压力平衡槽转至与相应气缸的分配油道连通时，分配油道与喷油泵体内腔相通，于是两处的油压趋于平衡。在柱塞旋转过程中，压力平衡槽与各缸分配油道逐个相通，致使各分配油道内的压力均衡一致，从而保证了各缸供油的均匀性。

（6）断油电磁阀。断油电磁阀的电路由点火开关控制，如图 6-42 所示。当点火开关置于 ST 挡时，柴油发动机启动时，电磁阀由汽车蓄电池直接供电，电压较高，克服弹簧力迅速开启。当点火开关置于 ON 挡时，柴油发动机正常运转时，电磁阀一直通电。为了减少电磁阀发热，延长电磁阀的使用寿命，串联入一个降压电阻，使电磁阀电压减小到能保持阀芯吸住在开启位置的最低值。当点火开关置于 OFF 挡时，电磁阀断电，阀芯在弹簧力的作用下落座，切断进油通道，柴油发动机停机。

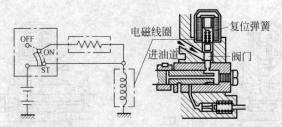

图 6-42　VE 分配泵的停油电磁阀的结构和工作原理

4．喷油泵的检查与调整

1）初始供油提前角的调整装置

若喷油提前角过大，会使发动机工作粗暴；若过小，会使发动机的功率降低，排气冒白烟。因此柴油发动机工作过程中，应对喷油提前角进行调整，以获得最佳喷油提前角。

最佳喷油提前角是指在转速和供油量一定的条件下，能获得最大功率及最小燃油消耗率的喷油提前角。对任何一台柴油发动机，最佳喷油提前角都不是常数，而是随供油量和曲轴转速变化的。供油量越大，转速越高，则最佳喷油提前角也越大。而喷油提前角调节的实现，是由喷油泵的供油提前角来保证的。

（1）构造：由凸缘盘、传动盘、固定螺栓等组成。

（2）调整方式：通过改变发动机曲轴和喷油泵凸轮轴之间的相位角进行调整。不同转速下，最佳供油提前角是不断变化的，要求供油提前角能随转速变化自动调整。

（3）调整方法：旋松调整螺栓（图6-43），使主动传动盘相对于主动凸缘盘沿弧形孔转过一个角度，通过改变行程 h 改变柱塞的供油始点，从而改变初始供油提前角。

2）供油提前角的自动调整装置

供油提前角过大时，燃料是在气缸内空气温度较低的情况下喷入，混合气形成条件较差，燃烧前集油过多，会引起柴油发动机工作粗暴，怠速不稳和启动困难；过小时，将使燃料产生过后燃烧，燃烧的最高温度和压力下降，燃烧不完全和功率下降，甚至排气冒黑烟，柴油发动机过热，导致动力性和经济性降低。

最佳的供油提前角是在转速和供油量一定的条件下，能获得最大功率及最小燃油消耗率的喷油提前角。应当指出，对任何一台柴油发动机，最佳喷油提前角不是一个常数，而是随柴油发动机负荷（供油量）和转速的变化而改变的，即供油量越大、转速越高，则最佳喷油提前角也越大。

车用柴油发动机根据其常用的某个供油量和转速范围确定一个供油提前初始角，初始角会因为联轴器或转动喷油泵的壳体发生微量的变化。因柴油发动机转速变化范围较大，还必须使供油提前角在初始角的基础上随转速而变化。因此车用柴油发动机多装有供油提前角自动调节器。

（1）联轴器。喷油泵是由柴油发动机曲轴前端的正时齿轮，通过一组齿轮进行驱动的。喷油泵驱动齿轮和中间齿轮上都刻有正时记号。凸轮轴和喷油泵驱动齿轮轴在安装的时候可能产生同轴度偏差，因此必须采用联轴节进行弥补。

联轴节用以补偿喷油泵安装时凸轮轴和驱动轴的同轴度偏差；同时用小量的角位移调节供油提前角，以获得最佳的喷油提前角。

传统的联轴器多采用胶木盘交叉连接，现已被挠性片式联轴器所代替，如图6-44所示。其挠性作用是通过两组圆形弹性钢片来实现的。靠其挠性可使驱动轴与凸轮轴在少量同轴度偏差的情况下无声传动。两组圆形弹性钢片有所不同，钢片的内孔与主动连接叉紧固连接，外孔是两个弧形孔，用两个连接螺钉和调节器连接，方便调节供油提前角的大小。

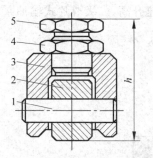

图 6-43　调整螺钉式滚轮体的结构

1—滚轮轴；2—滚轮；3—滚轮架；

4—锁紧螺母；5—调整螺钉

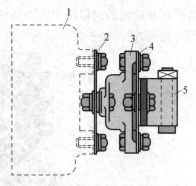

图 6-44　挠性片式联轴器的组成

1—供油提前角自动调节器；2、4—弹簧钢片；

3—连接叉；5—喷油泵凸轮轴

（2）直列柱塞式喷油泵的供油提前角自动调节器。直列柱塞式喷油泵的供油提前角自动调节器位于联轴节和喷油泵之间，如图6-45所示，其作用是随发动机转速变化，自动改变供油提前角。一般由机械离心式飞块、壳体、销钉、弹簧等组成。

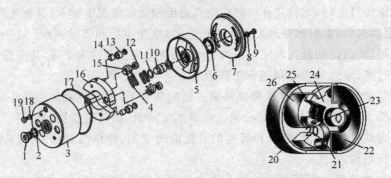

图6-45　机械离心式供油提前角自动调整装置的组成

1—放油螺塞；2—垫圈；3—调节器壳体；4—弹簧；5—从动盘；6—油封；7—盖；8—垫片；9—螺栓；10—螺母；11、17—O形密封圈；12—定位圈；13—滚轮；14—滚轮内座圈；15—弹簧座 16—飞块；18—垫片；19—丝堵；20—驱动盘；21—滚轮；22—提前器盖；23—销钉；24—从动盘；25—弹簧；26—飞轮

发动机工作时，驱动盘连同飞块受发动机曲轴的驱动而沿旋转方向转动，两个飞块的活动端向外甩开，滚轮则迫使从动盘沿旋转方向相对驱动超前转过一个角度，直到弹簧的压缩弹力与飞块离心力相平衡时为止，于是驱动盘与从动盘同步旋转。当转速升高时，飞块端进一步向外甩出，飞块上的滚轮推动从动盘相对驱动盘沿旋转方向再超前转动一个角度，直到弹簧的压缩弹力与飞块离心力达到新的平衡时为止，供油提前角随之相应地增大。反之，当发动机转速降低时，供油提前角相应减小。

（3）分配泵液压式喷油提前控制器结构。在VE型分配式喷油泵体的下部安装有液压式喷油提前器。在喷油提前器壳体内装有活塞，活塞左端与二级滑片式输油泵的入口相通，并有弹簧压在活塞上，如图6-46所示。活塞右端与喷油泵体内腔相通，其压力等于二级滑片式输油泵的出口压力。当柴油发动机在某一转速下稳定运转时，作用在活塞左、右端的力相等，活塞处于某一平衡位置。若柴油发动机转速升高，二级滑片式输油泵的出

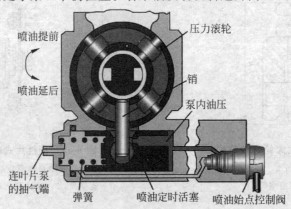

图6-46　分配泵液压式喷油提前控制器的结构

口压力增大,作用于活塞右端的力随之增加,推动活塞向左移动,并通过连接销和传力销带动滚轮架绕其轴线转动一定的角度,直至活塞两端的力重新达到平衡为止。滚轮架的转动方向与平面凸轮盘的旋转方向正好相反,使平面凸轮提前一定角度与滚轮接触,供油相应提前,即供油提前角增大。反之,若柴油发动机转速降低,则二级滑片式输油泵的出口压力也随之降低,作用于活塞右端的力减小,活塞向右移动,并带动滚轮架向着平面凸轮盘旋转的同一方向转过一定的角度,使供油提前角减小。

3) 供油提前角的调整方法

为了检查、调整供油提前角,厂家在制造柴油发动机时,一般将正时标记做在柴油发动机和喷油泵的相应位置上。喷油泵第一分泵开始供油正时的标记,多指喷油泵联轴器(或自动提前器)上和喷油泵轴承盖上的定时刻线,只要两刻线对准,便可确定是喷油泵向第一缸开始供油的时刻;柴油发动机供油提前角的标记,多指飞轮壳(或其上的检视孔)上的指针和飞轮上该机型要求的供油提前角的角度,个别情况是指曲轴前端胶带轮上的刻线和机体前盖上的指针;对于多缸柴油发动机,当指针对上相应角度或刻线,并保证一缸进、排气门都有间隙时,才可确定该缸在供油提前角位置。喷油泵与相应传动齿轮的啮合记号在柴油发动机大修后将啮合齿轮上相应的正时标记对上即可。个别的机型在安装喷油泵时还应注意连接标记。

(1) 检查供油正时。喷油泵固定在柴油发动机上,可能因为各种情况造成供油正时不准,这时就需要检查供油正时。

① 一人摇转曲轴使一缸活塞处于压缩行程(即一缸进气门、排气门都出现间隙)时,当固定标记正好对准飞轮或曲轴胶带轮上的供油提前角记号时,停止摇转曲轴。

② 对于有喷油泵第一分泵开始供油正时标记的,检查联轴器(或自动提前器)上的定时刻线标记是否可与泵壳前端的刻线记号对上。若两记号正好对上,则说明供油正时正确;若联轴器上的标记还未到泵壳刻线记号,则说明供油时间过晚;若联轴器上的标记已超过泵壳刻线记号,则说明供油时间过早。

对于联轴器和泵壳前端无刻线记号的,应该拆下喷油泵一缸高压油管,一人摇转曲轴,当快要到达一缸供油提前角位置时,缓慢摇转曲轴,一人凝视一缸出油阀的出油口油面,当油面刚刚向上动时,停止摇转曲轴,检查飞轮或曲轴胶带轮上的供油提前角刻线是否与其对应的指针对上(为以后检查方便,这时可在联轴器和泵壳上补做一对正时记号)。

(2) 装机校准供油正时。柴油发动机大修和喷油泵检修后重新安装时,必须检查供油正时。

① 顺时针摇转曲轴,使第一缸活塞处于压缩行程上止点前规定的供油开始位置,即固定标记对准飞轮或曲轴胶带轮上的供油提前角记号。

② 转动喷油泵凸轮轴,使喷油泵联轴器(或自动提前器)上的定时刻线标记与泵壳前端的刻线记号对准。

③ 向前推入喷油泵,使从动凸缘盘的凸块插入联轴器并与之接合,在拧紧主动凸缘盘和中间凸缘盘的两个螺钉时,只要使两凸缘盘上的 0 标记对准,即可保证柴油发动机的供油提前角符合要求。

(3) 调整供油正时的方法。在检查供油正时时,如果发现供油提前角过小或过大,就要进行调整,常用的调整方法如下。

① 转动泵体调整。用正时齿轮和花键轴头直接插入驱动喷油泵,大多用三角固定板或法兰盘与机体相连。三角固定板和法兰盘上分别有 3 个或 4 个弧形长孔。采用上述方法固定喷油泵,如果检查的供油正时不准,只需松开相应的 3 个或 4 个固定螺栓,通过弧形长孔,适当转动泵体调整供油提前角即可。调整时,将泵体逆着驱动轮的旋向转动一个角度,即可使供油提前角增大;如将泵体顺着驱动轮旋向转动则可使供油提前角减小。

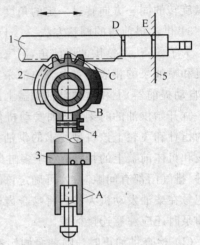

② 转动泵轴调整。用联轴器驱动的喷油泵,在连接盘上有 2 个弧形长孔。调整供油提前角时,可松开连接盘上的 2 个固定螺栓,将喷油泵凸轮轴顺旋向转动一个角度,便可增大供油提前角;逆旋向转动一个角度,则可减小供油提前角。调整完后,拧紧连接盘上的 2 个固定螺栓即可。

4) 供油量的调整方法

供油量的调节在喷油泵试验台上进行。当喷油泵在规定转速下运转时,若各缸的供油量不一致,可松开齿圈上的调整螺钉,转动套筒带动柱塞相对柱塞套转动一定的角度,从而改变单缸的供油量,如图 6-47 所示。最后将齿圈上的调整螺钉锁紧。这样可以通过调整单缸的供油量达到使多缸发动机各缸供油量一致的目的。

图 6-47　齿条式油量的调节机构

1—齿杆;2—齿圈;3—传动套;
4—固定螺钉;5—壳体;
A、B、C 是装配记号;D—停喷线;E—最大供油线

6.3.6　喷油器的结构与检修

微课——喷油器总成的安装与拆卸　　微课——柴油发动机喷油器的结构安装与拆卸

1. 认识喷油器

1) 功用、类型与要求

喷油器是将喷油泵送来的高压柴油雾化,并按一定的要求喷入燃烧室,以保证形成良好的混合气。其类型有孔式喷油器和轴针式喷油器两种。

对喷油器的要求:应满足不同类型的燃烧室对喷雾特性的要求;应有一定的贯穿距离和喷雾锥角;有良好的雾化质量;在喷油结束时不会发生滴漏现象。

2) 孔式喷油器

(1) 结构。如图 6-48 所示,喷油嘴由针阀和针阀体构成。针阀和针阀体属精密偶件,不具备互换性。针阀中部锥面称为承压锥面,受高压油腔中油压的作用,使针阀产生向上的轴

向推力,克服调压弹簧的预紧力及针阀与针阀体间的摩擦力,使喷油器实现喷油。针阀下锥面与阀体内锥面组成密封锥面,与针阀体内的密封锥面配合,以实现喷油器内腔的密封。

喷油器有一个或多个喷孔,一个喷孔的喷油器称单孔喷油器,有两个喷孔的喷油器称双孔喷油器,有三个以上喷孔的喷油器称多孔喷油器。一般喷孔数目为1~7个,喷孔直径为0.2~0.5mm。

喷孔直径不宜过小,否则既不易加工,在使用中又容易被积炭堵塞。孔式喷油器适合于直喷射式燃烧室。针阀体用紧固螺套固定在喷油器体的下部。喷油器体内部装有顶针、弹簧座和调压弹簧,并用调压螺钉压紧,使针阀紧压在针阀体的密封锥面上。调压弹簧的预紧力通过顶杆作用在针阀上,将针阀压紧在针阀体内的密封锥面上,使喷油嘴关闭。调压弹簧的预紧力由调压螺钉调节。

(2)工作原理。来自喷油泵的高压柴油通过高压油管送到喷油器,经进油管接头、喷油器滤芯以及喷油器体和针阀体内的油道进入喷油嘴内的压力室。油压作用在针阀的承压锥面上,产生向上的推力,当此推力超过调压弹簧的预紧力时,针阀升起并将喷孔打开,高压柴油经喷孔喷入燃烧室。当喷油泵停止供油时,喷油嘴压力室内的油压迅速下降,针阀在调压弹簧的作用下瞬时落座,将喷孔关闭,终止喷油。

3)轴针式喷油器

轴针式喷油器与孔式喷油器的工作原理相同,结构相似,只是喷油嘴头部的结构不同。轴针式喷油器中,针阀密封锥面以下有一段轴针,轴针穿过针阀体上的喷孔且稍凸出于针阀体之外,使喷孔呈圆环形,如图6-49所示。轴针式喷油器的喷注是空心的,轴针制成不同形状可以得到不同形状的喷注,以适应不同形状燃烧室的需要。喷孔直径较孔式喷油器大,要求的喷油压力较孔式喷油器小。其优点为喷孔有自洁作用,不易被积炭堵塞,适用于分隔式燃烧室。

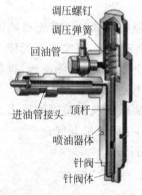

图6-48 孔式喷油器的结构

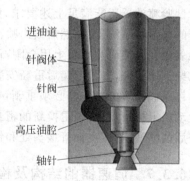

图6-49 轴针式喷油器的结构

2. 检修喷油器

喷油器是柴油发动机燃油供给系统中的易损件,一般汽车每行驶10~12万公里或发动机产生动力不足、冒黑烟、怠速不稳等现象时,必须检查、校验喷油器的性能并根据具体情况修理或更换针阀偶件。

1）喷油器性能的检验

喷油器性能的检验主要包括喷油器开始喷射压力的检查与调整、喷雾质量、密封性能的检查等。

喷油器的试验应在专用的试验器上进行，如图 6-50 所示。试验器由手油泵、油箱和压力表等组成。油箱的柴油经过过滤流入手油泵的油腔中，压动手油泵泵油时，高压油经油阀流入压力表和喷油器，使喷油器喷油。喷油压力及其变化情况可以从压力表上读出。

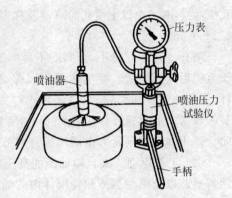

压力表

喷油器

喷油压力
试验仪

手柄

图 6-50　喷油器的检查调整

（1）喷油压力的检查与调整。将喷油器安装在测试器上，压动手柄排净系统内的空气，再快速压动手柄几次，清除喷油器内的积炭。然后慢慢压动手柄同时观察压力表，当喷油器喷射时，压力表指针会回落，指针刚开始回落时的压力值即为喷油压力，此值应符合标准。若油压太低，则拧入油压调节螺钉；反之，则退出油压调节螺钉。调整完成后，须将锁止螺母锁紧后重试。有些喷油器无调节螺钉，则应分解喷油器，更换调整垫片。

（2）密封性能的检查。将压力保持在低于喷油压力 1MPa～2MPa 的状态下，保持10s，喷油嘴处不应有油滴流出。

（3）喷雾质量的检查。喷出的油束应细小均匀，不偏斜；各孔各自形成一个雾化良好的油雾束；喷射时可听到断续清脆的声音。

（4）喷油干脆程度的检查。喷油一次后看压力表指示压力下降是否超过 10%～15%，若压力下降过多，则喷雾质量和密封性能较差。

2）喷油器的修理

若所试验喷油器不能满足上述要求，则应更换喷油器针阀偶件。首先将喷油器解体并在清洁的柴油中清洗干净，然后拔出喷油器体上的两个定位销，将喷油器壳体与针阀偶件的接触表面在 0 级研磨平板上用金刚石研磨膏或砂纸进行研磨，清除油迹，再将新的针阀偶件在柴油中清洗，去除油蜡后重新安装，并以规定转矩拧紧螺套。

更换针阀偶件后的喷油器必须重新试验，以检验安装质量及调整喷油压力。喷油器每次在发动机上拆下后，必须更换新的密封锥体（或垫片）以防气缸漏气。

修好后的喷油器，应在油管接头处和针阀端部套上防污罩。

6.3.7　调速器的结构及检修

微课——VE 型转子分配式调速器的结构　　　微课——VE 型转子分配式调速器的拆卸

在柴油发动机上装设调速器是由柴油发动机的工作特性决定的。汽车柴油发动机的负荷经常变化,当负荷突然减小时,若不及时减少喷油泵的供油量,则柴油发动机的转速将迅速增高,甚至超出柴油发动机设计所允许的最高转速,这种现象称"超速"或"飞车"。相反,当负荷骤然增大时,若不及时增加喷油泵的供油量,则柴油发动机的转速将急速下降直至熄火。柴油发动机超速或怠速不稳,往往出于偶然的原因,汽车驾驶员难以及时作出反应。这时,只有借助调速器,及时调节喷油泵的供油量,才能保持柴油发动机稳定运行。

调速器可以根据柴油发动机外界负荷的变化,自动调节喷油泵的供油量,以保证柴油发动机在各种工况下稳定运转。

汽车柴油发动机调速器按其工作原理的不同,可分为机械式、气动式、液压式、机械气动复合式、机械液压复合式和电子式等多种形式。目前应用最广泛的是机械式调速器,其结构比较简单,工作可靠,性能良好。

按调速器的转速不同,又可分为两极式调速器和全程式调速器。中、小型汽车柴油发动机多数采用两极式调速器,以起到防止超速和稳定怠速的作用。在重型汽车上多采用全程式调速器。这种调速器除具有两极式调速器的功能外,还能对柴油发动机工作转速范围内的任何转速起调节作用,使柴油发动机在各种转速下都能稳定运转。

1. 两极式调速器

1)RQ 型调速器简介

德国 Bosch 公司生产的 RQ 型调速器是典型的两极式调速器,与 A、B、P 型等直列柱塞式喷油泵配套使用。型号中的 R 表示机械离心式,Q 表示可变杠杆比。

2)RQ 型调速器结构

调速器通常包括感应部件、传动部件和附加装置三部分。感应部件用来感知柴油发动机转速的变化,并发出相应的信号;传动部件则根据此信号进行供油量的调节。RQ 型调速器的结构如图 6-51 所示,感应部件由飞锤等组成;传动部件由角形杠杆、调速套筒、调速杠杆和连接杆等杠杆系统组成。

3)RQ 型调速器工作原理

(1)启动。如图 6-52 所示,将调速手柄从停车挡块移至最高速挡块上。在此过程中,调速手柄带动摇杆,摇杆带动滑块,使调速杠杆以其下端的铰接点为支点向右摆动,并推动供油量调节齿杆克服供油量限制弹性挡块的阻力,向右移到启动油量的位置。启动油量应多于全负荷油量,旨在加浓混合气,以利柴油发动机低温启动。

(2)怠速。如图 6-53 所示,柴油发动机启动之后,将调速手柄置于怠速位置。这时调速手柄通过摇杆、滑块使调速杠杆仍以其下端的铰接点支点向左摆动,并拉动供油量调节齿杆左移至怠速油量的位置。怠速时柴油发动机转速很低,飞锤的离心力较小,只能与怠速弹簧力相平衡,飞锤处于内弹簧座与安装飞锤的轴套之间的某一位置。若此时柴油发动机由于某种原因转速降低,飞锤离心力进一步减小,则在怠速弹簧的作用下,飞锤移向回转中心,同时带动角形杠杆和调速套筒,使调速杠杆下端的铰接点以滑块为支点向左移动,调速杠杆则推动供油量调节齿杆向右移,增加供油量,使转速回升。反之,当转速增高时,飞锤的离心力增大,飞锤便压缩怠速弹簧远离回转中心,同样通过角形杠杆和高速套筒使调速杠杆下端的铰接点以滑块为支点向右移动,而供油量调节齿杆则向左移动,减小供油量,使转速降低。可见,调速器可以保持怠速转速稳定。

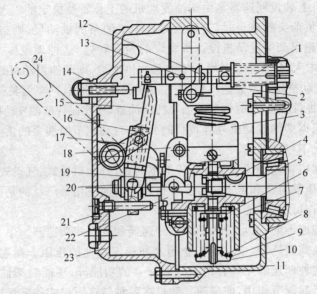

图 6-51　RQ 型调速器的结构

1—供油量调节齿杆；2—连接杆；3—飞锤；4—半圆键；5—喷油凸轮轴；6—内弹簧座；7—内弹簧；
8—中间弹簧；9—外弹簧；10—外弹簧座；11—调速器壳体；12—停油臂；13—挡销；14—怠速稳
定弹簧；15—调速杠杆；16—滑块；17—摇杆；18—角形杠杆；19—转矩平稳装置；20—滑动销；
21—导向销；22—调速套筒；23—调速器盖；24—调速手柄

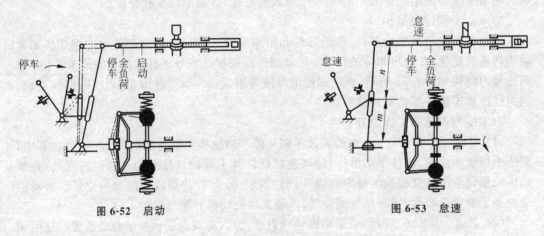

图 6-52　启动　　　　　　　　　　　　　　　图 6-53　怠速

　　(3) 中速。如图 6-54 所示，调速手柄置于怠速与最高速挡块之间时，供油量调节齿杆相应地移至部分负荷供油位置，柴油发动机转速稳定在中速运转。

　　(4) 最高转速。如图 6-55 所示，将调速手柄置于最高速挡块上，供油量调节齿杆相应地移至全负荷供油位置，柴油发动机转速由中速升到最高速。此时，飞锤的离心力相应增大，并克服全部调速弹簧的作用力，使飞锤连同内弹簧座一起向外移到一个新的位置。在此位置，飞锤离心力与弹簧作用力达到新的平衡。若柴油发动机转速超过规定的最高转速，则飞锤的离心力便超过调速弹簧的作用力，使供油量调节齿杆向减油方向移动，从而防止柴油发动机超速。

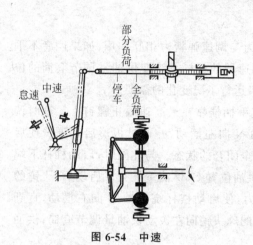

图 6-54　中速

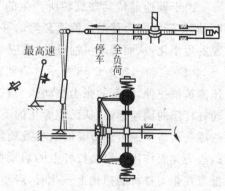

图 6-55　最高转速

（5）停车。如图 6-56 所示，将调速手柄置于
停车挡块上，调速杠杆以其下端的铰接点为支点
向左摆动，并带动供油量调节齿杆向左移到停油
位置，柴油发动机停车，调速器飞锤在调速弹簧的
作用下抵靠在安装飞锤的轴套上。

2. 全程调速器

1）VE 型分配泵调速器结构

VE 型分配泵调速器主要由传动齿轮、飞锤、
调速套筒、调速杠杆系统和调速弹簧等组成。张
力杠杆、启动杠杆和导杆组成调速器杠杆系统，如
图 6-57 所示。在飞锤支架上装有四个飞锤，飞锤通过止推片推动调速套筒移动。

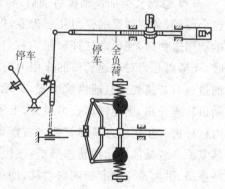

图 6-56　停车

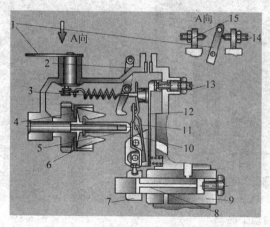

图 6-57　VE 型分配泵调速器的结构

1—调速杠杆；2—停车手柄；3—调速弹簧；4—调速齿轮；5—调速套筒；6—飞锤；7—油量调
节套筒；8—分配柱塞；9—柱塞套；10—启动杠杆；11—张力杠杆；12—导杆；13—全负荷油
量调节螺钉；14—高速限制螺钉；15—怠速螺钉

2）VE 型分配泵调速器工作原理

由于调速器传动轴旋转所产生的飞锤离心力与调速弹簧力相互作用，如果两者不平衡，调速套筒便会移动。调速套筒的移动通过调速器的杠杆系统使供油量调节套筒的位置发生变化，从而增减供油量，以适应柴油发动机运行工况变化的需要。

（1）启动。如图 6-58 所示。启动前，将调速手柄推靠在最高速限止螺钉上。这时调速弹簧被拉伸，弹簧的张力拉动张力杠杆绕销轴 N 向左摆动，并通过板形启动弹簧使启动杠杆压向调速套筒，从而使静止的飞锤处于完全闭合的状态。与此同时，启动杠杆下端的球头销将供油量调节套筒向右拨到启动加浓供油位置 C，供油量最大。启动后，飞锤的离心力克服作用在启动杠杆上的启动弹簧的弹力，使启动杠杆绕销轴 N 向右摆动，直到抵靠在张力杠杆的挡销上。此时，启动杠杆下端的球头销向左拨动供油量调节套筒，供油量自动减少。

（2）怠速。柴油发动机启动后，将调速手柄移至怠速调节螺钉上，如图 6-59 所示。在这个位置，调速弹簧的张力几乎为零，即使调速器传动轴的转速很低，飞锤也会向外张开，推动调速套筒，使启动杠杆和张力杠杆绕销轴 N 向右摆动，并使怠速弹簧受到压缩。这时，飞锤离心力对调速套筒的作用力与怠速弹簧及启动弹簧对调速套筒的作用力平衡，供油量调节套筒处于怠速供油位置，柴油发动机在怠速下运转。若由于某种原因使柴油发动机转速升高，则飞锤离心力增大，上述的平衡被打破，飞锤推动调速套筒、启动杠杆和张力杠杆进一步压缩怠速弹簧而向右摆动，供油量调节套筒则向左移，供油量减少，转速回落复原。若柴油发动机转速降低，飞锤离心力减小，怠速弹簧推动张力杠杆和启动杠杆向左摆动，供油量调节套筒则向右移，增加供油量，使转速回升。

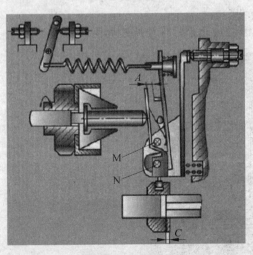

图 6-58　启动工况

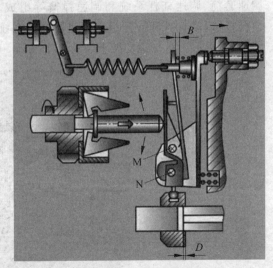

图 6-59　怠速工况

（3）中速和最高速。欲使柴油发动机在高于怠速而又低于最高转速的任何中间转速工作时，需将调速手柄置于怠速调节螺钉与最高速限止螺钉之间某一位置，如图 6-60 所示。这时，调速弹簧被拉伸，同时拉动张力杠杆和启动杠杆绕销轴向左摆动，而启动杠杆下端的球头销则向右拨动供油量调节套筒,使供油量增加,柴油发动机由怠速转入中速状态。由于转速升高,飞锤离心力增大。当其向右作用于调速套筒上的推力与调速弹簧向左作用于张力杠杆和启动杠杆上的拉力平衡时,供油量调节套筒便稳定在某一中等供油量位置,柴油发动机即在某一中间转速稳定运转。

3)最大供油量的调节

当把调速手柄置于最高速限止螺钉上时,调速弹簧的张力达到最大,供油量调节套筒也相应地移至最大供油量位置,如图 6-61 所示。柴油发动机将在最高转速或标定转速下工作。若拧入最大供油量调节螺钉,则导杆绕销轴 M 逆时针方向转动,销轴 N 也随之转动,并带动球头销向右拨动供油量调节套筒,这时最大供油量增加。反之,旋出最大供油量调节螺钉,则最大供油量减少。改变最大供油量,可以改变柴油发动机的最大输出及最高转速或标定转速。

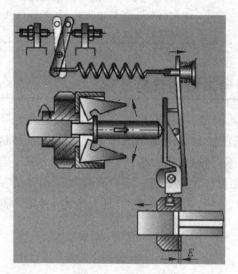

图 6-60　中速工况

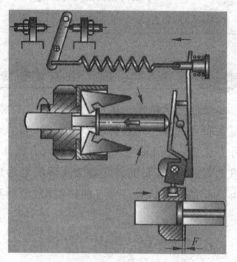

图 6-61　最大供油量的调节

若柴油发动机因负荷变化而引起转速改变,飞锤离心力与调速弹簧力的平衡关系被破坏时,调速器即在特定的加速踏板位置上自动增减供油量,恢复离心力与弹簧张力的平衡,使柴油发动机稳定在一定的转速范围内。

柴油发动机负荷突然降至零,致使柴油发动机转速超过规定的最高转速时,飞锤向外张开并抵靠在飞锤罩内圆表面上,调速器将供油量调节套推至最小供油位置,使供油量减至最小,避免柴油发动机发生超速飞车事故。

最大供油量的调节,须在喷油泵试验台上进行。

3. 检修调速器

调速器的检修见表 6-12。

表 6-12　调速器的检修

检测方法	两速调速器	全速调速器
表面直观检查	检查调速弹簧,应无断裂、变形和弹性减弱现象;用于扭动的飞锤,飞锤不得有晃动感觉;各连接部位要转动灵活	检查调速弹簧,应无断裂、变形和弹性减弱现象,飞锤伸展自如
间隙检查	调速器总成对凸轮轴保持 0.05～0.10mm 的轴向间隙	调速器与滑套保持一定的配合间隙,调速器轴端面与喷油泵安装面之间的间隙保持约 3mm
其他方法检查	将弹簧座装于重锤座上,并用专用工具压紧,检查重锤的怠速行程。不符合要求时,可通过改变下弹簧座下面的调整垫片厚度,使两侧重锤的行程相等	① "飞车"转速试验:检查发动机额定转速时的供油量后,逐步提高油泵转速,使之达到最高阻止(断油)转速,其单缸供油量应符合规定;② 怠速试验:使喷油泵以 250～300r/min 的转速运转,其单缸供油量应符合规定

6.3.8　诊断柴油发动机燃油供给系统的常见故障

柴油发动机燃油供给系统的常见故障有启动困难、功率不足、工作不稳、排气烟色不正常和飞车等。在进行故障诊断时,要分清是低压油路故障还是高压油路故障。具体区分方法是:松开输油泵的手油泵用力压几下,若感觉轻松,压力小,则为低压油路故障;若感觉费劲,且有柴油打开溢油阀后的溢油现象,则低压油路正常。若松开喷油泵出油管接头,启动发动机,看是否有油柱喷出,一般有喷出 50～100cm 的高度,且无气泡,否则为高压油路故障。

1. 启动困难

1)现象

柴油发动机启动时无着车征兆,或虽有着车征兆但多次启动仍发动不起来;启动时排气管冒烟极少或不冒烟;启动时排气管冒白烟。

2)原因

(1)油箱无油或油箱开关未打开;

(2)油箱盖通气孔堵塞;

(3)油管堵塞、破裂或管接头漏油;

(4)油路中有空气或水,或气缸中有水;

(5)柴油滤清器堵塞或不密封;

(6)低压油路限压溢流阀不密封、弹簧太弱、弹簧折断或失调,造成油压太低;

(7)输油泵工作不良或进油滤网堵塞;

(8)所用柴油号数不对或柴油质量不佳;

(9)喷油泵柱塞因其回位弹簧折断而不回位或柱塞偶件磨损过甚;

(10)供油拉杆上的调节拨叉或柱塞套筒上的可调扇齿松动;

（11）出油阀偶件关闭不严或其弹簧折断；

（12）高压油管破裂或接头松动；

（13）供油时间过早、过晚或联轴器可调部分松动；

（14）喷油器由于针阀偶件磨损过甚、针阀下端锥体与其座不密封、喷油器弹簧折断或调整不当等原因造成喷射压力太低；

（15）喷油器针阀卡住，造成不能关闭或开启；

（16）喷油器喷孔堵塞或喷雾不良；

（17）气缸压缩压力不足或空气滤清器严重阻塞；

（18）启动转速太低或启动预热程度不够；

（19）喷油泵供油拉杆在停车位置上卡住或启动供油量调整不足。

3）诊断方法

柴油发动机顺利启动的必要条件是：足够的启动转速，较高的气缸压缩压力，充足的空气和燃料，燃烧室内的良好预热，以及在冬季对冷却系统、润滑系统甚至燃油供给系统进行必要的预热和保温等。在环境温度高于 5℃时，柴油发动机一般应能在 5s 内顺利启动。有时须反复几次才能启动，也属正常。若经过多次反复启动仍不能着火时，应视为启动困难。此时应先检查启动的必要条件是否都能满足，未满足的要给予满足（气缸压缩压力除外），并注意观察启动时排气管的排烟情况，然后按下列方法诊断。

（1）若启动时排气管不冒烟，说明喷油泵不供油。诊断中若从放气螺钉处先有空气排出，随后油流正常，说明低压油路内有空气阻碍了燃油的流动，低压油路有空气应立即排除。排除空气时，首先应将油箱加满油，在油路密封性良好的情况下，先操纵手油泵供油，再拧松柴油滤清器上的放气螺钉排除空气，直至从放气螺钉孔处流出的燃油不含气泡为止，然后在燃油溢流的情况下旋紧放气螺钉。按上述同样的方法，旋松喷油泵上部的两个放气螺钉，将喷油泵低压油腔的空气排净后旋紧。

当天气过冷时，若柴油中有水则会结冰，或由于柴油牌号不当，致使黏度过大而不流动，均会造成喷油泵不供油。此种情况，应设法加热整个燃油供给系统，然后拧下油箱和柴油滤清器的排污塞，将积水和污物放净，并像排除空气一样，将低压油路中的水排掉，直到从喷油泵放气螺钉中流出的燃油无水珠为止。

（2）若启动时排气管冒白烟或灰白烟，但仍不易着火。

① 检查柴油中是否有水。低压油路中检查并排除水的方法同前所述。检查并排除高压油路中的水时，可拆下喷油泵侧盖，旋松高压油管与喷油器之间的管接头，并使供油拉杆处于最大供油位置，在用手油泵泵油的同时，用特制工具或大螺钉旋具上下撬动喷油泵分泵柱塞。如果从旋松的管接头处流出水或在燃油中夹杂水珠，说明高压油路中确实有水，应继续撬动，直至流出的是纯净的燃油为止，并在燃油溢流的情况下旋紧管接头。依次将所有高压油管中的水排完，高压油路中的空气排除亦可采用这一方法。

② 检查启动供油量。柴油发动机的启动供油量往往等于或大于额定供油量。有的车型，如黄河 JN1150/106 使用的 Ⅱ号喷油泵，甚至要求启动供油量比额定供油量增加50％左右。检查时，应将加速踏板踩到底，此时喷油泵的操纵臂靠在高速限制螺钉上，然后观察或测量供油拉杆是否处在供油方向上的极端位置。如Ⅱ号喷油泵，当发动机静态

情况下将加速踏板踩到底时,在调速器怠速弹簧、调速弹簧和启动弹簧的作用下,供油拉杆从额定供油位置又向加油方向移动了一段距离,以此来保证启动供油量的增加,因而保证启动顺利进行。但启动供油量调整得太大,或因多次启动未能着火而在燃烧室内积油太多时,也会造成柴油发动机启动困难。

③ 检查喷油器的喷雾质量。依次拆下各缸的喷油器,并重新连接在对应的高压油管上。置供油拉杆在最大供油位置,用特制工具或大螺钉旋具撬动对应的喷油泵分泵柱塞,观察喷雾情况。良好的油雾束,其油雾十分均匀和细微,没有明显的油滴和油流,没有浓淡不均的现象,并且,断油清脆,油雾锥角和方向正常,喷前和喷后均无滴油现象,经多次喷油的喷孔附近干燥或少有湿润。如喷油器喷雾质量达不到上述要求,且相差甚远,或个别喷油器喷孔堵塞时,则发动机难以启动。

2. 功率不足

1) 现象

汽车行驶时动力不足,加速不灵,转速不能提高到应有的范围。

2) 原因

(1) 气缸压缩压力不足或空气滤清器严重阻塞;

(2) 汽车冬季保温措施不足,致使发动机工作温度太低;

(3) 配气正时不准确;

(4) 供油拉杆或调速器运动件犯卡、调速弹簧折断,造成供油拉杆不能到达额定供油位置;

(5) 调速器调整不当,造成高速时起作用太早,使发动机达不到额定转速;

(6) 额定供油量调得太低或太高;

(7) 个别缸不工作或工作不良;

(8) 机油池内机油太多或气缸上机油太少。

3) 诊断方法

当发动机工作不稳定时,可用单缸断油法找出不工作或工作不佳的气缸。此时应置发动机在怠速下运转,用扳手分别旋松各缸高压油管接头,使柴油外泄。如单缸断油后发动机运转无明显变化,说明该缸不工作;如运转变化很小,说明该缸工作不佳。对不工作或工作不佳的气缸,应进行深入诊断,直至找出故障原因。

3. 排气烟色不正常

技术状况良好的柴油发动机,在正常工况下,排气管排出的废气是无色透明或接近无色透明的气体。只有柴油发动机在短时间内超负荷运转或启动时,废气才呈现灰色或深灰色。如果在常用工况下,废气具有了某种颜色表示存在故障的。不正常的烟色一般分三种,即黑烟、蓝烟和白烟。

1) 排黑烟

(1) 原因:燃油的主要化学元素是碳和氢,如果在缺氧的条件下燃烧,会造成燃烧不完全,使一部分未烧完的碳元素形成游离碳,悬浮在燃气中,随废气一起排出就成为黑烟。柴油发动机排黑烟的主要原因如下。

① 空气滤清器严重堵塞,造成进气量不足;

② 喷油泵供油量过多或各缸供油不均匀,差别巨大;

③ 喷油器喷雾质量不佳或喷油器滴油;

④ 供油时间晚;

⑤ 气缸工作温度太低或压缩压力不足;

⑥ 柴油质量低劣;

⑦ 经常在超负荷下运行;

⑧ 机油进入燃烧室过多;

⑨ 校正加浓供油量太大。

(2) 诊断方法:如果怠速时排黑烟,说明怠速循环供油量太大;如果额定转速时排黑烟,说明额定循环供油量太大;如果超负荷运转时排黑烟,说明校正加浓供油量太大。循环供油量的检测与调试,必须拆下喷油泵(附调速器)在喷油泵试验台上按原厂规定进行。柴油发动机短时间超负荷运转,其排气烟色为灰色属于正常。

综上所述,冒黑烟主要有以下三个原因:①气缸密封性低时,不仅使压缩终了的气缸温度、气缸压力和涡流强度降低,而且漏掉的空气量增多,燃烧时氧气量不足,燃烧不完全;②质量低劣的柴油,雾化性能差,着火性能差,燃烧不完全;③机油过多地进入燃烧室,其油雾不易燃烧完全。

2) 排白烟

(1) 原因:柴油发动机排白烟的原因,概括来讲是柴油蒸汽未着火燃烧或柴油中有水。当气缸内的柴油经过雾化、蒸发未能着火燃烧时,蒸发的燃油形成乳白色烟雾,水蒸气为白色;当气缸内燃烧不良,有部分燃油蒸汽未能燃烧而另部分燃油蒸汽燃烧不完全时,排出的废气为灰白色。柴油发动机排白烟的主要原因如下。

① 柴油中有水,或因气缸衬垫烧蚀、缸套、缸盖破裂漏水等原因造成气缸进水;

② 气缸工作温度太低或气缸压缩压力不足;

③ 喷油器喷雾质量不佳;

④ 供油时间太迟;

⑤ 柴油质量低劣或选用牌号不符合要求。

(2) 诊断方法:先检查低压油路是否正常。若低压油路正常,再按先易后难的原则,拆下一个喷油器在缸外作喷油试验,看雾化情况。若雾化不好,且喷油嘴周围积炭严重,更换新的喷油器再试,若仍不好,则可确定出油阀密封不良。若此时伴有加速反应慢,发动机水温高,则多为喷油过迟所导致。先逆喷油泵凸轮轴旋转方向调整喷油泵壳体,如故障现象变好,则进一步调整;若已调整到低限,则拆开正时齿轮室盖,将喷油泵齿轮逆旋转方向提前一个齿再进行微调,完成后另作记号。若仍不好,则测量气缸压力,若低于原标准20%则应进行修理。若灰白烟是断断续续的,则通过断缸试验找出故障缸位,检查该缸喷油器和出油阀工作情况。

冬季的早晨,柴油发动机冷启动后往往冒白烟,但当发动机预热后白烟会自行消失,这是正常现象,不属于故障。

3）排蓝烟

（1）原因：柴油发动机排蓝烟，是机油进入燃烧室受热蒸发成油气的结果，主要原因如下。

① 柴油发动机机油池内机油油面太高；

② 油浴式空气滤清器内机油平面太高；

③ 由于气缸间隙太大、气缸漏光度太大、活塞环磨损过甚、活塞环弹力太小、活塞环装反等原因造成气缸漏油严重；

④ 进气门与其导管松旷；

⑤ 机油黏度太小。

（2）诊断方法：机油池和油浴式空气滤清器油面高时，仅造成一度排蓝烟，机油油面降低后排蓝烟现象消失。气缸上机油是排蓝烟的主要原因，可用来评价气缸活塞组的密封性。进气门与其导管松旷后排蓝烟，较为轻微。

4．飞车

1）现象

柴油发动机在汽车运行中或自身空转中，尤其是全负荷或超负荷运转突然卸荷后，转速自动升高超过额定转速而失去控制，驾驶员抬起加速踏板对转速的控制不起作用。

2）原因

（1）供油拉杆（或齿杆）在其承孔内因缺油、锈蚀、油腻等原因造成犯卡，使其在额定供油位置上回不来；

（2）调速器因飞球组件犯卡、锈污、松旷或解体等原因失去效能或效能不佳；

（3）供油拉杆（或齿杆）与飞球组件脱开；

（4）调速器内机油过多或机油太黏稠，使飞球甩不开；

（5）机油池机油太多或气缸漏油严重，使气缸额外进入燃料。

3）诊断方法

柴油发动机飞车后，应采取紧急措施使发动机熄火。此时，若汽车在运行中，千万不要脱挡或踩下离合器，应紧急制动直至发动机熄火。若汽车静止发动机空转，可采用关闭油箱开关、卸下柴油滤清器至喷油泵的管接头、用衣服和坐垫等物堵死进气管口、操纵减压手柄使气缸处于减压状态等方法，使柴油发动机尽快停车。

飞车故障未排除前绝不允许再启动柴油发动机。飞车故障的诊断应在柴油发动机熄火以后按下列方法进行。

（1）拆下喷油泵边盖，扳动操纵杆，看齿圈转动是否灵活，若不动或不灵敏，则调速器被卡死或柱塞拉毛。

（2）若转动灵活，检查喷油泵喷油量，若过大，则重新调整。

（3）若正常，则在操纵杆处于怠速位置时，将喷油泵转速升至 400r/min 以上，检查喷油泵是否仍在供油，若仍出油，则更换柱塞后重新调整。

（4）若不出油，则检查操纵杆在车上的安装情况，若为安装不当，则重新安装。

（5）若安装正确，检查预热塞是否正常工作，涡轮增压器和气门油封有无漏油进入燃烧室。

单元 7

发动机拆卸、清洗、总装、检验及故障诊断程序

◎ **客户委托**

　　车主周先生的私家车已经行驶了 22 万公里，由于没有按时保养，最近发现发动机有严重异响，车辆行驶时还可以清晰地听见清脆响亮的敲缸声，经过与维修人员沟通，维修技师判断该车需要拆卸发动机(图 7-1)进行大修。

图 7-1　拆卸的发动机

◎ **学习目标**

　　(1) 能正确实施发动机的拆卸、清洗、检测、装配和调整程序，并通过发动机大修过程培养交流沟通能力和精益求精的工匠精神；

　　(2) 能正确实施发动机的检验程序；

　　(3) 通过正确诊断并排除发动机故障，培养客观、严谨、科学分析诊断故障的职业精神。

◎ 知识点与技能点清单

序号	学习目标	知 识 点	技 能 点
1	能够正确实施发动机的拆卸和清洗	(1) 维修发动机的安全知识; (2) 发动机拆卸的一般原则; (3) 发动机拆卸工艺; (4) 发动机的解体; (5) 汽车零件进行清洗的目的; (6) 零件清洗的工艺要求; (7) 零件清洗的工艺方法	(1) 能够正确实施发动机拆卸前的准备; (2) 能够正确计划并实施发动机的拆卸和清洗
2	能够正确实施发动机的装配、复位和调整程序	(1) 发动机装配的基本要求; (2) 装配时的注意事项; (3) 发动机装配工艺; (4) 发动机的磨合与试验; (5) 发动机修理后的验收标准	能够正确实施发动机的装配、磨合并掌握修理后的验收标准
3	能够正确实施发动机的检验程序	(1) 发动机大修征兆; (2) 气缸压缩压力的检查; (3) 气缸平衡试验; (4) 使用底盘测功机做发动机性能试验; (5) 废气分析; (6) 发动机性能试验	(1) 能够正确进行发动机气缸压缩压力的检查、气缸的平衡试验; (2) 能够正确运用废气分析仪进行发动机的废气分析; (3) 能够正确进行发动机的性能试验
4	能够正确诊断并排除发动机故障	(1) 故障诊断方法; (2) 发动机异响产生原因及特征	制订计划并实施发动机机械部分的故障诊断及排除

◎ 学习指南

(1) 明确学习目标及知识点与技能点清单。

(2) 按照学习任务列表完成每一项任务,任务知识部分需在课前提前完成。在完成知识部分任务时,可以参考本单元提供的学习信息,利用网络、厂家提供的维修手册、各类教学资源库等学习资源,也可以在课前或上课时向教师寻求帮助。教师会在正式上课时展示或共享大家对于知识部分任务完成情况,互相交流学习。

(3) 在任务列表中,涉及实操部分,可以在正式上课前自行完成,也可以由教师在课堂上安排完成。

(4) 完成任务列表后,根据本单元鉴定清单进行自查,并根据不足进行知识与技能的补充学习。

(5) 教师按照鉴定清单进行知识与技能鉴定。请注意,鉴定可能是过程鉴定与终结性鉴定,学习者平时对学习任务的学习过程也将作为鉴定的依据,例如学习态度、学习过程中的技能展示、职场安全意识等。

7.1　学习任务

1. 图 7-2 所示为某实训场所进行发动机拆卸的现场,试回答以下问题。

图 7-2　某实训场所进行发动机拆卸的现场

（1）维修发动机的安全知识有哪些？

_____

_____

（2）根据教师提供维修的发动机,完成表 7-1 列出的维修准备工作。

表 7-1　发动机维修准备工作

发动机类型	
发动机修理资料信息	
清洁剂名称	
所需工具名称	
密封材料名称	
工作场所信息	
工作液(燃油、润滑油、冷却液等)状态	

（3）发动机拆卸的一般原则有哪些？

_____

_____

2. 图 7-3 所示为工作人员正在进行汽车零件清洗,回答下列问题。

（1）汽车零件进行清洗的目的：

_____

_____

（2）零件清洗的工艺要求及方法有哪些？

3. 图 7-4 所示为发动机装配时的操作现场，试回答以下问题。

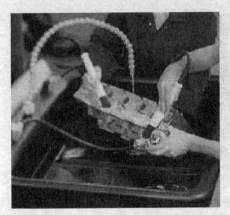

图 7-3　工作人员正在进行汽车零件清洗

图 7-4　发动机装配时的操作现场

（1）发动机装配的基本要求有哪些？

（2）发动机装配时的注意事项有哪些？

（3）发动机修理完成后的验收标准是什么？

4. 发动机大修征兆有哪些？

5. 图 7-5 所示为维修技师正在进行汽车尾气分析的现场，请回答以下问题。

（1）废气分析仪能完成的工作有哪些？

（2）简要叙述废气分析的操作要点。

图 7-5 正在进行汽车尾气分析的现场

6. 完成发动机气缸压力检测实训,并在表 7-2 中记录结果。

表 7-2 发动机气缸压力检测结果

车型或发动机型号

使用工具、量具等

记录主要步骤及数据
1. 检测前准备

2.测试步骤

结论:(是否正常、是否需要修理)

教师点评:
优点:

不足:

7. 请根据设置的教学情景，完成发动机运转无力的故障诊断工作任务单（表 7-3）。

表 7-3　发动机运转无力的故障诊断工作任务单

工 作 任 务 单			
学习情景：发动机异响 学习内容：诊断发动机常见故障	班级： 日期：		姓名：
车型：	发动机型号：	喷油泵类型：	生产日期：
使用工具			
使用材料：			

一、发动机故障诊断的常规方法有哪些？

_____

_____

_____

_____

_____

_____

二、发动机异响的故障诊断

1. 故障现象：

_____

_____

_____

_____

2. 故障原因：

_____

_____

_____

_____

_____

3. 故障诊断与排除：

_____

_____

_____

_____

_____

鉴定

　　教师可以通过平时教学过程中学习者的学习态度、参与教学活动的积极性、职场安全意识及终结性鉴定结果等确定其最后的鉴定结果，每个学习者最多可以鉴定三次，教师可以把鉴定情况填写在表 7-4 中。

表 7-4　单元 7 鉴定表

序号	学习目标	鉴定 1	鉴定 2	鉴定 3	鉴定结论	教师签字
1	能够正确实施发动机的拆卸和清洗				□通过 □不通过	
2	能够正确实施发动机的装配、复位和调整程序				□通过 □不通过	
3	能够正确实施发动机的检验程序				□通过 □不通过	
4	能够正确诊断并排除发动机故障				□通过 □不通过	

7.2　实施发动机拆卸、清洗

当车辆发动机使用一定年限后(一般为 10 万～15 万公里)车辆的动力就会下降、油耗就会增加,如果保养不善,还会发生严重烧机油及异响等故障,这时发动机就可能需要大修,进行拆装操作。

7.2.1　发动机拆卸前的准备

1. 维修发动机的安全知识

(1) 严格按车间的安全要求进行清洁、整理、储存、穿戴、防尘、防污染、举升车辆等。

(2) 发动机维修安全注意事项。

① 发动机缸体上的许多角都比较锋利,在处理缸体时小心不要割伤手,举升或搬运发动机零件时应戴手套。

② 曲轴和缸体之间的间隙非常小。安装轴承的过程中转动曲轴时,小心不要卡住手指受伤。

③ 发动机的曲轴、活塞和其他零件都较重,小心不要掉下来砸到脚趾。

④ 当在发动机的内部零件上进行操作时,一定要戴安全眼镜,尤其是在珩磨过程中。

⑤ 确保所有的工具都干净且没有润滑脂。在大扭矩作用下,工具可能打滑导致螺栓或螺母掉落。

⑥ 许多螺栓和螺母都需要精确的扭矩读数。一定要使用扭力扳手正确拧紧螺栓和螺母。

⑦ 当拆卸振动阻尼器的螺栓时,应确保曲轴紧固。当松开或拧紧振动阻尼器螺栓时应用木片或其他软物体将曲轴固定。

⑧ 大修发动机前,一定要清洁所有的零件后再进行检查。

⑨ 举升缸体时,应确保使用正确的发动机举升机。

⑩ 一定要使用合适的工具进行操作。

2. 寻找相关的维修信息

（1）检修发动机前，应尽可能多地获取相关维修部件的资料。

（2）综合故障现象和维修资料，讨论确定最佳维修方案。

3. 准备维修工作场所

发动机维修一般有专门的维修车间，要求维修车间有足够的工作空间、清洁的工作台和场地。

4. 准备拆装工具和设备

（1）准备干净的油盘方便存放拆卸下来的零件。

（2）准备维修发动机的工具、量具。

（3）准备检修发动机的工作液。

在维修前应准备好检修发动机的工作液，包括清洁剂、燃润料等，并仔细阅读各种材料的使用说明，避免与密封圈和衬套发生化学反应。

（4）准备一些易损零件。检修发动机的易损零件包括油封、轴承、密封圈等。

 7.2.2　发动机拆卸的一般原则

汽车和总成的拆卸有一定的工艺和技术要求，不能在拆卸过程中随便使用手锤、錾子、焊枪等工具猛敲、乱錾，焊、割螺栓、螺母，零件乱扔、乱放，造成一些零件的不必要损害和浪费。

（1）拆卸前应熟悉被拆总成的结构，必要时，可查阅一些资料，按拆卸工艺程序进行。严防拆卸工艺程序倒置，造成不应有的零件损伤。

（2）核对装配记号并做好记号。为了保证一些组合件的装配关系，在拆卸时应注意核对原装配记号。有些组合件是经过选配装合的或是在装合后加工的不可互换的组合件，如气缸体与飞轮壳、主轴承盖、连杆轴颈与轴承等。安装时，须按原位置安装并做好装配记号。

对于动平衡要求较高的旋转零件，在拆卸时应注意其装配记号，否则将破坏它们的静平衡和动平衡。

（3）合理使用拆卸工具和设备。正确地使用拆卸工具是保证拆卸质量的重要手段之一。拆卸时所选用的工具要与被拆卸的零件相适应。如拆卸螺母、螺栓应根据其六角尺寸，选取合适的固定式扳手或套筒扳手，尽可能不用活动扳手。

（4）对于过盈配合零件，如衬套、齿轮、带轮和轴承等，应尽可能使用专用拉器或压力机。如无专用工具，也可使用尺寸合适的铳头或铜棒，用手锤敲击，但不能用手锤直接敲打零件的工作面。

（5）零件分类存放。同一总成组合件的零件拆开后尽量放在一起。对于精度不同，清洗方法不同的零件应分类存放。

7.2.3 发动机拆卸工艺与解体

微课——发动机的拆卸　　　发动机拆卸具体步骤　　　发动机的解体

发动机的拆卸应按本车型维修手册所要求的步骤进行。

7.2.4 拆卸零件的清洗

在汽车发动机的维修过程中,对拆下来的零件进行清洗极为重要,因为它们大多沾有油腻、积炭、水垢和铁锈等。零件的清洗方法决定了清洗质量和生产效率,最终影响到汽车发动机维修质量的好坏。

1. 对汽车零件清洗的目的

(1) 便于对零件进行检验分类,发现零件的缺陷,了解和掌握零件的磨损规律,确定修理方法。

(2) 可以提高装配质量,减少运动副之间的摩擦,增加润滑效果,延长零件的使用寿命。

(3) 提高维修效果,展现管理水平。

2. 零件清洗的工艺要求

零件清洗不同于汽车外部清洗,它在清洗方法和清洗材料上呈现出了多样性。为了不致破坏零件的使用性能,提高清洗质量和工效,应注意以下几点。

(1) 清洗程度要有针对性。发动机中不同零件对清洗要求的程度是不同的,如配合零件的清洗程度要高于非配合零件;间隙配合零件高于过渡和过盈配合零件;精密配合零件高于一般配合零件;对需要喷、镀、粘接的零件表面,清洗要干净、彻底。清洗时要根据上述特点,选择清洗方法和清洗剂。

(2) 避免零件磕碰和划伤。零件在清洗过程中,应遵循轻拿轻放、排列有序的原则,尽量不要叠放。同时注意,在手工清洗活塞、气缸等的积炭时,要用专门工具,运动副之间的配合顺序不可搞乱。

(3) 防止零件腐蚀。轴承孔、光洁表面、齿轮和散热器等受到潮气,或清洗过程中受到腐蚀性溶剂的作用,会产生斑痕或被腐蚀,清洗时要合理选择清洗剂。对清洗过的零件,应用压缩空气吹干,并采取防腐和防氧化措施。

(4) 确保操作安全,防止发生火灾或毒害、腐蚀人体的事故,避免环境污染。

(5) 合理选择清洗方法和清洗材料。碱水清洗钢铁零件后一定要用清水冲干净再吹干。铝合金零件的清洗采用 Na_2SiO_3 溶液清洗或使用汽油、煤油和柴油进行清洗。非金属零件的清洗各有不同,橡胶类零件只能使用酒精或制动液清洗,摩擦片只能用汽油清洗或用砂布擦干净,皮质零件利用皮革洗涤剂清洗。散热器的水垢用 $8\%\sim10\%$ 的盐酸溶液加优洛托平 3g/L～4g/L 制成清洗液进行清除。

3. 零件清洗的工艺方法

（1）手工清洗。在汽车维修过程中，有时要用刮刀、锯片或刷子等工具，手工清洗活塞、气门、气门导管、缸口、喷油嘴、燃烧室等零部件上的积炭、油漆、结胶、密封材料等。在手工清洗过程中，可根据需要使用清洗剂在清洗箱或盆中进行。

（2）高压喷射清洗。利用射流式高压喷射器提供的常温或热的高压清洗溶液，清洗气缸体、气缸盖和变速器壳体等体积较大的零部件。

（3）冷浸泡清洗。将需要清洗的金属零件放置在网状筐中或用铁丝悬吊住，置于盛有冷浸化学剂的清洗箱中，上下运动几次即可清洗干净，然后用清水冲洗，并用压缩空气吹干。这种方法适用于化油器零件的清洗，可有效地清除胶质、油漆、积炭、油泥和其他沉淀物。

（4）热溶液浸泡清洗。一般是将一定浓度的氢氧化钠溶液置于蒸煮池中，加热至80～90℃，将零件放入浸泡。这种方法对清洗零件上的油漆、油泥及水道内表面的铁锈和沉积物等非常有效而且经济。如果利用旋转式清洗机对零件进行热喷洗，效果更佳。

（5）蒸汽清洗。将含皂质的水由水泵泵入加热盘管，盘管中的水被火焰喷射器加热至约150℃左右，并经增压后由清洗轮的喷嘴喷射到零件上，在喷射摩擦力的作用下除掉零件上的脏物。

（6）超声波清洗。超声波是一种交变声压，当它在液体中振动传播时，能使液体介质形成疏密状态，产生超声空化效应，当超声振动的频率和强度达到一定程度时，不断地形成足够数量的空腔，然后不断闭合，在无数个点上形成数百兆帕的爆炸力和冲击波，对油污、积炭产生极大的剥离作用，加上清洗液的热力和化学作用，可获得良好的清洗效果。清洗时，可根据零部件的大小选择不同型号的超声波清洗机，按使用说明书的要求严格操作。

7.3 实施发动机的装配、复位、调整程序

发动机装配在整个发动机修理过程中是一项重要工作，它是把组成发动机总成的零件和部件连接在一起的过程，修理时的总成装配与发动机制造时不同，因为修理过程中进入总成装配的零件有三类：具有允许磨损量的旧零件、经修复合格的零件、换用的新零件。这三类零件中，通常前两类零件尺寸公差要比第三类新零件制造公差大，为使配合副的配合特性达到装配技术的要求，在组装时必须按照装配技术要求对配合件进行选配，包括按尺寸进行选配和按质量进行选配（如活塞和缸筒的选配、曲轴轴承和曲轴轴颈的选配等）。维修中，发动机装配质量的好坏直接影响修复后的发动机性能。

7.3.1 发动机装配的准备工作

1. 发动机装配的基本要求

（1）发动机的装配精度要求很高，在装配前，应对已经选配的零件和组合件，认真清洗、吹干、擦净，确保清洁。检查各零件，不得有毛刺、擦伤，保持完整无损。做好工具、设备、工作场地的清洁。工作台、机工具应摆放整齐。特别应仔细检查、清洗气缸体和曲轴上

的润滑油道,并用压缩空气吹净。否则会因清洁工作的疏忽,造成返工甚至带来严重后果。

(2)按规定配齐全部衬垫、螺栓、螺母、垫圈和开口销。并准备适量的机油、润滑脂等常用油和材料。

2. 装配时的注意事项

发动机的组装顺序按与拆卸时的相反顺序进行,同时注意以下事项。

(1)所有装配零部件必须清洗干净,无脏污、毛刺和不合格零件混入。

(2)对发动机滑动和摩擦表面应涂抹发动机润滑油。

(3)对发动机运转间隙部位,在装配时应按规定予以检查,不合格的应更换零件或加以调整,不允许超差间隙存在。

(4)装配时应注意零部件的方向标记和配合标记,不得错拿乱装,相互颠倒。

(5)对装入发动机的成套零件,如曲轴轴承、连杆、活塞等组合件,必须装回原位,如果需要更换,必须成组更换,不得单个更换。

(6)对发动机各部位的衬垫和密封垫,装配时应全部予以更换。

(7)发动机各部位的O形密封圈和轴油封件,必须处于完好的状态,一般情况下,应更换使用新件。

(8)对于规定使用密封胶的部位,应严格遵照规定,涂抹规定牌号的密封胶,不可以油代胶,以免造成泄漏而影响装配质量。

(9)对于发动机各部位紧固件的拧紧力矩,应严格按照规定,并使用扭矩扳手进行检查,绝不允许任意、凭感觉紧固,或扭得过紧、过松,造成不安全因素。合理的拧紧顺序是:从中央开始,然后左右对称拧紧。对于四、六、八个螺钉连接的零件,一般是依次对角拧紧。

(10)装配发动机时,凡要求使用专用工具进行装配的部位和零部件,必须使用专用工具,绝不允许以通用工具代专用工具,以免造成损坏零件,影响装配质量。

(11)装配中应对主要零件进行复检,应使其符合技术标准规定的要求。

7.3.2 发动机的装配

发动机装配包括各组合件装配和总成装配两部分。总装配的步骤随车型、结构的不同而异,但其原则是以气缸体为装配基础,由内向外逐段装配。

发动机装配的具体步骤

7.3.3 发动机装复后的磨合

1. 发动机的磨合与试验

发动机在装配后,应进行磨合及试验,其目的是提高配合零件的表面质量,使其可以承受应有的载荷；减少初始阶段的磨损量，延长发动机的使用寿命；检查和消除装配中的缺陷；调整各机构，使它们互相协调，以求获得良好的动力性和经济性。

1）发动机的冷磨

发动机冷磨时，一般不安装火花塞。将发动机置于磨合架上，与可改变转速的动力装置相连接。冷磨时应加足润滑油，为了利于散热并冲洗摩擦表面的磨层，应加注黏度较小的润滑油。冷磨的时间和转速应根据发动机的状况及所用润滑油的黏度进行选择，采用低黏度机油时，在 $400\sim700r/min$ 的转速下不少于 1.5h，在 $800\sim900r/min$ 的转速下不少于 0.5h。冷磨后的发动机，应放出全部润滑油加入清洗油（80% 的柴油和 20% 的机油），转动约 5min 后放出，以清洗各油道，或将各主要零件拆下进行清洗和检查。

2）发动机的无负荷热磨合

发动机冷磨后，装上全部附件进行无负荷热磨合。它是在冷磨的基础上，再给零件表面增加一些压力，在比较低的转速下进一步磨合。在这一阶段中还要进行发动机油、电路的必要调整、检查和故障排除。

无负荷热试验时，先使发动机以较低转速运转约 1h。运转中调整水温由 70℃ 渐升至 95℃ 观察发动机有无异常现象。如果在此阶段运转中发现发动机本身阻力大，应及时停车检查，然后再以正常温度用不同转速（$600\sim900r/min$、$1000\sim1400r/min$）进行试验。

热试验后检查发动机气缸压力。检查气缸压力应在发动机水温正常时进行。拆除全部火花塞，以启动机带动发动机转动，用气缸压力表逐缸检查，气缸压力应符合规定。

3）发动机有负荷试验

发动机经过冷磨及无负荷热试验后，可再进行一次有负荷试验。有负荷试验不但可以进一步在有负荷下磨合和试验发动机大修后的功率恢复情况，还可以发现发动机因修理不当而发生的某些故障，这些故障往往在无负荷试验时不易或不能被发现。

发动机有负荷试验一般在测功机上进行。由于大修后的发动机处于走合阶段，所以不能测定发动机最高转速下的额定功率，通常是测定发动机的最大扭矩。方法是发动机在正常温度条件下，节气门全开，同时逐渐加大负荷，使发动机稳定在最大扭矩的转速下，测定其最大扭矩值。要求最大扭矩不低于原厂规定值的 90%。

2. 发动机修理完成后的验收标准

发动机经磨合、试验和调整以后，要进行发动机的验收。必须保证动力性能良好，怠速运转稳定，燃料消耗经济，附件工作正常。

（1）在发动机冷却液温度正常时，发动机的气缸压力、机油压力真空度应符合要求。

（2）发动机在正常温度下，5s 内应能启动，低、中、高速运转均匀、稳定，水温不应超过限度；加速性能良好，应无断火、化油器回火及消声器放炮等现象。发动机的排放限值应符合有关规定。

（3）发动机运转稳定后，不允许有活塞敲缸声和活塞销、连杆轴承、曲轴轴承等异响。

（4）发动机不应有漏油、漏水、漏气、漏电现象。

最后安装分电器、火花塞、机油滤清器、水泵、发电机、汽油泵、化油器、空气滤清器、启动机以及供油系统、润滑系统、冷却系统等外部附件和管线。

7.4　实施发动机检验程序

发动机的试验结果可作为诊断故障的依据,也可以通过试验结果检验维修效果。比如气缸压缩压力的检查,既可以作为诊断发动机是否需要大修的依据,也可以检验已大修的发动机的性能。

7.4.1　发动机大修征兆

随着发动机行驶里程的积累,许多零件最终都会磨损或损坏,通常需要翻修发动机以及更换过度磨损的零件,而且许多磨损的零件都是发动机缸体的基本组成部分,包括曲轴、气缸、活塞等。

汽车各种征兆和状况都有助于判断发动机是否需要大修,其中六个比较常见的征兆如下。

(1) 机油消耗过量。

(2) 压缩压力计数低或不平稳。

(3) 发动机功率缺失、性能不良。

(4) 汽车行驶里程过多。

(5) 燃烧窜出的机油脏。

(6) 发动机一个或多个气缸不工作。

出现以上现象的发动机需要进行一系列的检查,以便进一步确定维修方案。通常首先要检查气门是否断裂或弯曲,其次检查是否缸垫被烧坏,如果没有迹象表明这些部件损坏了,则故障很有可能是活塞环磨损。

通过检查各缸压缩压力,可以进行各缸之间的性能比较,并把它与维修手册上的标准值进行比较,从而识别故障部位,确定合理的维修方案。

7.4.2　气缸压缩压力的检查

微课——气缸压缩压力的检查

气缸压缩压力的检查有两种形式:干式、湿式压缩测试以及运转压缩测试。干式和湿式压缩压力的测试准备工作包括以下内容。

(1) 发动机一定要处于正常工作温度。

(2) 检查蓄电池,确保其电量充足。

(3) 检查启动机是否以同样的速度工作。

(4) 拆下所有的火花塞。

（5）断开点火系统以防止高压火花。

（6）确保节气门全开。

1. 干式压缩压力的测试

进行干式压缩测试获得气缸之间的压力值对比，从而判断各缸的工作状况。下面以长安羚羊发动机气缸压缩压力的检查为例，熟悉其测试步骤。

（1）发动机暖机。

（2）暖机后停止发动机。

（3）在发动机暖机后，将变速操纵杆扳到空挡（对于自动变速器，操纵杆扳到 P 位置），并接合驻车制动器。注意需在驱动车轮下垫好三角木。

（4）拆开点火线圈插接器。

警告：如不拆开点火线圈插接器，会在发动机室内产生火花，有可能造成爆炸。

（5）拔下高压阻尼线，拆下所有的火花塞。

（6）拆开燃油喷油器的线束插接器。

（7）将气缸压缩压力表装入火花塞孔内，如图 7-6 所示。

（8）对手动变速器，脱开离合器（以减轻发动机的启动负载），并将油门踏板踏到底，使节气门全开。

（9）用蓄电池电能启动发动机，并在气缸压缩压力表上读出最高压力读数。

注意：为了测定压缩压力，需将蓄电池充足电，启动发动机，转速应在 250r/min 以上。注意检测时不要碰到热的排气歧管且不要在风扇区域内操作。

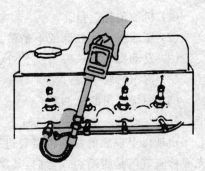

图 7-6　气缸压缩压力的检查

（10）将压力表回零后，对每一缸，进行（7）～（9）步检查，以获得 4 个气缸的压缩压力值。

（11）检查结束后，装好火花塞，接好高压阻尼线，插接好喷油器插接器和点火线圈插接器。

结果处理：如果全部气缸的压缩压力与被检型号的汽油发动机技术规定值相同，则汽油发动机的气缸工作正常；如果压力不符，则需进一步查清原因。表 7-5 为长安羚羊发动机气缸压缩压力值。当气缸压力低于规定标准值时，可进行第二步——湿式压缩压力的检测。

表 7-5　长安羚羊发动机气缸压缩压力

标　准　值	极　限　值	任何两缸间的最大压力差
1400kPa（14.0kg/cm²）	1100kPa（11.0kg/cm²）	100kPa（1.0kg/cm²）

2. 湿式压缩压力的检测

（1）通过火花塞孔向各缸注入一定量的润滑油。

（2）进行干式测试中所列出的压缩压力测试。

（3）结果分析如下。

① 如果湿式测试和干式测试结果毫无区别,则表明气门或气缸垫漏气,需进一步检查。此时应装复汽油发动机,打开散热器盖,将散热器加满水,中速运转发动机,如果此时发现散热器内有气泡不断上涌,说明气缸垫漏气;如果未发现气泡上涌,说明气缸垫的密封性良好,导致气缸压力不足的原因在于气门密封性不良。

② 如果湿式测试压力明显上升,表明活塞环或缸套磨损,这时必须拆检发动机。

气缸压缩试验的目的是比较各个气缸的压力。

7.4.3　气缸平衡试验

气缸平衡试验通常是使用一个发动机分析仪来完成的。把发动机连接到分析仪上,以较高的怠速运转（1000r/min,或者是设备制造厂推荐的转速）,让发动机分析仪自动地一个接一个地断缸（将火花塞断开）,记录发动机转速的变化。断缸后各缸的速度降应相同,若速度出现显著的变化表示出现了故障,这些故障可能是机械方面的、点火方面的或者燃油方面的,可通过进一步的试验确定问题所在。

警告：在对排放进行了严格控制的发动机上不推荐这种试验,因为尚未燃烧的气体绝对不许进入三元催化器中,否则会导致三元催化器损坏。

7.4.4　使用底盘测功机做发动机性能试验

使用底盘测功机做发动机性能试验,如图 7-7 所示。有如下的作用,具体的操作参见底盘测功机的使用手册。

（1）在车轮上检查发动机扭矩和功率输出。

（2）运转发动机立即就可获得结果。

（3）做加速度检查。

（4）在有载荷的情况下诊断发动机故障。

（5）在有载荷的情况下诊断发动机噪声。

（6）做燃油消耗测试。

（7）准确测量各工况下发动机转速。

（8）诊断变速箱故障。

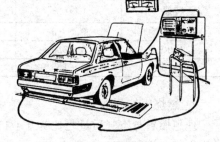

图 7-7　底盘测功机

（9）维修后的检查工作不需要再做道路试验。

（10）可在不同的工况下安全地完成试验,同时打印出试验的结果展示给用户。

7.4.5　废气分析

发动机工作好坏是混合气在气缸内燃烧的状况反应,可以由废气分析设备进行分析,通过废气分析可以判断混合气的空燃比、点火燃烧的情况、点火正时状态、触媒功能等。

1. 废气分析仪

当寻找发动机故障或调校一台发动机时,往往会使用废气分析仪检查发动机的燃烧状况。最常见的是红外线射束型废气分析仪,它可分析废气中 CO、HC、CO_2 和 O_2 的含量。CO 是废气中的一氧化碳的含量,HC 是留在废气中碳氢化合物的含量(以 PPm——百万分之几测量的)。废气分析仪能完成如下工作。

(1) 混合气检查。

(2) 生成化油器混合气曲线图,即在提高发动机转速过程中废气排放发生变化的情况。

(3) 加速泵试验、空气滤清器试验、进气歧管内部泄漏试验。

废气分析仪只有当发动机处于正常工作温度时才能使用。对所有的部件,例如火花塞、正时挺杆等要做正确的调节,同时进气歧管或排气管均不应该有泄漏等。

测试时,测量仪表必须接通并升温,然后将它调到零,让敏感元件接收新鲜空气,然后将探头尽可能深地插入排气管中。

2. 废气分析操作

1) 废气测试程序

(1) 清除发动机系统故障码。

(2) 暖车到达正常工作温度。

(3) 将废气测试管插入排气管中,加速到 3000r/min,保持 30s,然后慢慢加到怠速。

(4) 列表记录 CO、HC、CO_2、O_2,并进行数值分析。

正常标准值见表 7-6。

表 7-6　废气正常标准值

转速	CO/%	HC/PPM	CO_2/%	O_2/%
怠速	0.5~3	0~250	10~12	1~2
1500	0~2.0	0~200	—	1~2
2500	0~1.5	0~150	11~13	1~2

2) 燃烧废气分析

理想燃料与空气质量之比为 1:14.7。混合气在怠速时,由于发动机无法达到燃烧效率为百分之百,所以一定会产生 CO_2、CO、HC、NO_x、O_2 等废气。

(1) 氮氧化合物(NO_x)。氮氧化合物(NO_x)本身无毒、无味,但 NO_x 与水蒸气经太阳光照射后会形成化学雾,在大气中无法散去,从而产生温室效应。要阻隔太阳光对绿色植物的化合作用,必须防止 NO_x 的产生。NO_x 化合物产生多因发动机燃烧温度过高所引起,只有在发动机重负荷时才产生,NO_x 的多少不影响发动机的运转性能,一般维护不需测试。

(2) 碳氢化合物(HC)。碳氢化合物是由于发动机温度过低所引起。主要来源为油箱中油气的蒸发、由活塞压缩漏到曲轴箱的燃气和混合气过浓、未燃烧的混合气或混合气过稀、无法燃烧的燃气所形成。

(3) 一氧化碳(CO)。CO 的产生是因为混合气过浓,燃烧供应太多且空气太少。

（4）二氧化碳（CO_2）。CO_2 浓度越高，燃烧效率越好。标准范围在 14%～15%。

（5）氧（O_2）。发动机提供氧气与燃油燃烧，燃烧效率越高，O_2 浓度越低，标准范围 0.5%～2%。如果有单缸不工作，会使 O_2 浓度增加。

废气标准及分析见表 7-7 和表 7-8。

表 7-7　废气正常标准值

CO/%	HC/PPM	CO_2/%	O_2/%
0～3	0～250	10～13	1～2

表 7-8　废气分析

CO	CO_2	HC	O_2	可能故障
高	低	高	高	① 点火间歇性不跳电；② 混合比太高
高	低	高	低	水温/进气温度传感器不良
低	低	低	高	① 排气管破裂漏气；② 喷油嘴阻塞
低	高	正常	高	混合比太高
低	低	高	高	① 点火间歇不跳电；② 混合比太低；③ 进气管漏气
高	高	高	高	① 喷油嘴堵塞；② 触媒不良（失效）；③ 混合比太高；④ 进气管漏气
低	低	高	高	① 点火间歇性不跳电；② 混合比太低；③ 进气管漏气（MAF 与 TDS 之间）
低	高	低	低	系统正常（触媒正常）
低	高	低	正常	系统正常

7.4.6　发动机性能试验

将发动机安装到一台测功机上，如图 7-8 所示。其试验步骤如下。

（1）运转发动机直到发动机达到正常温度。

（2）增大节气门开度和测功机载荷，直到发动机在节气门全开状态下以 1000r/min 的转速运转为止。

（3）把测功机臂调到水平位置。

（4）记录测功机载荷、发动机转速和油耗。

（5）降低测功机上的载荷直到发动机转速升高到 1500r/min 为止。把测功机臂调到水平位置，并记录数值。

（6）在均匀地提高速度的过程中，重复这个步骤，直到达到最高转速。

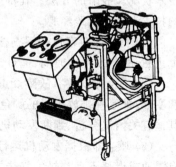

图 7-8　测功机

（7）在发动机的不同转速中记录下扭矩和制动功率，并绘制出这些结果的曲线图。

7.5　实施发动机故障诊断程序

发动机出现不能工作或工作不正常的故障时,其故障原因包括电路方面的故障(如点火系统、启动系统、电喷发动机的电控制系统等)、燃料供给方面的故障(如供油系统、空气供给系统等)和机械方面的故障(如曲柄连杆机构、配气机构等)。在诊断发动机故障时,应针对发动机的故障现象进行故障分析,对可能的故障原因有大致的了解,然后采用适当的故障诊断方法确定并排除故障。

7.5.1　故障诊断定义

故障诊断是指在不解体(或仅拆除个别小件)的条件下,确定发动机技术状况,查明故障部位及原因。

故障诊断包含两种含义:一是维修性诊断,即对已暴露出来的故障进行诊断,针对故障部位、原因,采取相应的修复方法;二是预防性诊断,即在尚未出现明显故障时,对发动机进行全面的技术状况检查,了解发动机现有的技术状况是否与制造厂的技术规范相一致,并将诊断结果(技术状况变化、零件磨损、需修、需换的零件)记录在诊断报告书上,向客户提出需要进行怎样的维护修理作业,才能使发动机恢复到或接近新发动机的技术状态。

7.5.2　故障诊断方法

诊断故障时应遵循"先易后难、先简后繁、先外后内、分段查找、逐步缩小范围"的原则。通常采用人工直观法、仪器设备法、故障树分析法对故障予以分析诊断。

1. 人工直观法

人工直观法就是通过问、看、嗅、摸、试、听等直接感观,或借助简单工具确定发动机的技术状况和故障的方法。其特点是不需要专用设备,诊断结果的准确性依赖于诊断人员的技术水平和实践经验。

(1)问:即向客户询问查核故障前后诸如车辆行驶里程,使用年限,维护修理情况,故障预兆,故障发生的时间、地点、部位、条件等情况。

(2)看:即观察有故障疑点的机构、总成和零件的状况,如各仪表指示数值、机体裂痕和变形、排气管排放废气的颜色、滴漏的油迹和水迹,用内突窥镜观察燃烧室情况,再结合其他有关情况分析、判断发动机的工作情况。

(3)嗅:即根据发动机运行中散发出的异常气味判断故障部位,如有生汽油味,表明有漏油或燃烧不良。排气气味异常,也表明燃烧不良。驾驶舱内有难闻气味,有可能是空调制冷剂泄漏等。

(4)摸:即用手触碰可能产生故障部位的温度、振动情况等,从而判断诸如配合的松紧度、轴承间隙的大小、零件配重的平衡性、柴油管路的脉动以及油、水温度等。

(5)试:即通过各种试验方法,使故障现象充分地显现出来,如按喇叭、打开点火开关或灯开关、火花塞"断火"、拉阻风门、使发动机转速迅速升高或降低等，必要时还可更换装好的总成或零件进行对比试验。

（6）听：即根据发动机在不同工作情况、不同部位发出的声响及声响的规律，判断哪些是正常的、哪些是异常的。如气缸内有无爆震声、化油器有无"回火"、排气消声器有无放炮声或"突、突"声等。

以上方法并非每一种故障诊断都必须遵循该程序，不同的故障应视具体情况灵活运用。

2. 仪器设备法

仪器设备法是在总成不解体条件下，通过专用仪表或设备，通过对汽车某些特定参数的检测，判断其技术状态和故障情况。这种诊断方法具有诊断速度快、结果准确、不需解体（或只需拆除个别小件）、能发现隐蔽性故障等优点，但需要多种设备。

3. 故障树分析法

故障树即故障因果关系分析图。它是利用逻辑推理，对确定的故障事件在一定条件下用图形表示，分析并确定导致此故障事件必然发生某（些）次级事件的因果关系，然后再分析此次级事件必然发生的更次级事件……如此层层分析演绎、制图，直至分析到基本故障事件或不能再分解的边界事件为止，这种演绎图形即为故障树。图 7-9 所示为汽油发动机功率不足的故障树。

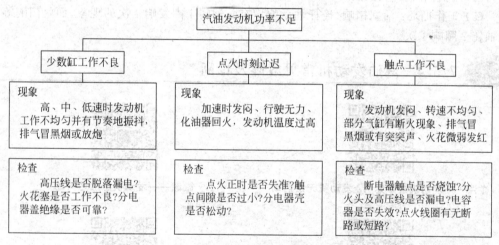

图 7-9　汽油发动机功率不足故障诊断树

故障树直观地反映了系统故障与各种基本故障之间的逻辑关系，为迅速排除故障提供了依据。利用故障树可找出系统故障的故障谱，再进一步找出系统的最薄弱环节，着重加强对薄弱环节的检查及维护，以提高发动机使用的可靠性。

7.5.3　发动机异响产生原因及特征

异响是发动机的故障之一，了解异响产生的原因和特征，有利于准确地进行故障诊断。

1．异响产生的原因

（1）机构运动机件的自然磨损和老化。

（2）爆燃和早燃。

（3）机件装配、调整不当，配合间隙过大或过小。

（4）紧固件松脱。

（5）机件损坏、断裂、变形、擦碰。

（6）机件工作温度过高或由此而熔化咬卡。

（7）运动件平衡被破坏。

（8）使用材料、油料和配件的材质、型号、规格、品质不符合要求。

（9）润滑不良。

2．发动机异响的特征

发动机的异响与发动机的转速、温度、负荷、缸位、工作循环相关。

（1）转速：低速时活塞敲缸响、活塞销响明显，高速时轴承响明显。

（2）温度：低温时活塞敲缸响明显，温升后消失或减弱，而气门响、瓦响等，温度变化对其影响不大。

（3）负荷：负荷大时轴承响、活塞敲缸响明显。

（4）缸位：活塞敲缸、连杆轴承响，单缸断火，异响消失或减轻。大瓦响时，相邻两缸断火时，异响消失或减轻。

（5）工作循环：活塞销响、连杆轴承响均有曲轴转 1 圈发响 1 次的现象，而气门响等，曲轴转 2 圈响 1 次。

7.5.4　汽油发动机常见故障及诊断

微课——发动机维修案例：发动机无法启动

微课——发动机急加速抖动

微课——发动机维修案例：发动机启动
正常，发动机机油警报灯亮

微课——发动机维修案例：发动机动力不足

1．发动机不能启动或启动困难

1）故障现象

启动时，启动机转速正常，但反复几次发动机均不能启动。

2）故障原因

发动机不能启动或启动困难的故障原因如下。

（1）电路故障：蓄电池亏电；启动机故障；点火系统部件或线路的故障而使点火系统不点火或产生的火花太弱，造成不能点燃气缸内可燃混合气而使发动机不能启动。

（2）供油系统部件损坏或油路阻塞使供油系统不供油或供油不畅，造成无可燃混合气或可燃混合气太稀导致发动机不能启动。

（3）进气系统部件或管路阻塞、损坏而使进气不畅或进气量不受控制，造成混合气量不足或混合气过稀导致发动机不能启动。

（4）曲柄连杆机构和配气机构的磨损或损坏而使气缸的密封不严，造成气缸压缩终了时的压力过低导致发动机不能启动。

3）故障诊断

点火系统的故障是最常见的原因，其次是供油系统，故障诊断方法如下。

（1）按喇叭，通过电喇叭的声响检查启动电源是否正常。如果电喇叭的声音低哑或无声，则需检查蓄电池极桩、启动机电源接线柱及搭铁处的电缆连接、蓄电池是否亏电等。

（2）如果电喇叭的声音正常，则需检查启动机的控制线路、启动开关（点火开关启动挡）、启动机是否运转等。

（3）若以上正常，从分电器上拔出连接点火线圈的中央高压线进行高压跳火试验，检查点火高压是否正常。如果不跳火或火花很弱（细、暗红色），则需检查点火系统低压线路、点火线圈及抗干扰电容器、点火信号发生器、电子点火器等。如果火花正常（粗、蓝白色），应检查分电器盖、分火头、高压导线、火花塞等。若均为正常，进行下一步检查。

（4）若电路无故障，则检查油路，检查泵油是否正常、油压是否正常。如果不泵油或泵油量不足，则需检查燃油滤清器、燃油泵及供油管路等。如果泵油量正常，应进一步检查喷油器是否有故障。若无故障，进行下一步检查。

（5）若供油系统无故障，则检查空气滤清器是否堵塞、各进气总管、歧管连接处是否松动漏气、真空管接头处有无松脱、管子有无破裂等。如果有不良之处，予以修理或更换。如果均为正常，进行下一步检查。

（6）若以上均无故障，则用压力表测量发动机气缸压力，检查气缸压力是否正常。如果气缸压力低，则向缸内加入少量的机油。若发动机能发动或气缸压力回升，则为气缸壁间隙过大，需拆修发动机；若发动机仍不能发动，则需检查气缸垫是否损坏、气门是否关闭不严等。如果气缸压力正常，则需检查发动机的点火正时和配气相位正时。

2. 发动机功率下降

1）故障现象

发动机加速性、爬坡性明显下降，油耗增加。

2）故障原因

发动机功率下降的原因如下。

（1）点火系统部件性能不良而使最高次级电压下降、火花能量不足、点火提前角不适当，造成发动机缺火，点火过早或过晚而导致发动机功率下降。

（2）燃油供给系统供油不畅而使汽车在加速和发动机大负荷时供油不足，造成可燃

288

混合气过稀导致发动机的功率下降。

（3）进气系统部件或管路阻塞、损坏而使进气不畅或进气量不受控制，造成混合气不足或混合气过稀导致发动机功率下降。

（4）发动机的温度不正常而使发动机的功率下降，油耗上升。

（5）排气管消声器、三元催化反应器（电喷发动机装有此装置）阻塞而使排气阻力增大，造成发动机功率下降。

（6）曲柄连杆机构和配气机构的磨损或损坏使气缸的密封不严，造成气缸压缩终了时的压力过低导致发动机功率下降。

3）故障诊断

发动机功率下降的故障诊断方法如下。

（1）从分电器上拔出连接点火线圈的中央高压线进行高压跳火试验，检查点火高压是否正常。如果火花不强，则需检查点火线圈、电子点火器、分电器中点火提前调节装置等；如果火花正常，应检查分电器盖、分火头、高压导线、火花塞等。若均为正常，进行下一步检查。

（2）检查油泵泵油是否正常。如果泵油量不足，检查燃油滤清器、燃油泵及供油管路等；如果泵油量正常，检查喷油器是否堵塞或工作不正常等。若无故障，进行下一步检查。

（3）检查空气滤清器是否堵塞、化油器连接处是否漏气、真空管接头处有无松脱、管子有无破裂等。如果有故障予以修理。如果均正常，进行下一步检查。

（4）检查发动机的温度是否正常。如果发动机的温度过高或过低，检查冷却系统。如果温度正常，进行下一步检查。

（5）检查发动机的排气管路是否堵塞。如果有，予以清除。如果畅通，进行下一步检查。

（6）用压力表测量发动机气缸压力，检查气缸压力是否正常。如果气缸压力低，需拆修发动机；如果气缸压力正常，则需检查汽车底盘的故障，如离合器是否打滑、制动器是否拖滞等。

3. 发动机的温度过高

1）故障现象

水箱中冷却液充足，但发动机的温度总是过高，散热器冷却液容易开锅或冷却液温度过高引起警报灯经常亮起，甚至有冲坏气缸垫的情况发生。

2）故障原因

发动机温度过高的故障原因如下。

（1）冷却系统中混有空气，影响了散热器的散热效果导致发动机冷却液的温度过高。

（2）冷却液温度控制系统存在故障，使散热器电动风扇不转或运转不正常，造成发动机冷却液温度过高。

（3）水泵或节温器损坏导致发动机的温度过高。

（4）点火正时调整不当（点火时间过迟）。

（5）冷却液系统水垢过多影响冷却液的正常循环，而使发动机得不到及时的冷却导致温度过高。

3）故障诊断

发动机温度过高的故障诊断方法如下。

（1）当发动机温度上升至正常工作温度后，检查散热电动风扇能否转动。如果电动风扇不能转动，检查风扇电动机控制继电器及线路、电动风扇、冷却液温度控制器等。如果电动风扇可以转动，进行下一步检查。

（2）用点火正时检测仪检查发动机的点火正时，看是否为规定的值（8°/发动机怠速）。如果不正确，予以重新调整。如果正确，进行下一步检查。

（3）进行排气操作，排出冷却系统中的空气。如果冷却系统中已无空气，但发动机的温度还是过高，则应拆检节温器、检查并清除发动机冷却系统中的水垢。

4. 发动机有异响

1）发动机爆燃

（1）故障现象：在加速时可听到发动机发出清脆、尖锐的金属敲击声，在起步、上坡、高速时踩下加速踏板尤为明显；松开加速踏板，敲击声立即消失，但当再次踩下加速踏板时，敲击声又会出现。

（2）故障原因：发动机的爆燃是气缸内火焰未到达处的可燃混合气在高压和辐射热的影响下自燃引起的。爆燃时自然区局部压力突然升高，并以极高的速度向周围传播，这种压力波强迫气缸壁等部件振动，产生高频（>5000Hz）的敲缸声。产生爆燃的原因如下。

① 点火正时不正确，使点火时间过早。

② 燃烧室积炭过多。

③ 发动机的温度过高。

④ 火花塞热值不当（使用了热值低的火花塞）。

⑤ 使用了低标号的汽油。

（3）故障诊断：启动发动机后，迅速踩下加速踏板，在敲击声响起时，松开加速踏板时听敲击声是否有变化。如果敲缸声消失，则确定为发动机爆燃，需作以下检查。

① 检查发动机的点火正时，是否在上止点前8°，若不正确，予以调整。

② 检查火花塞的型号是否正确，若不正确，予以更换。

③ 检查所用汽油是否符合要求，若是用了低标号的汽油，则需放掉燃油箱的汽油，重新加注符合要求的汽油。

④ 如果爆燃只是在发动机温度较高时发生，则检查发动机的温度是否超过了正常的工作温度，若是，检查发动机冷却系统是否存在故障。

⑤ 如果上述检查均无问题，但发动机爆燃仍然存在，则需拆检发动机，清除燃烧室的积炭。

2）发动机活塞敲缸

（1）故障现象：在发动机冷车启动后，可听到发动机上部有清晰的"嗒、嗒、嗒"敲缸声，加速时敲缸声不会立刻消失，但会随着发动机温度的上升而逐渐减小和消失。

（2）故障原因：此敲缸声与爆燃的敲缸声不同，它是由活塞在气缸内的摆动撞击缸壁而产生的声音，原因如下。

① 活塞与气缸壁的间隙过大。

② 气缸壁的润滑不良。

（3）故障诊断：启动发动机后，在温度较低时，发动机上部有清晰的"嗒、嗒、嗒"敲缸声，加速时敲缸声频率随之增加，发动机温度上升后敲缸声减弱或消失，即可判定为活塞敲缸。辨别引起敲缸原因的方法如下。

① 在发动机怠速运转时，仔细听发动机发出的敲缸声。

② 如果敲缸类似于小锤敲击水泥地的响声，则为活塞与气缸壁的间隙过大。

③ 如果"嗒、嗒、嗒"敲缸声稍长，类似于小锤敲击钢管的响声，则可能是气缸壁的润滑不良。

3）连杆轴承异响

（1）故障现象：在发动机突然加速时，有连续明显的金属敲击声，发动机温度上升时，响声无明显变化。

（2）故障原因：连杆轴承异响的原因如下。

① 连杆轴承因磨损而间隙过大。

② 轴瓦因质量或装配的原因出现了变形。

③ 轴颈失圆而使轴颈与轴瓦接触不良，造成了轴承的损坏。

（3）故障诊断：启动发动机，在突然踩下加速踏板时，响声是否随发动机转速的上升而加大，若是，则为连杆轴承异响，需拆检发动机。判断是哪一缸连杆轴承响的诊断方法是：将某一缸断火，听其响声是否发生变化。如果响声减弱或消失，则该缸的连杆轴承异响。

4）曲轴轴承异响

（1）故障现象：在发动机突然加速时，发动机下部有明显且较沉重的连续敲击声；发动机温度上升时，响声变化不大，但响声随发动机转速的上升、负荷的增大而增大；发动机机油压力明显降低。

（2）故障原因：曲轴轴承异响的原因如下。

① 主轴颈与轴承配合间隙过大。

② 主轴承润滑不良。

③ 曲轴弯曲或轴向间隙过大。

（3）故障诊断：曲轴主轴承异响的诊断方法如下。

① 启动发动机，在发动机突然加速时，在发动机的下部有明显且较沉重的连续敲击声，类似于大锤轻敲大石块的声音；发动机温度上升时，响声变化不大，但响声随发动机转速的上升、负荷的增大而增大；单缸断火时，异响无明显变化，若有上述的情况，则可判断为曲轴轴承异响。

② 使发动机在中低速运转，迅速变化节气门开度，并仔细听响声的变化情况。如果响声随发动机的转速升高而增大，并在节气门突然加大时响声更为明显，则为主轴承间隙过大；如果响声在中低速时较为明显，而在发动机高速时变得杂乱，则可能是曲轴弯曲。

③ 踩下离合器踏板，听响声有无变化，如果响声变弱或消失，则为曲轴轴向间隙过大。

5）气门脚异响

（1）故障现象：发动机工作时，在发动机的上端发出清脆、连续且有节奏的"嘀、嘀、嘀"响声,响声的频率随发动机转速的升高而加快,但发动机温度变化时,响声无变化。

(2)故障原因如下。

① 气门间隙过大产生碰撞响声。

② 凸轮磨损严重,使凸轮顶摇臂时发出碰撞响声。

(3)故障诊断:使发动机运转,响声在低、中、高时均有,且在改变发动机的转速时响声的频率随发动机转速的升高而加快;将发动机某缸断火,响声无变化,则可判断为气门脚异响。需拆下气门室罩,检查和调整气门间隙。

6)发动机排烟不正常

(1)排蓝烟。

故障现象:在发动机工作时,排气管排出蓝色的烟雾。

故障原因如下。

① 起润滑作用的机油参与了燃烧。缸壁间隙过大、活塞环密封性变差、机油压力过高等都会导致机油窜入燃烧室燃烧而排出蓝烟。

② 铝合金活塞顶部烧蚀也会排出蓝烟。

故障诊断方法如下。

① 检查机油压力是否正常。如果机油压力过高,检查发动机润滑系统。如果机油压力正常,进行下一步检查。

② 用压力表测量各个气缸的压力,检查气缸的密封性。如果压力低,则为缸壁间隙过大或活塞环密封性不良;如果压力正常,则可能是气门杆与气门导管之间的间隙过大。

(2)排白烟。

故障现象:在发动机工作时,排气管排出白色的烟雾。

故障原因如下。

① 点火系统个别缸未点火,进入缸内的混合气未经燃烧排出,这些汽油蒸气重新凝结而形成白色烟雾。

② 气缸压力太低或温度过低导致燃烧不完全,部分未燃烧的汽油蒸气凝结成白色烟雾。

③ 缸体、缸盖有轻微渗漏,少量冷却液参与燃烧而形成蒸汽,排出时遇冷空气凝结,呈现白色的蒸气。

故障诊断:如果是在发动机温度正常时排白色烟雾,则检查点火系统工作是否良好,若无问题,则需检查气缸压力。

(3)排黑烟。

故障现象:发动机工作时,排气管排出黑色烟雾。

故障原因如下。

① 混合气过浓导致燃烧不完全,燃烧中汽油形成黑色碳粒,排出后成黑色烟雾。

② 火花塞不良、点火提前角过小导致造成燃烧不完全。

故障诊断:检测发动机点火正时及离心、真空点火提前装置与火花塞,若无问题,则需检查空气滤清器等。

参 考 文 献

[1] 于得江.汽车发动机构造与检修[M].北京：清华大学出版社，2018.
[2] 谭丕强.汽车发动机常见故障及检修[M].上海：上海科学技术文献出版社，2016.
[3] 杨智勇.汽车维修工入门[M].北京：金盾出版社，2016.
[4] 许兆棠，黄银娣.汽车构造[M].北京：国防工业出版社，2016.
[5] 谭本忠.汽油发动机润滑系统维护[M].北京：机械工业出版社，2014.
[6] 闫寒乙，于涛.汽车发动机机械系统检修实训工作页[M].北京：机械工业出版社，2018.

质检5